Les Illuminés;

GÉRARD DE NERVAL.

LES ILLUMINÉS

ou

LES PRÉCURSEURS DU SOCIALISME.

LE ROI DE BICÊTRE (RAOUL SPIFAME).
HISTOIRE DE L'ABBÉ DU BUQUOY.
LES CONFIDENCES DE NICOLAS (RESTIF DE LA BRETONE).
JACQUES CAZOTTE.
CAGLIOSTRO. — QUINTUS AUCLER.

PARIS,

VICTOR LECOU, LIBRAIRE-ÉDITEUR,
Rue du Bouloi, 10.

MDCCCLII.

DES

ILLUMINÉS

RÉCITS ET PORTRAITS.

Corbeil, typ et stéréot. de Crété.

LES
ILLUMINÉS
RÉCITS ET PORTRAITS

PAR

GÉRARD DE NERVAL

LE ROI DE BICÊTRE (RAOUL SPIFAME)
HISTOIRE DE L'ABBÉ DU BUCQUOY
LES CONFIDENCES DE NICOLAS (RESTIF DE LA BRETONE)
JACQUES CAZOTTE
CAGLIOSTRO — QUINTUS AUCLER.

PARIS,

VICTOR LECOU, LIBRAIRE-ÉDITEUR,
Rue du Boulol, 10.

—

MDCCCLII.

Il n'est pas donné à tout le monde d'écrire l'*Éloge de la Folie;* mais sans être Érasme, — ou Saint-Évremond, on peut prendre plaisir à tirer du fouillis des siècles quelque figure singulière qu'on s'efforcera de rhabiller ingénieusement, — à restaurer de vieilles toiles, dont la composition bizarre et la peinture éraillée font sourire l'amateur vulgaire.

Dans ce temps-ci, où les portraits littéraires ont quelque succès, j'ai voulu peindre certains *excentriques* de la philosophie. Loin de moi la pensée d'attaquer ceux de leurs successeurs qui souffrent aujourd'hui d'avoir tenté trop follement ou trop tôt la réalisation de leurs rêves. — Ces analyses, ces biographies furent écrites à diverses époques, bien qu'elles dussent se rattacher à la même série.

J'ai été élevé en province, chez un vieil oncle qui possédait une bibliothèque formée en partie à l'époque de l'ancienne révolution. Il avait relégué depuis dans son grenier une foule d'ouvrages, — publiés la plupart sans noms d'auteur sous la Monarchie; ou qui, à l'époque révolutionnaire, n'ont pas été déposés dans les bibliothèques publiques. — Une certaine tendance au mysticisme, à un moment où la religion officielle n'existait plus, avait sans doute guidé mon parent dans le choix de ces sortes d'écrits : il paraissait avoir depuis changé d'idées, et se contentait, pour sa conscience, d'un déisme mitigé.

Ayant fureté dans sa maison jusqu'à découvrir la masse énorme de livres entassés et oubliés au grenier, — la plupart attaqués par les rats, pourris ou mouillés par les eaux pluviales passant dans les intervalles des tuiles, — j'ai tout jeune absorbé beaucoup de cette nourriture indigeste ou malsaine pour l'âme; et plus tard même, mon jugement a eu à se défendre contre ces impressions primitives.

Peut-être valait-il mieux n'y plus penser : mais il est bon, je crois, de se délivrer de ce qui charge et qui embarrasse l'esprit. Et puis, n'y a-t-il pas quelque chose de raisonnable à tirer même des folies! ne fut-ce que pour se préserver de croire nouveau ce qui est très ancien.

Ces réflexions m'ont conduit à développer surtout le côté amusant et peut-être instructif que
pouvait présenter la vie et le caractère de mes *ex-*
centriques. — Analyser les bigarrures de l'âme
humaine, c'est de la physiologie morale, — cela
vaut bien un travail de naturaliste, de paléographe,
ou d'archéologue; je ne regretterais, puisque je
l'ai entrepris, que de le laisser incomplet.

L'histoire du xviiie siècle pouvait sans doute se
passer de cette annotation; mais elle y peut gagner quelque détail imprévu que l'historien scrupuleux ne doit pas négliger. Cette époque a déteint
sur nous plus qu'on ne le devait prévoir. Est-ce
un bien, est-ce un mal, — qui le sait?

Mon pauvre oncle disait souvent : « Il faut toujours tourner sa langue sept fois dans sa bouche
avant de parler. »

Que devrait-on faire avant d'écrire?

LE ROI DE BICÊTRE.

(xvie siècle.)

RAOUL SPIFAME.

I.

L'IMAGE.

Nous allons raconter la folie d'un personnage fort singulier, qui vécut vers le milieu du xvie siècle. Raoul
Spifame, seigneur Des Granges, était un suzerain sans
seigneurie, comme il y en avait tant déjà dans cette époque de guerres et de ruines qui frappaient toutes les
hautes maisons de France. Son père ne lui laissa que peu
de fortune, ainsi qu'à ses frères Paul et Jean, tous deux
célèbres, depuis, à différents titres; de sorte que Raoul,
envoyé très jeune à Paris, étudia les lois et se fit avocat.
Lorsque le roi Henri deuxième succéda à son glorieux
père François, ce prince vint en personne, après les vacances judiciaires qui suivirent son avénement, assister à

1

la rentrée des chambres du parlement. Raoul Spifame tenait une modeste place aux derniers rangs de l'assemblée, mêlé à la tourbe des légistes inférieurs, et portant
pour toute décoration sa brassière de docteur en droit.
Le roi était assis plus haut que le premier président, dans
sa robe d'azur semée de France, et chacun admirait la
noblesse et l'agrément de sa figure, malgré la paleur maladive qui distinguait tous les princes de cette race. Le
discours latin du vénérable chancelier fut très long ce jour-
là. Les yeux distraits du prince, las de compter les fronts
penchés de l'assemblée et les solives sculptées du plafond,
s'arrêtèrent enfin longtemps sur un seul assistant placé
tout-à l'extrémité de la salle, et dont un rayon de soleil
illuminait en plein la figure originale; si bien que peu à
peu tous les regards se dirigèrent aussi vers le point qui
semblait exciter l'attention du prince. C'était Raoul Spifame qu'on examinait ainsi.

Il semblait au roi Henri II qu'un portrait fût placé en
face de lui, qui reproduisait toute sa personne, en trans-
formant seulement en noir ses vêtements splendides. Chacun fit de même cette remarque, que le jeune avocat
ressemblait prodigieusement au roi, et, d'après la superstition qui fait croire que quelque temps avant de mourir
on voit apparaitre sa propre image sous un costume de
deuil, le prince parut soucieux tout le reste de la séance.
En sortant, il fit prendre des informations sur Raoul Spifame, et ne se rassura qu'en apprenant le nom, la position et l'origine avérés de son fantôme. Toutefois, il ne
manifesta aucun désir de le connaître, et la guerre d'Italie, qui reprit peu de temps après, lui ôta de l'esprit
cette singulière impression.

Quant à Raoul, depuis ce jour, il ne fut plus appelé
par ses compagnons du barreau que *Sire* et *Votre Ma-*

jesté: Cette plaisanterie se prolongea tellement sous toutes sortes de formes, comme il arrive souvent parmi ces jeunes gens d'étude, qui saisissent toute occasion de se distraire et de s'égayer, que l'on a vu depuis dans cette obsession une des causes premières du dérangement d'esprit qui porta Raoul Spifame à diverses actions bizarres. Ainsi un jour il se permit d'adresser une remontrance au premier président touchant un jugement, selon lui, mal rendu en matière d'héritage. Cela fut cause qu'il fut suspendu de ses fonctions pendant un temps et condamné à une amende. D'autres fois il osa, dans ses plaidoyers, attaquer les lois du royaume, ou les opinions judiciaires les plus respectées, et souvent même il sortait entièrement du sujet de ses plaidoieries pour exprimer des remarques très hardies sur le gouvernement, sans respecter toujours l'autorité royale. Cela fut poussé si loin, que les magistrats supérieurs crurent user d'indulgence en ne faisant que lui défendre entièrement l'exercice de sa profession. Mais Raoul Spifame se rendait dès lors tous les jours dans la salle des Pas-Perdus, où il arrêtait les passants pour leur soumettre ses idées de réforme et ses plaintes contre les juges. Enfin, ses frères et sa fille elle-même furent contraints à demander son interdiction civile, et ce fut à ce titre seulement qu'il reparut devant un tribunal.

Cela produisit une grave révolution dans toute sa personne, car sa folie n'était jusque-là qu'une espèce de bon sens et de logique ; il n'y avait eu d'aberration que dans ses imprudences. Mais s'il ne fut cité devant le tribunal qu'un visionnaire nommé Raoul Spifame, le Spifame qui sortit de l'audience était un véritable fou, un des plus élastiques cerveaux que réclamassent les cabanons de l'hôpital. En sa qualité d'avocat, Raoul s'était permis de haranguer les juges, et il avait amassé certains exemples de Sophocle et autres anciens accusés par leurs enfants, tous arguments d'une furieuse trempe ; mais le hasard en disposa autrement. Comme il traversait le vestibule de la chambre des procédures, il entendit cent voix murmurer : « C'est le roi ! voici le roi ! place au roi ! » Ce sobriquet, dont il eût dû apprécier l'esprit railleur, produisit sur son intelligence ébranlée l'effet d'une secousse qui détend un ressort fragile. : la raison s'envola bien loin en chantonnant, et le vrai fou, bien et dûment *écorné du cerveau*, comme on avait dit de Triboulet, fit son entrée dans la salle, la barette en tête, le poing sur la hanche, et s'alla placer sur son siége avec une dignité toute royale.

Il appela les conseillers : *nos amés et féaux*, et honora le procureur Noël Brûlot d'un *Dieu-gard* rempli d'aménité. Quant à lui-même, *Spifame*, il se chercha dans l'assemblée, regretta de ne point se voir, s'informa de sa santé, et toujours se mentionna à la troisième personne, se qualifiant : « Notre amé Raoul Spifame, dont tous doivent bien parler. » Alors ce fut un haro général entremêlé de railleries, où les plaisants placés derrière lui s'appliquaient à le confirmer dans ses folies, malgré l'effort des magistrats pour rétablir l'ordre et la dignité de l'audience. Une bonne sentence, facilement motivée, finit par recommander le pauvre homme à la sollicitude et adresse des médecins ; puis on l'emmena, bien gardé, à la maison des fous, tandis qu'il distribuait encore sur son passage force salutations à son bon peuple de Paris.

Ce jugement fit bruit à la cour. Le roi, qui n'avait point oublié son Sosie, se fit raconter les discours de Raoul, et comme on lui apprit que ce sire improvisé avait bien imité la majesté royale : « Tant mieux ! dit le roi ; qu'il ne déshonore pas pareille ressemblance, celui qui a

l'honneur d'être à notre image. » Et il ordonna qu'on
traitât bien le pauvre fou, ne montrant toutefois aucune
envie de le revoir.

II.

LE REFLET.

Durant plus d'un mois, la fièvre dompta chez Raoul la
raison rebelle encore, et qui secouait parfois rudement
ses illusions dorées. S'il demeurait assis dans sa chaise, le
jour, à se rendre compte de sa triste identité, s'il parvenait à se reconnaître, à se comprendre, à se saisir, la
nuit son existence réelle lui était enlevée par des songes
extraordinaires, et il en subissait une toute autre, entièrement absurde et hyperbolique; pareil à ce paysan bourguignon qui, pendant son sommeil, fut transporté dans
le palais de son duc, et s'y réveilla entouré de soins et
d'honneurs, comme s'il fût le prince lui-même. Toutes
les nuits, Spifame était le véritable roi Henri II; il siégeait au Louvre, il chevauchait devant les armées, tenait
de grands conseils, où présidait à des banquets splendides. Alors, quelquefois, il se rappelait un avocat du palais, seigneur Des Granges, pour lequel il ressentait une
vive affection. L'aurore ne revenait pas sans que cet avocat n'eût obtenu quelque éclatant témoignage d'amitié
et d'estime : tantôt le mortier du président, tantôt le
sceau de l'État ou quelque cordon de ses ordres. Spifame
avait la conviction que ses rêves étaient sa vie et que sa prison n'était qu'un rêve ; car on sait qu'il répétait souvent
le soir : « Nous avons bien mal dormi cette nuit; oh ! les
fâcheux songes ! »

On a toujours pensé depuis, en recueillant les détails de cette existence singulière, que l'infortuné était victime d'une de ces fascinations magnétiques dont la science se rend mieux compte aujourd'hui. Tout semblable d'apparence au roi, reflet de cet autre lui-même et confondu par cette similitude dont chacun fut émerveillé, Spifame, en plongeant son regard dans celui du prince, y puisa tout à coup la conscience d'une seconde personnalité; c'est pourquoi, après s'être assimilé par le regard, il s'identifia au roi dans la pensée, et se figura désormais être celui qui, le seizième jour de juin 1549, était entré dans la ville de Paris, par la porte Saint-Denis, parée de très belles et riches tapisseries, avec un tel bruit et tonnerre d'artillerie que toutes maisons en tremblaient. Il ne fut pas fâché non plus d'avoir privé de leur office les sieurs Liget, François de Saint-André et Antoine Ménard, présidents au parlement de Paris. C'était une petite dette d'amitié que Henri payait à Spifame.

Nous avons relevé avec intérêt tous les singuliers périodes de cette folie, qui ne peuvent être indifférents pour cette science des phénomènes de l'âme, si creusée par les philosophes, et qui ne peut encore, hélas! réunir que des effets et des résultats, en raisonnant à vide sur les causes que Dieu nous cache! Voici une bizarre scène qui fut rapportée par un des gardiens au médecin principal de la maison. Cet homme, à qui le prisonnier faisait des largesses toutes royales, avec le peu d'argent qu'on lui attribuait sur ses biens sequestrés, se plaisait à orner de son mieux la cellule de Raoul Spifame, et y plaça un jour un antique miroir d'acier poli, les autres étant défendus dans la maison, par la crainte qu'on avait que les fous ne se blessassent en les brisant. Spifame n'y fit d'abord que peu d'attention; mais quand le soir fut venu, il se promenait mélancoliquement dans sa chambre, lorsqu'au milieu de sa marche l'aspect de sa figure reproduite le fit s'arrêter tout à coup. Forcé, dans cet instant de veille, de croire à son individualité réelle, trop confirmée par les triples murs de sa prison, il crut voir tout à coup le roi venir à lui, d'abord d'une galerie éloignée, et lui parler par un guichet comme compatissant à son sort, sur quoi il se hâta de s'incliner profondément. Lorsqu'il se releva, en jetant les yeux sur le prétendu prince, il vit distinctement l'image se relever aussi, signe certain que le roi l'avait salué, ce dont il conçut une grande joie et bonheur infini. Alors il s'élança dans d'immenses récriminations contre les traîtres qui l'avaient mis dans cette situation, l'ayant noirci sans doute près de Sa Majesté. Il pleura même, le pauvre gentilhomme, en protestant de son innocence, et demandant à confondre ses ennemis; ce dont le prince parut singulièrement touché; car une larme brillait en suivant les contours de son nez royal. A cet aspect un éclair de joie illumina les traits de Spifame; le roi souriait déjà d'un air affable; il tendit la main; Spifame avança la sienne, le miroir, rudement frappé, se détacha de la muraille, et roula à terre avec un bruit terrible qui fit accourir les gardiens.

La nuit suivante, ordre fut donné par le pauvre fou, dans son rêve, d'élargir aussitôt Spifame, injustement détenu, et faussement accusé d'avoir voulu, comme favori, empiéter sur les droits et attributions du roi, son maître et son ami : création d'un haut office de *directeur du sceau royal* (1) en faveur dudit Spifame, chargé désormais de conduire à bien les choses périclitantes du

(1) Voir les Mémoires de la Société des inscriptions et belles-lettres, tome XXIII.

royaume. Plusieurs jours de fièvre succédèrent à la profonde secousse que tous ces graves événements avaient produite sur un tel cerveau. Le délire fut si grave que le médecin s'en inquiéta et fit transporter le fou dans un local plus vaste, où l'on pensa que la compagnie d'autres prisonniers pourrait de temps en temps le détourner de ses méditations habituelles.

III.

LE POÈTE DE COUR.

Rien ne saurait prouver mieux que l'histoire de Spifame combien est vraie la peinture de ce caractère, si fameux en Espagne ; d'un homme fou par un seul endroit du cerveau, et fort sensé quant au reste de sa logique ; on voit bien qu'il avait conscience de lui-même, contrairement aux insensés vulgaires qui s'oublient et demeurent constamment certains d'être les personnages de leur invention. Spifame, devant un miroir ou dans le sommeil, se retrouvait et se jugeait à part, changeant de rôle et d'individualité tour à tour, être double et distinct pourtant, comme il arrive souvent qu'on se sent exister en rêve. Du reste, comme nous disions tout à l'heure, l'aventure du miroir avait été suivie d'une crise très forte, après laquelle le malade avait gardé une humeur mélancolique et rêveuse qui fit songer à lui donner une société.

On amena dans sa chambre un petit homme demi-chauve, à l'œil vert, qui se croyait, lui, le roi des poètes, et dont la folie était surtout de déchirer tout papier ou parchemin non écrit de sa main, parce qu'il croyait y voir les productions rivales des mauvais poètes du temps qui lui avaient volé les bonnes grâces du roi Henri et de la cour. On trouva plaisant d'accoupler ces deux folies originales et de voir le résultat d'une pareille entrevue. Ce personnage s'appelait Claude Vignet, et prenait le titre de *poète royal*. C'était, du reste, un homme fort doux, dont les vers étaient assez bien tournés et méritaient peut-être la place qu'il leur assignait dans sa pensée.

En entrant dans la chambre de Spifame, Claude Vignet fut terrassé : les cheveux hérissés, la prunelle fixe, il n'avait fait un pas en avant que pour tomber à genoux.

« Sa Majesté!.... s'écria-t-il.

— Relevez-vous, mon ami, dit Spifame en se drapant dans son pourpoint, dont il n'avait passé qu'une manche; qui êtes-vous?

— Méconnaîtriez-vous le plus humble de vos sujets et le plus grand de vos poètes, ô grand roi?..... Je suis Claudius Vignetus, *l'un* de la pléiade; l'auteur illustre du sonnet qui s'adresse *aux vagues crespelées...* Sire, vengez-moi d'un traître, du bourreau de mon honneur! de Mellin de Saint-Gelais!

— Hé quoi! de mon poète favori, du gardien de ma bibliothèque?

— Il m'a volé, sire! il m'a volé mon sonnet! il a surpris vos bontés....

— Est-ce vraiment un plagiaire!.... Alors je veux donner sa place à mon brave Spifame, de présent en voyage pour les intérêts du royaume.

— Donnez-la plutôt à moi! sire! et je porterai votre renom de l'orient au ponant, sur toute la surface terrienne :

O sire! que ton los mes rimes éternisent!...

— Vous aurez mille écus de pension, et mon vieux pourpoint, car le vôtre est bien décousu.

— Sire, je vois bien qu'on vous avait jusqu'ici caché
mes sonnets et mes épitres, tous à vous adressés. Ainsi
arrive-t-il dans les cours....

Ce séjour odieux des fourbes nuageuses.

— Messire Claudius Vignetus, vous ne me quitterez
plus; vous serez mon ministre, et vous mettrez en vers
mes arrêts et mes ordonnances. C'est le moyen d'en éter-
niser la mémoire. Et maintenant, voici l'heure où notre
amée Diane vient à nous. Vous comprenez qu'il convient
de nous laisser seuls.

Et Spifame, après avoir congédié le poète, s'endormit
dans sa chaise longue, comme il avait coutume de le faire
une heure après le repas.

Au bout de peu de jours les deux fous étaient devenus
inséparables, chacun comprenant et caressant la pensée
de l'autre, et sans jamais se contrarier dans leurs mu-
tuelles attributions. Pour l'un, ce poète était la louange
qui se multiplie sous toutes les formes à l'entour des rois
et les confirme dans leur opinion de supériorité; pour
l'autre, cette ressemblance incroyable était la certitude
de la présence du roi lui-même. Il n'y avait plus de prison, mais un palais; plus de haillons, mais des parures
étincelantes; l'ordinaire des repas se transformait en banquets splendides, où, parmi les concerts de violes et de
buccines, montait l'encens harmonieux des vers.

Spifame, après ses rêveries, était communicatif, et
Vignet se montrait surtout enthousiaste après le dîner. Le
monarque raconta un jour au poète tout ce qu'il avait eu
à endurer de la part des écoliers, ces turbulents aboyeurs,
et lui développa ses plans de guerre contre l'Espagne;
mais sa plus vive sollicitude se portait, comme on le
verra ci-après, sur l'organisation et l'embellissement de

la ville principale du royaume, dont les toits innombrables se déroulaient au loin sous les fenêtres des prisonniers.

Vignet avait des moments lucides, pendant lesquels il distinguait fort clairement le bruit des barreaux de fer entre-choqués, des cadenas et des verrous. Cela le conduisit à penser qu'on enfermait Sa Majesté de temps en temps, et il communiqua cette observation judicieuse à Spifame, qui répondit mystérieusement que ses ministres jouaient gros jeu, qu'il devinait tous leurs complots; et qu'au retour du chancelier Spifame les choses changeraient d'allure; qu'avec l'aide de Raoul Spifame et de Claude Vignet, ses seuls amis, le roi de France sortirait d'esclavage et renouvellerait l'âge d'or chanté par les poètes.

Sur quoi Claudius Vignetus fit un quatrain qu'il offrit au roi comme une avance de bénédiction et de gloire :

Par toy vient la chaleur aux verdissantes prées,
Vient la vie aux troupeaux, à l'oiseau ramageux,
Tu es donc le soleil, pour les coteaux neigeux
Transmuer en moissons et collines pamprées !

La délivrance se faisant attendre beaucoup, Spifame crut devoir avertir son peuple de la captivité où le tenaient des conseillers perfides; il composa une proclamation, mandant à ses sujets loyaux qu'ils eussent à s'émouvoir en sa faveur; et lança en même temps plusieurs édits et ordonnances fort sévères : ici le mot *lança* est fort exact, car c'était par sa fenêtre, entre les barreaux, qu'il jetait ses *chartes*, roulées et lestées de petites pierres. Malheureusement, les unes tombaient sur un toit à porcs, d'autres se perdaient dans l'herbe drue d'un préau désert situé au-dessous de sa fenêtre; une ou deux seulement, après mille jeux en l'air, s'allèrent percher comme des oiseaux dans le feuillage d'un tilleul situé au-delà des murs. Personne ne les remarqua d'ailleurs.

Voyant le peu d'effet de tant de manifestations publiques, Claude Vignet imagina qu'elles n'inspiraient pas de confiance, étant simplement manuscrites, et s'occupa de fonder une imprimerie royale qui servirait tour à tour à la reproduction des édits du roi et à celle de ses propres poésies. Vu le peu de moyens dont il pouvait disposer, son invention dut remonter aux éléments premiers de l'art typographique. Il parvint à tailler, avec une patience infinie, vingt-cinq lettres de bois, dont il se servit pour marquer, lettre à lettre, les ordonnances rendues fort courtes à dessein : l'huile et la fumée de sa lampe lui fournissant l'encre nécessaire.

Dès lors les bulletins officiels se multiplièrent sous une forme beaucoup plus satisfaisante. Plusieurs de ces pièces, conservées et réimprimées plusieurs fois depuis, sont fort curieuses, notamment celle qui déclare que le roi Henri deuxième, en son conseil, ouïes les clameurs pitoyables des bonnes gens de son royaume contre les perfidies et injustices de Paul et Jean Spifame, tous deux frères du fidèle sujet de ce nom, les condamnait à être tenaillés, écorchés et boullus. Quant à la fille ingrate de Raoul Spifame, elle devait être fouettée en plein pilori, et enfermée ensuite aux filles repenties.

L'une des ordonnances les plus mémorables qui aient été conservées de cette période, est celle où Spifame, gardant rancune du premier arrêt des juges qui lui avait défendu l'entrée de la salle des Pas-Perdus, pour y avoir péroré de façon imprudente et exorbitante, ordonne, de par le roi, à tous huissiers, gardes ou suppôts judiciaires, de laisser librement pénétrer dans ladite salle son ami et féal Raoul Spifame ; défendant à tous avocats, plaideurs, passants et autres canailles, de gêner en rien les mouvements de son éloquence ou les agréments nompareils de sa conversation familière touchant toutes les matières politiques et autres sur lesquelles il lui plairait de dire son avis.

Ses autres édits, arrêts et ordonnances, conservés jusqu'à nous, comme rendus au nom d'Henri II, traitent de la justice, des finances, de la guerre, et surtout de la police intérieure de Paris.

Vignet imprima, en outre, pour son compte, plusieurs épigrammes contre ses rivaux en poésie, dont il s'était fait donner déjà les places, bénéfices et pensions. Il faut dire que ne voyant guère qu'eux seuls au monde, les deux compagnons s'occupaient sans relâche, l'un à demander des faveurs, l'autre à les prodiguer.

IV.

L'ÉVASION.

Après nombre d'édits et d'appels à la fidélité de la bonne ville de Paris, les deux prisonniers s'étonnèrent enfin de ne voir poindre aucune émotion populaire, et de se réveiller toujours dans la même situation. Spifame attribua ce peu de succès à la surveillance des ministres, et Vignet à la haine constante de Mellin et de du Bellay. L'imprimerie fut fermée quelques jours; on rêva à des résolutions plus sérieuses, on médita des coups d'Etat. Ces deux hommes qui n'eussent jamais songé à se rendre libres pour être libres, ourdirent enfin un plan d'évasion tendant à dessiller les yeux des Parisiens et à les provoquer au mépris de la *Sophonisbe* de Saint-Gelais et de la *Franciade* de Ronsard.

Ils se mirent à desceller les barreaux par le bas, lentement, mais faisant disparaître à mesure toutes les traces de leur travail, et cela fut d'autant plus aisé qu'on les connaissait tranquilles, patients et heureux de leur destinée. Les préparatifs terminés, l'imprimerie fut rouverte, les libelles de quatre lignes, les proclamations incendiaires, les poésies privilégiées firent partie du bagage, et, vers minuit, Spifame ayant adressé une courte mais vigoureuse allocution à son confident, ce dernier attacha les draps du prince à un barreau resté intact, y glissa le premier, et releva bientôt Spifame qui, aux deux tiers de la descente, s'était laissé tomber dans l'herbe épaisse, non sans quelques contusions. Vignet ne tarda pas dans l'ombre à trouver le vieux mur qui donnait sur la campagne; plus agile que Spifame, il parvint à en gagner la crête, et tendit de là sa jambe à son gracieux souverain, qui s'en aida beaucoup; appuyant le pied au reste des pierres descellées du mur. Un instant après le Rubicon était franchi.

Il pouvait être trois heures du matin quand nos deux héros en liberté gagnèrent un fourré de bois, qui pouvait les dérober longtemps aux recherches; mais ils ne songeaient pas à prendre des précautions très minutieuses, pensant bien qu'il leur suffirait d'être hors de captivité pour être reconnus, l'un de ses sujets, l'autre de ses admirateurs.

Toutefois, il fallut bien attendre que les portes de Paris fussent ouvertes, ce qui n'arriva pas avant cinq heures du matin. Déjà la route était encombrée de paysans qui apportaient leurs provisions aux marchés. Raoul trouva prudent de ne pas se dévoiler avant d'être parvenu au cœur de sa bonne ville; il jeta un pan de son manteau sur sa moustache, et recommanda à Claude Vignet de voi-

ler encore les rayons de sa face apollonienne sous l'aile
rabattue de son feutre gris.

Après avoir passé la porte Saint-Victor, et cotoyé la
rivière de Bièvre, en traversant les *cultures* verdoyantes
qui s'étalaient longtemps encore à droite et à gauche,
avant d'arriver aux abords de l'île de la Cité, Spifame confia à son favori qu'il n'eût pas entrepris certes une expédition aussi pénible, et ne se fût pas soumis par prudence
à un si honteux incognito, s'il ne s'agissait pour lui d'un
intérêt beaucoup plus grave que celui de sa liberté et de
sa puissance. Le malheureux était jaloux! jaloux de qui?
de la duchesse de Valentinois, de Diane de Poitiers, sa
belle maîtresse, qu'il n'avait pas vue depuis plusieurs
jours, et qui peut être courait mille aventures loin de
son chevalier royal. « Patience, dit Claude Vignet, j'ai-
guise en ma pensée des épigrammes martialesques qui
puniront cette conduite légère. Mais votre père François
le disait bien : Souvent femme varie!. . » En discourant
ainsi, ils avaient pénétré déjà dans les rues populeuses de
la rive droite, et se trouvèrent bientôt sur une assez grande
place, située au voisinage de l'église des SS. Innocents,
et déjà couverte de monde, car c'était un jour de marché.

En remarquant l'agitation qui se produisait sur la place,
Spifame ne put cacher sa satisfaction. « Ami, dit-il au
poète, tout occupé de ses chaussures qui le quittaient
en route, vois comme ces bourgeois et ces chevaliers s'é-
meuvent déjà, comme ces visages sont enflammés d'ire,
comme il vole dans la région moyenne du ciel des germes
de mécontentement et de sédition! Tiens, vois celui-ci
avec sa pertuisane... Oh! les malheureux, qui vont émouvoir des guerres civiles! Cependant pourrai-je commander à mes arquebusiers de ménager tous ces hommes innocents aujourd'hui, parce qu'ils secondent mes projets,

et coupables demain parce qu'ils méconnaîtront peut-être mon autorité ?

— *Mobile vulgus,* » dit Vignet.

V.

LE MARCHÉ.

En jetant les yeux vers le milieu de la place, Spifame éprouva un sentiment de surprise et de colère dont Vignet lui demanda la cause. « Ne voyez-vous pas, dit le prince irrité, ne voyez-vous pas cette lanterne de pilori qu'on a laissée au mépris de mes ordonnances. Le pilori est supprimé, monsieur, et voilà de quoi faire casser le prévôt et tous les échevins, si nous n'avions nous-même borné sur eux notre autorité royale. Mais c'est à notre peuple de Paris qu'il appartient d'en faire justice.

— Sire, observa le poète, le populaire ne sera-t-il pas bien plus courroucé d'apprendre que les vers gravés sur cette fontaine, et qui sont du poète du Bellay, renferment dans un seul distique deux fautes de quantité! *humida sceptra,* pour l'hexamètre, ce que défend la prosodie à l'encontre d'Horatius, et une fausse césure au pentamètre.

— Holà! cria Spifame sans se trop préoccuper de cette dernière observation, holà! bonnes gens de Paris, rassemblez-vous, et nous écoutez paisiblement.

— Écoutez bien le roi qui veut vous parler en personne, » ajouta Claude Vignet, criant de toute la force de ses poumons.

Tous deux étaient montés déjà sur une pierre haute, qui supportait une croix de fer : Spifame debout, Claude Vignet assis à ses pieds A l'entour la presse était grande,

et les plus rapprochés s'imaginèrent d'abord qu'il s'agissait de vendre des onguents ou de crier des complaintes
et des noëls. Mais tout à coup Raoul Spifame ôta son feutre, dérangea sa cape, qui laissa voir un étincelant collier
d'ordres tout de verroteries et de cliquant qu'on lui laissait porter dans sa prison pour flatter sa manie incurable,
et sous un rayon de soleil qui baignait son front à la hauteur où il s'était placé, il devenait impossible de mécon-
naître la vraie image du roi Henri deuxième, qu'on voyait
de temps en temps parcourir la ville à cheval.

« Oui ! criait Claude Vignet à la foule étonnée : c'est
bien le roi Henri que vous avez au milieu de vous, ainsi
que l'illustre poète Claudius Vignetus, son ministre et son
favori, dont vous savez par cœur les œuvres poétiques...

— Bonnes gens de Paris ! interrompait Spifame, écoutez la plus noire des perfidies. Nos ministres sont des
traîtres, nos magistrats sont des félons !... Votre roi bien-
aimé a été tenu dans une dure captivité, comme les premiers rois de sa race, comme le roi Charles sixième, son
illustre aïeul... »

A ces paroles, il y eut dans la foule un long murmure
de surprise, qui se communiqua fort loin : on répétait
partout : « Le roi ! le roi !... » On commentait l'étrange
révélation qu'il venait de faire; mais l'incertitude était
grande encore, lorsque Claude Vignet tira de sa poche le
rouleau des édits, arrêts et ordonnances, et les distribua
dans la foule, en y mêlant ses propres poésies.

« Voyez, disait le roi, ce sont les édits que nous avons
rendus pour le bien de notre peuple, et qui n'ont été
publiés ni exécutés...

— Ce sont, disait Vignet, les divines poésies traîtreu-
sement pillées, soustraites et gâtées par Pierre de Ronsard
et Mellin de Saint-Gelais.

— On tyrannise, sous notre nom, les bourgeois et le populaire...

— On imprime la *Sophonisbe* et la *Franciade* avec un privilége du roi, qu'il n'a pas signé !

— Ecoutez cette ordonnance qui supprime la gabelle, et cette autre qui anéantit la taille...

— Oyez ce sonnet en syllabes scandées à l'imitation des latins... »

Mais déjà l'on n'entendait plus les paroles de Spifame et de Vignet; les papiers répandus dans la foule et lus de groupe en groupe, excitaient une merveilleuse sympathie : c'étaient des acclamations sans fin. On finit par élever le prince et son poète sur une sorte de pavois composé à la hâte, et l'on parla de les transporter à l'Hôtel-de-Ville, en attendant que l'on se trouvât en force suffisante pour attaquer le Louvre, que les traîtres tenaient en leur possession.

Cette émotion populaire aurait pu être poussée fort loin, si la même journée n'eût pas été justement celle où la nouvelle épouse du dauphin François, Marie d'Écosse, faisait son entrée solennelle par la porte Saint-Denis. C'est pourquoi, pendant qu'on promenait Raoul Spifame dans le marché, le vrai roi Henri deuxième passait à cheval le long des fossés de l'hôtel de Bourgogne. Au grand bruit qui se faisait non loin de là, plusieurs officiers se détachèrent et revinrent aussitôt rapporter qu'on proclamait un roi sur le carreau des halles. « Allons à sa rencontre, dit Henri II, et, foi de gentilhomme (il jurait comme son père), si celui-ci nous vaut, nous lui offrirons le combat. »

Mais, à voir les hallebardiers du cortége déboucher par les petites rues qui donnaient sur la place, la foule s'arrêta, et beaucoup fuirent tout d'abord par quelques rues

détournées. C'était, en effet, un spectacle fort imposant.
La maison du roi se rangea en belle ordonnance sur la
place ; les lansquenets, les arquebusiers et les Suisses
garnissaient les rues voisines. M. de Bassompierre était
près du roi, et sur la poitrine de Henri II brillaient les
diamants de tous les ordres souverains de l'Europe. Le
peuple consterné n'était plus retenu que par sa propre
masse qui encombrait toutes les issues : plusieurs criaient
au miracle, car il y avait bien là devant eux deux rois de
France ; pâles l'un comme l'autre, fiers tous les deux,
vêtus à peu près de même ; seulement, le *bon roi* brillait moins.

Au premier mouvement des cavaliers vers la foule, la
fuite fut générale, tandis que Spifame et Vignet faisaient
seuls bonne contenance sur le bizarre échafaudage où ils
se trouvaient placés ; les soldats et sergents se saisirent
d'eux facilement.

L'impression que produisit sur le pauvre fou l'aspect
de Henri lui-même, lorsqu'il fut amené devant lui, fut si
forte qu'il retomba aussitôt dans une de ses fièvres les
plus furieuses, pendant laquelle il confondait comme autrefois ses deux existences de Henri et de Spifame, et ne
pouvait s'y reconnaître, quoi qu'il fît. Le roi, qui fut
informé bientôt de toute l'aventure, prit pitié de ce malheureux seigneur, et le fit transporter d'abord au Louvre,
où les premiers soins lui furent donnés, et où il excita
longtemps la curiosité des deux cours, et, il faut le dire,
leur servit parfois d'amusement.

Le roi, ayant remarqué d'ailleurs combien la folie de
Spifame était douce et toujours respectueuse envers lui,
ne voulut pas qu'il fût renvoyé dans cette maison de fous
où l'image parfaite du roi se trouvait parfois exposée à de
mauvais traitements ou aux railleries des visiteurs et des

valets. Il commanda que Spifame fût gardé dans un de ses châteaux de plaisance, par des serviteurs commis à cet effet, qui avaient ordre de le traiter comme un véritable prince et de l'appeler *Sire* et *Majesté*. Claude Vignet lui fut donné pour compagnie, comme par le passé, et ses poésies, ainsi que les ordonnances nouvelles que Spifame composait encore dans sa retraite, étaient imprimées et conservées par les ordres du roi.

Le recueil des arrêts et ordonnances rendus par ce fou célèbre fut entièrement imprimé sous le règne suivant avec ce titre : *Dicœarchiœ Henrici regis progymnasmata*. Il en existe un exemplaire à la bibliothèque royale sous les numéros VII, 6,412. On peut voir aussi les Mémoires de la Société des inscriptions et belles-lettres, tome XXIII. Il est remarquable que les réformes indiquées par Raoul Spifame ont été la plupart exécutées depuis.

HISTOIRE

DE L'ABBÉ DE BUCQUOY.

(xviie siècle.)

—◆—

I.

UN CABARET EN BOURGOGNE.

Le grand siècle n'était plus : — il s'était en allé où vont les vieilles lunes et les vieux soleils. Louis XIV avait usé l'ère brillante des victoires. On lui reprenait ce qu'il avait gagné en Flandre, en Franche-Comté, aux bords du Rhin, en Italie. Le prince Eugène triomphait en Allemagne, Marleborough dans le Nord... Le peuple français, ne pouvant mieux faire, se vengeait par une chanson.

La France s'était épuisée à servir les ambitions familiales et le système obstiné du vieux roi. Notre nation a toujours adopté facilement les souverains belliqueux, et dans la race des Bourbons, Henri IV et Louis XIV ont répondu à cet esprit, quoique le dernier ait eu à se plaindre de « sa grandeur qui l'attachait au rivage. » Au besoin ces souverains se sauvaient par leurs vices. Leurs amours faisaient l'entretien des châteaux et des chaumières, et réalisaient de loin cet idéal galant et chevaleresque qui a toujours été le rêve généreux des Français.

Toutefois, il existait des provinces moins sujettes à l'admiration, et qui protestèrent toujours sous diverses formes, soit sous le voile des idées religieuses, soit sous la forme évidente des jaqueries, des ligues et des frondes.

Le révocation de l'Edit de Nantes avait été le grand coup frappé contre les dernières résistances. Villars venait de triompher du soulèvement des Cévennes, et ceux des Camisards qui avaient échappé aux massacres s'en allaient par bandes rejoindre en Allemagne le million d'exilés qui avaient été contraints de porter à l'étranger les débris de leur fortune et les diverses industries où excellaient beaucoup des protestants.

On avait brûlé le palatinat, leur principal refuge : « Ce sont là jeux de princes. » Le soleil du grand siècle pouvait encore se mirer à l'aise dans les bassins de Versailles; mais il pâlissait sensiblement. Mme de Maintenon elle-même ne luttait plus contre le temps : elle s'appliquait seulement à infuser la dévotion dans l'âme d'un roi sceptique, qui lui répondait par des chiffres apportés chaque jour par Chamaillard :

« Trois milliards de dettes!... que peut faire à cela la Providence ? »

Louis XIV n'était pas un homme ordinaire; on peut croire même qu'il aimait la France et voulait sa grandeur. Sa personnalité, doublée de l'esprit de famille, l'a perdu à l'époque où l'âge affaiblissait ses forces, et où son entourage arrivait à dominer sa volonté.

Quelque temps après la perte de la bataille d'Hochstedt, qui nous enlevait cent lieues de pays dans les Flandres, Archambaud de Bucquoy passait à Morchandgy, petit village de la Bourgogne, situé à deux lieues de Sens.

D'où venait-il?... On ne le sait pas trop...

Où allait-il? Nous le verrons plus tard...

Une roue de sa voiture s'étant cassée, le charron du village demandait une heure pour en poser une nouvelle. Le comte dit à son domestique : — Je ne vois que ce cabaret d'ouvert... Tu viendras m'avertir quand le charron aura fini.

— Monsieur le comte ferait mieux de rester dans la voiture, qu'on a étayée.

— Allons donc!... J'entre au cabaret, je suis sûr que je n'y trouverai que de bonnes gens...

Archambault de Bucquoy entra dans la cuisine et demanda de la soupe... Il voulait premièrement goûter le bouillon.

L'hôtesse se prêta à cette exigence. Mais Archambault l'ayant trouvé trop salé, dit :

— On voit bien que le sel est à bon marché ici.

— Pas trop, dit l'hôtesse.

— Je suppose que les *faux-saulniers* en ont amené ici l'abondance.

— Je ne connais pas ces gens là... Du moins il n'oseraient venir ici .. Les troupes de Sa Majesté viennent de les défaire, et toutes leurs bandes ont été taillées en pièces, à l'exception d'une trentaine de charretiers, qui ont été menés, chargés de fers, dans les prisons.

— Ah! dit Archambault de Bucquoy, voilà des pauvres diables bien attrapés... S'ils avaient eu un homme commé moi à leur tête, leurs affaires seraient en meilleure posture !

Il se rendit de la cuisine dans le cabaret, où l'on vidait des bouteilles d'un certain petit crû qui ne se serait pas conservé ailleurs ni plus tard.

Archambault de Bucquoy prit place à une table, où l'on ne tarda pas à lui apporter sa soupe, et il continua à la trouver trop salée. On sait la haine des Bourguignons contre ce terme, qui se renouvelle depuis le xve siècle, où la plus grosse injure était de les appeler : *Bourguignons salés.*

L'inconnu dut s'expliquer :

— Je veux dire, répondit-il, que l'on ne ménage pas le sel dans les mets que l'on sert ici... Ce qui prouve que le sel n'est pas rare dans la province...

— Vous avez raison, dit un homme d'une force colossale, qui se leva du milieu des buveurs, et qui lui frappa sur l'épaule ; mais il faut des braves... pour que l'on ait ici le sel à bon marché !

— Comment vous appelez-vous ?

L'homme ne répondit pas ; mais un voisin dit à Archambault de Bucquoy :

— C'est le capitaine...

— Ma foi, répondit-il, je me trouve ici dans la société d'honnêtes gens... Je puis parler !... Vous êtes évidemment ici des hommes qui faites la contrebande du sel... Vous faites bien.

— On a du mal, dit le capitaine.

— Eh, mes enfants ! Dieu récompense ceux qui agissent pour le bien de tous.

— C'est un huguenot, se dirent à voix basse quelques-uns des assistants...

— Tout est fini ! reprit Archambault ; le vieux roi s'éteint, sa vieille maîtresse n'a plus de souffle... Il a épuisé la France, dans son génie et dans sa force; si bien que les dernières batailles les plus émouvantes ont eu lieu entre Fénélon et Bossuet! Le premier soutenait « que l'amour de Dieu et du prochain peut être pur et désintéressé. » L'autre, « que la charité, en tant que charité, doit toujours être fondée sur l'espérance de la béatitude éternelle. » Grave question, Messieurs!

Un immense éclat de rire, parti de tous les points du cabaret, accueillit cette observation. Archambault baissa la tête et mangea sa soupe sans dire un mot de plus.

Le capitaine lui frappa sur l'épaule :

— Qu'est-ce que vous pensez des extases de Mme Guyon?

— Fénélon l'a jugée sainte, et Bossuet, qui l'avait attaquée d'abord, n'est pas éloigné de la croire au moins inspirée.

— Mon cavalier, dit le capitaine, je vous soupçonne de vous occuper quelque peu de théologie.

— J'y ai renoncé... Je suis devenu un simple quiétiste, depuis surtout que j'ai lu dans un livre intitulé *le Mépris du monde* : « Il est plus profitable pour l'homme de se cultiver lui-même en vue de Dieu que de cultiver la terre, qui ne nous est de rien. »

— Mais, dit le capitaine, cette maxime est assez suivie dans ce temps-ci... Qui est-ce qui cultive?... On se bat, on chasse, on fait un peu de faux saulnage...; on introduit des marchandises d'Allemagne et d'Angleterre, on vend des livres prohibés. Ceux qui ont de l'argent spéculent sur les bons des fermes; mais la culture, c'est un travail de fainéants!

Archambault comprenait l'ironie de ce discours : « Messieurs, dit-il, je suis entré ici par hasard; mais je ne sais pourquoi je me sens l'un des vôtres... Je suis un de ces fils de grandes familles militaires qui ont lutté contre les

rois, et qui sont toujours soupçonnés de rébellion. Je
n'appartiens pas aux protestants, mais je suis pour ceux qui
protestent contre la monarchie absolue et contre les abus
qu'elle entraîne... Ma famille avait fait de moi un prêtre ; j'ai jeté le froc aux orties et je me suis rendu libre.
Combien êtes-vous ?

— Six mille, dit le capitaine.

— J'ai servi déjà quelque temps.... J'ai cherché même
à lever un régiment depuis que j'ai abandonné la vie religieuse.... Mais les dépenses qu'avait faites feu mon
oncle m'ont gêné dans certaines ressources que j'attendais
de ma famille.... M. de Louvois nous a causé de grands
chagrins !

— Cher seigneur, dit le capitaine, vous me paraissez
être un brave.... Tout peut se réparer encore : — Votre
demeure à Paris ?

— Je compte descendre chez ma tante, la comtesse
douairière de Bucquoy.

Un des assistants se leva, et dit à des gens qui se trouvaient à la même table : « C'est celui que nous cherchons. » Cet homme était connu pour un recors ; il sortit et alla quérir un exempt de la maréchaussée.

Au moment où Archambault de Bucquoy, averti par
son domestique, regagnait sa voiture, l'exempt, accompagné de six gendarmes, voulut l'arrêter. Les gens du
cabaret sortirent et cherchèrent à s'y opposer. Il voulut
se servir de ses pistolets, mais la maréchaussée avait reçu
des renforts.

On fit remonter le voyageur dans sa voiture entre deux
exempts ; les gendarmes suivaient. On arriva bientôt à
Sens. Le prévôt interrogea d'abord tout le monde avec
impartialité, puis il dit au voyageur :

— Vous êtes l'abbé de La Bourlie ?

— Non, Monsieur.

— Vous venez des Cévennes?

— Non, Monsieur.

— Vous êtes un perturbateur du repos public?

— Non, Monsieur.

— Je sais que, dans le cabaret, vous avez prétendu
vous appeler de Bucquoy ; mais, si vous êtes l'abbé de
La Bourlie, se disant marquis de Guiscard...., vous pouvez l'avouer, le traitement sera le même : il s'est mêlé
aux affaires des Cévennes; vous vous êtes compromis avec
les faux saulniers.... Qui que vous soyez, je suis obligé
de vous faire conduire dans les prisons de Sens.

Archambault de Bucquoy se trouva là avec une trentaine de faux saulniers dont le présidial de Sens faisait le
procès; le prévôt de Melun, envoyé pour cette affaire,
regarda son arrestation comme imprudente et légère. Toutefois, plusieurs charges pesaient déjà sur lui.

Il avait été d'abord militaire pendant cinq ans, puis il
était devenu ce qu'on appelait alors *petit maître*.... et
ensuite, « sans s'inquiéter de la religion chrétienne, »
s'était mis de celle « que certains prétendent être celle
des honnêtes gens, » ce qu'on appelait alors *déiste*.

Une aventure dont on ne connaît pas bien les détails,
mais qui semble se rapporter à l'amour, jeta le comte de
Bucquoy dans une sorte de dévotion trop exagérée pour
avoir paru solide. Il se rendit à la Trappe, et chercha à
observer cette loi du silence, si difficile à observer... Un
jour, il se lassa de cette discipline, reprit son habit d'officier, et sortit de la Trappe sans dire adieu.

En route, il eut une querelle et fit une blessure à un
homme qui l'avait insulté. Ce hasard malheureux le fit
rentrer dans la religion. Il se crut obligé de se dépouiller
de ses habits en faveur d'un pauvre, et ce fut alors qu'é-

pris des doctrines de saint Paul, il fonda à Rouen une communauté ou séminaire, qu'il dirigea sous le nom de *le Mort*. Ce nom symbolisait pour lui l'oubli des douleurs de la vie et le désir du repos éternel.

Cependant, il parlait dans sa classe avec une grande facilité, ce qui provenait peut-être d'une longue abstinence de paroles, éprouvée à la Trappe : de sorte que les Jésuites voulurent l'attirer parmi eux ; mais il craignit alors que cela ne le mît « trop en rapport avec le monde. »

II.

LE FOR L'ÉVÊQUE.

Tels sont les antécédents qui, à Sens, auraient fait déjà quelque tort à l'abbé comte de Bucquoy, si le hasard ne l'eût fait confondre avec l'abbé de La Bourlie, fortement compromis dans les révoltes des Cévennes.

Ce qui aggravait surtout la position de l'abbé de Bucquoy, c'est que dans sa voiture on avait trouvé « des livres qui ne traitaient que de révolutions, un masque et quantité *de petits bonnets* ; » et de plus encore des tablettes toutes chiffrées.

Interrogé sur ces objets, il se justifia, et son affaire prenait *un assez bon train*, lorsqu'ennuyé du séjour de la prison, il eut l'idée de s'évader en mettant *dans son parti* les trente faux saulniers qui se trouvaient avec lui dans la prison de Sens, ainsi que certains particuliers arrêtés pour divers motifs assez légers, et que l'on voulait forcer à s'engager dans le régiment du comte de *Tonnerre*.

C'était alors une sorte de *presse* qui s'exerçait sur les

grands chemins pour fournir des soldats aux guerres de
Louis XIV.

Ces projets d'évasion ne réussirent pas, et l'abbé de
Bucquoy fut convaincu d'avoir engagé la fille du concierge
à en faciliter les moyens. A deux heures après minuit on
entra dans sa chambre, on lui mit *fort civilement* les fers
aux mains et aux pieds, puis on le *fourra* dans une *chaise,*
escortée d'une douzaine d'archers.

A Montereau, il invita les archers à dîner avec lui, et,
bien qu'ils fissent une grande surveillance, il parvint à se
débarrasser de certains papiers compromettants. Ces archers ne firent pas grande attention à ce détail ; mais en
badinant, le soir, au souper, ils lui dirent qu'ils le dé-
fiaient bien de s'échapper.

On le mit au lit, en l'enchaînant par un pied à l'une
des colonnes. Les archers se couchèrent dans la chambre
d'entrée. L'abbé de Bucquoy, lorsqu'il les jugea suffisamment endormis, parvint à soulever le ciel du lit et fit
passer sa chaîne par le haut de la colonne, où on l'avait
attaché. Puis il cherchait à gagner la fenêtre, lorsqu'un
des gardes, dont il avait heurté les souliers, s'éveilla en
sursaut et cria à l'aide.

On le lia plus étroitement, il fut amené à Paris par le
coche de Sens, à l'hôtel de la *Clef d'Argent,* rue de la
Mortellerie. N'ayant pas de rancune, il donna encore à
goûter aux archers.

Parfaitement surveillé, à cet endroit, il fut conduit par
deux hoquetons, au *For l'Evêque,* qui était situé sur le
quai du Louvre.

Au For l'Evêque, l'abbé de Bucquoy resta huit jours
sans être interrogé. Il avait la liberté de se promener dans
le préau, et réfléchissait au moyen qu'on pourrait prendre pour s'évader.

Il avait remarqué en entrant que la façade du For l'E-
vêque présentait une série de fenêtres grillées étagées jusqu'aux combles, et que les grilles formaient naturellement des échelles, sauf les solutions de continuité dues
aux intervalles des étages.

Après son interrogatoire, dans lequel il prouva qu'il
n'était pas l'abbé de La Bourlie, mais l'abbé de Bucquoy : et qu'ayant mis quelque imprudence dans ses conversations, « il était néanmoins en état de se faire appuyer par des gens considérables », on le surveilla moins
et on lui permit de se promener dans les corridors de la
prison.

Comme il avait encore quelques louis, le geôlier lui
permettait le soir d'aller respirer l'air dans les combles,
ce qu'il disait indispensable à sa santé. Dans la journée, il
s'amusait à tresser des cordes avec la toile de ses draps et
de ses serviettes, et il parvint enfin, sous prétexte de
rêverie, à se faire oublier le soir dans le plus haut corri-
dor de la prison.

La porte d'un grenier à forcer, la mansarde à ouvrir,
ce n'était rien. Lorsqu'il jeta les yeux sur le quai, il fut
effrayé, aux clartés de la lune, de cette quantité de *branches* garnies de pointes, de chevaux de frise et autres in-
grédiens qui, dit-il, « formaient un spectacle des plus af-
freux... car on croyait voir une forêt toute hérissée de
fer. »

Cependant, au milieu de la nuit, lorsqu'il n'entendit
plus le bruit de la ville ni le passage des patrouilles, l'abbé de Bucquoy, s'aidant des cordes qu'il avait tordues,
parvint, en dépit des pointes hérissées sur les grilles, à
gagner le quai, qui correspondait à un vaste emplacement qu'on appelait alors la Vallée de Misère.

III.

AUTRES ÉVASIONS.

Nous n'avons pas donné plus haut tous les détails de l'é-
vasion de l'abbé de Bucquoy du For l'Evêque, de peur d'interrompre le principal récit. Quand il eut imaginé de s'é-
chapper par une lucarne des combles, il trouva une difficulté dans la porte cadenassée qui fermait le cabinet où
il fallait entrer d'abord. Les outils lui manquaient; il eut
alors l'idée de brûler la porte. Le concierge lui avait permis de faire sa cuisine dans sa chambre et lui avait vendu
des œufs,.... du charbon et un briquet.

C'est avec ces moyens qu'il put mettre le feu à la porte
du cabinet, ne voulant y faire qu'une ouverture par laquelle il pût passer. Les flammes allant trop haut et ris-
quant d'incendier le toit, il trouva à propos un pot à eau
pour les éteindre, mais il faillit être asphyxié par la fumée et brûla une partie de ses vêtements.

Il était bon d'expliquer ceci pour faire comprendre ce
qui lui arriva après qu'il eut pris pied sur le quai du
Louvre. Sa descente à travers les grilles hérissées de fer et
les chevaux de frise avait ajouté maints accrocs aux brû-
lures de ses vêtements. De sorte que plusieurs marchands
qui, au point du jour, ouvraient leurs boutiques, s'aperçurent bien de son désordre. Mais personne ne souffla
mot; seulement, quelques polissons le suivirent *en faisant des huées*. Une grosse pluie qui survint les dispersa.

L'abbé, grâce à cette diversion qui retenait en outre
les sentinelles dans leur guérite, prit par la rue des Bour-

donnais, gagna le quartier Saint-Eustache et arriva enfin
près de la halle où il trouva un cabaret ouvert.

L'état de ses vêtements, auquel il n'avait pas encore
fait grande attention, lui attira des railleries; il ne répondit rien, paya l'hôte et chercha un asile sûr. Il n'eût
pas fait bon pour lui de se rendre chez sa tante, la comtesse douairière de Bucquoy; mais il se souvint de la demeure d'une parente d'un de ses domestiques qui logeait
à l'Enfant-Jésus, près des Madelonnettes.

L'abbé arriva de bonne heure chez cette femme et lui
dit qu'il venait de province et que, passant par la forêt
de Bondy, des voleurs l'avaient mis dans cet état. Elle le
garda toute la journée et lui fit à manger. Vers le soir, il
s'aperçut d'un certain air de soupçon qui lui fit penser à
chercher un asile plus sûr.... Il s'était rencontré déjà
avec quelques-uns de ces beaux esprits du Marais qui fré-
quentaient l'hôtel de Ninon de Lenclos, alors âgée de près
de quatre-vingts ans, et qui faisait encore des passions,
en dépit des lettres de Mme de Sévigné. Les hôtels du Marais étaient le dernier asile de l'opposition bourgeoise et
parlementaire. Quelques personnes de la noblesse, derniers débris de la Fronde, se faisaient voir parfois dans
ces vieilles maisons, dont les hôtels déserts regrettaient
encore les jours où les conseillers de la grande chambre
et des Tournelles traversaient la foule en robe rouge, sa-
lués et applaudis comme des sénateurs romains du parti
populaire.

Il y avait un petit établissement dans l'île Saint-Louis,
qu'on appelait le café Laurent. Là se réunissaient les modernes *épicuriens* qui, sous le voile du scepticisme et de
la gaîté, cachaient les débris d'une opposition sourde et
patiente, comme Harmodius et Aristogiton cachaient leurs
épées sous des roses.

Et ce n'était pas peu de chose alors que ces pointes philosophiques aiguisées par les disciples de Descartes et de Gassendi. Ce parti était fortement surveillé ; mais grâce à la protection de quelques grands seigneurs, tels que d'Orléans, Conti et Vendôme ; grâce aussi à ces formes spirituelles et galantes, qui séduisent même la police ou qui l'abusent aisément, les néo-frondeurs étaient généralement laissés en paix, seulement la cour pensait les flétrir en les appelant : *la cabale.*

Fontenelle, Jean-Baptiste-Rousseau, Lafare, Chaulieu s'étaient montrés par moment au café Laurent. Molière y avait paru antérieurement ; Boileau était trop vieux. Les anciens habitués parlaient là de Molière, de Chapelle et de ces soupers d'Auteuil, qui avaient été le centre des premières réunions.

La plupart des habitués du café étaient encore les commensaux de cette belle Ninon, qui habitait rue des Tournelles et qui mourut à quatre-vingt-six ans, laissant une pension de deux mille livres au jeune Arouet, lequel lui avait été présenté par l'abbé de Châteauneuf, son dernier amoureux.

L'abbé de Bucquoy avait depuis longtemps quelques amis parmi les gens de la cabale. Il attendit leur sortie ; et, feignant d'être un pauvre, il s'adressa à l'un d'eux, le prit à part et lui dépeignit sa position... L'autre l'emmena chez lui, l'habilla et le cacha dans un asile sûr, d'où l'abbé put avertir sa tante et recevoir l'aide nécessaire. Du fond de sa retraite, il adressa plusieurs suppliques au Parlement, afin que son affaire y fût renvoyée. Sa tante elle-même remit des placets au roi. Mais aucune décision ne fut prise, bien que l'abbé de Bucquoy offrît de se remettre dans les prisons de la Conciergerie, s'il pouvait être assuré que son affaire serait traitée juridiquement.

L'abbé de Bucquoy voyant toutes ses sollicitations restées sans effets, dut se résoudre à sortir de France. Il
prit la route de Champagne, déguisé en marchand forain.
Malheureusement il arriva à La Fère au moment où un
parti des alliés qui avait enlevé M. le Premier, s'était vu
coupé du côté de Ham et forcé de se dissoudre. L'abbé
fut considéré comme un des fugitifs, et bien qu'il protes-
testât de sa qualité de marchand, on le déposa à la prison de La Fère en attendant qu'on eût reçu des renseignements de Paris..... Ce coup-d'œil ingénieux, qui lui
avait fait trouver les moyens de s'échapper du For-l'Evêque, lui avait fait découvrir un certain tas de pierres qui
pouvait servir à arriver sur la rampe du mur.

Avant d'entrer dans la cellule, il pria le concierge de
lui aller chercher à boire, et, en son absence, se mit à
grimper jusqu'à un bastion d'où il se précipita dans un
fossé plein d'eau qui entourait la prison. Il le traversait à
la nage, lorsque la femme du concierge qui l'avait aperçu par une fenêtre, mit l'alarme dans la prison, ce qui fit
qu'on le ressaisit au bord et qu'on le ramena épuisé et
tout couvert de boue. On prit soin cette fois de le mettre
au cachot.

On avait eu de la peine à faire revenir le pauvre abbé de
Bucquoy d'un long évanouissement, suite de son plon-
geon dans l'eau, et les paroles qu'il prononça sur la Providence qui l'avait abandonné dans son dessein, donnèrent à penser que c'était un ministre calviniste échappé
des Cévennes : on l'envoya donc à Soissons, dont la prison était plus sûre que celle de La Fère.

Soissons est une ville très intéressante pour qui la voit
en liberté. La prison était alors située entre l'évêché et
l'église Saint-Jean; elle s'adossait, du côté du nord, aux
fortifications de la ville.

L'abbé de Bucquoy fut mis dans une tour avec un Anglais fait prisonnier dans l'expédition de Ham. Le porte-clef qui faisait leur cuisine, permettait à l'abbé, qui toujours feignait d'être malade, comme il avait fait au For l'Evêque, de prendre l'air le soir au sommet de la tour où il était enfermé. Cet homme avait un accent bourguignon, que l'abbé reconnut pour l'avoir entendu près de Sens.

Un soir, ce porte-clé lui dit : « Monsieur l'abbé, il fera beau ce soir sur le donjon à voir les étoiles. »

L'abbé le regarda, mais ne vit qu'une figure indifférente.

Sur le donjon, il faisait du brouillard.

L'abbé redescendit et trouva ouverte la porte du mur de ronde. Une sentinelle le parcourait à pas égaux. Il se retirait, lorsque le soldat, passant près de lui, dit à voix basse : « L'abbé... il fait bien beau ce soir... Promenez-vous ici un peu : qui est-ce qui vous apercevrait dans le brouillard ? »

L'abbé de Bucquoy ne vit là que la complaisance d'un brave militaire qui suspend la consigne en faveur d'un pauvre prisonnier.

Au bout de la terrasse il sentit une corde, et sa main en la soulevant trouva un crochet et des nœuds.

La sentinelle avait le dos tourné, l'abbé, qui savait tous les exercices, descendit en s'aidant de la sellette à la manière des peintres en bâtiment.

Il se trouva dans le fossé, qui était à sec et plein d'herbes. Le mur du dehors était trop haut pour qu'il pût songer à remonter. Seulement, en cherchant quelque point dégradé qui permît l'ascension, il se trouva près d'une ouverture d'égout dont les gravois semés çà et là, et les pierres fraîchement taillées indiquaient qu'on était en train de le réparer

Un inconnu leva la tête tout à coup par l'ouverture du puisart, et dit à voix basse :

— Est-ce que c'est vous, l'abbé?

— Pourquoi?

— C'est qu'il fait beau ce soir ici; mais il fait meilleur là-dessous.

L'abbé comprit ce qu'on voulait lui dire et se mit à descendre par une échelle dans ce réduit assez fétide. L'homme le conduisit silencieusement jusqu'à un escalier en limaçon, et lui dit : montez maintenant jusqu'à ce que vous trouviez une résistance... frappez, et l'on vous ouvrira.

L'abbé monta bien trois cents marches, puis sa tête heurta contre une trappe qui paraissait lourde, et qui ne céda pas même à la pression de ses épaules.

Un instant après il sentit qu'on la levait, et qu'on lui adressait ces mots :

— Est-ce vous, l'abbé?

L'abbé dit : Ma foi, oui, c'est moi; mais vous?...

L'inconnu répondit par un *chut*, et l'abbé se trouva sur un plancher solide; mais dans la plus profonde nuit.

IV.

LE CAPITAINE ROLAND.

En tâtant à droite et à gauche, l'abbé de Bucquoy sentit des tables qui se prolongeaient, et ne comprit pas davantage dans quel lieu il se trouvait. Mais l'homme qui lui avait parlé fit briller bientôt une lanterne sourde qui

éclaira toute la salle. L'argenterie étincelait dans les mon-
tres, et mille bijoux d'or et de pierres précieuses ruisse-
laient sur les tables..., qui décidément étaient des comptoirs... Il n'y avait plus à s'y tromper. On se trouvait dans
une boutique d'orfèvre.

L'abbé réfléchit un instant, puis il se dit en voyant la
mine de l'homme qui tenait la lanterne sourde : « Il'est
évident que c'est un voleur; quelle que soit son intention
à mon égard, ma conscience m'oblige à réveiller le marchand que l'on va dévaliser. »

En effet, un second individu était sorti de dessous l'autre comptoir et faisait raffle des effets les plus précieux.
L'abbé cria : « Au secours! à l'aide! au voleur! » En vain
lui mit-on la main sur la bouche en le menaçant. Au
bruit qu'il fit, un homme effaré, en chemise, arriva du
fond, une chandelle à la main.

— On vous vole, Monsieur, s'écria l'abbé!
— Au voleur! à la garde! cria à son tour le marchand.
— Vous tairez-vous? dit l'homme à la lanterne sourde
en montrant un pistolet.

Le marchand ne dit plus rien; mais l'abbé se mit à
frapper violemment à la porte extérieure en continuant
ses cris.

Un pas cadencé se faisait entendre au dehors. C'était
évidemment une patrouille; les deux voleurs se cachèrent
de nouveau sous les comptoirs. Un bruit de crosses de fusil se fit entendre sur le pas de la porte.

« Ouvrez, au nom du roi, dit une voix rude. »

Le marchand alla chercher ses clefs et ouvrit la porte.
La patrouille entra.

— Qu'est-ce qui se passe ici? dit le sergent.
— On me vole, s'écria le joaillier; ils sont cachés sous
les comptoirs...

5

— Monsieur le sergent, dit l'abbé de Bucquoy, des gens que je ne connais pas et dont je ne puis comprendre les intentions m'ont, par un accord secret, fait échapper de la prison de Soissons. Je me suis aperçu que ces gens étaient des malfaiteurs, et, étant moi-même un honnête homme, je ne puis consentir à me faire leur complice... Je sais que la Bastille m'attend ; arrêtez-moi... et reconduisez-moi en prison.

Le sergent, qui était un homme d'une forte stature, se tourna du côté de ses soldats et dit : « Commencez par vous saisir du joaillier, et appliquez-lui la poire d'angoisse afin qu'il se taise. Ensuite, faites-en autant pour l'abbé..., car il m'étourdit. »

La poire d'angoisse était une sorte de bâillon dont le centre était composé d'une poche de cuir remplie de son, qu'on pouvait mâcher à loisir sans pouvoir rendre au dehors aucune articulation sensible.

L'abbé de Bucquoy, réduit au silence par le bâillon et la poire d'angoisse, ne comprenait pas que l'orfèvre volé eût reçu le même traitement. Sa surprise augmenta en voyant que les soldats de la patrouille aidaient les deux voleurs à dévaliser la boutique. Quelques termes d'argot échangés entr'eux le mirent enfin au courant. La patrouille était une fausse patrouille.

Le sergent, de taille herculéenne, fut reconnu par l'abbé pour ce même chef de faux saulniers avec lequel il avait causé déjà à Morchandgy, près Sens, et qu'on appelait là le capitaine.

Les paquets étaient faits lorsqu'une grande rumeur, mêlée de coups de fusil, se fit entendre au dehors. — « Chargeons tout, dit le capitaine. »

On enleva lestement les ballots, et l'abbé lui-même, qui était fortement lié, se trouva sur le dos d'un des voleurs.

Ils sortirent tous par la porte de la boutique qui donnait sur la rue de l'Intendance.

La lueur d'un grand incendie se faisait voir du côté de la porte de Compiègne... Au point opposé l'on se battait. La petite troupe força la porte du jardin de l'évêché, et s'y rencontra, à travers les arbres, avec un grand nombre d'autres gens chargés de ballots, qui entrèrent dans la ville pendant que les autres, en échangeant çà et là des signes de reconnaissance, descendaient le rempart à l'aide d'échelles et gravissaient ensuite la contrescarpe dégradée sur ce point. Il fallait ensuite passer l'Aisne pour atteindre les hauteurs de Cuffy et la limite des forêts.

On a supposé depuis que les gens qui avaient tenté de faire échapper l'abbé de Bucquoy de la prison de Soissons, étaient un parti de ces mêmes faux saulniers qu'il avait rencontrés en Bourgogne, et à qui il avait offert de se mettre à leur tête... Un seigneur riche, aventureux et puissant comme lui par ses relations en France et au dehors, était bien ce qu'il leur fallait.

Quant au capitaine Roland, ancien chef de partisans des Cévennes, il s'était échappé par les pays de l'Est après la capitulation de Cavalier. Pendant que ce chef, qui avait obtenu son pardon au prix du sang de ses frères, paradait à Versailles comme un chef de tribus vaincues, Roland, aidé par les bandes de faux saulniers, — mélangées comme on sait de protestants, de déserteurs et de paysans réduits à la misère, — tentait de gagner le Nord pour s'y réfugier au besoin. En attendant, ses gens faisaient du faux saulnage, aidés en secret par la population et les soldats mal payés des troupes royales. — On mettait le feu à une maison, toute la ville se portait là. Pendant ce temps, les faux saulniers, nombreux et bien armés, faisaient entrer des sacs de sel par quelque rempart mal surveillé.

Puis au besoin ils se battaient en fuyant et se rejetaient dans les bois. Voici encore ce que nous avons appris par d'autres récits du temps.

A l'époque où les protestants quittaient la France sans avoir le temps de mettre ordre à leurs affaires, des bijoux d'un grand prix avaient été déposés chez ce marchand, qui faisait un peu d'usure, et il avait prêté sur ces nantissements quelques sommes très inférieures à leur valeur. Depuis, des personnes envoyées par les réfugiés étaient venues réclamer leurs bijoux en payant ce qui était dû. L'orfèvre avait trouvé fort simple de s'acquitter en dénonçant les réclamants à la justice. De là le motif de l'expédition à laquelle concourait le capitaine Roland.

Les faux saulniers, qui avaient tenté de faire évader le comte abbé de Bucquoy, trouvèrent le chemin barré au-delà de l'Aisne. On en prit un grand nombre, qui furent pendus ou rompus vifs, selon leur rang. L'histoire ne parle plus du capitaine Roland, — et l'abbé de Bucquoy, plus fortement soupçonné que jamais, prit le chemin de la Bastille.

Lorsqu'on le descendit de sa chaise, il eut le temps de jeter un coup d'œil à droite et à gauche, « soit sur le pont-levis, soit sur la contrescarpe... mais on ne le laissa pas rêver longtemps à cela, » car il fut bien vite conduit à la tour dite de la Bretignière.

V.

L'ENFER DES VIVANTS.

Il y avait huit tours à la Bastille, dont chacune avait son nom et se composait de six étages éclairés chacun

d'une seule fenêtre. Une grille au dehors, une grille au
dedans laissaient voir seulement, de la salle, une chambre carrée, formée par l'épaisseur du mur, et du fond de
laquelle on pouvait puiser l'air respirable.

L'abbé avait été placé dans la tour de la *Bretignière*.

Les autres s'appelaient tour de la *Bretaudière*, de la
Comté, du *Puits*, du *Trésor*, du *Coin*, de la *Liberté*.
La huitième s'appelait la tour de la *Chapelle*. On n'en
sortait généralement que pour mourir, à moins qu'on n'y
descendît obscurément dans ces *oubliettes* fameuses dont
les traces furent retrouvées à l'époque de la démolition.

L'abbé de Bucquoy resta pendant quelques jours dans
les salles basses de la tour de la Bretignière, ce qui prouvait que son affaire paraissait grave, car autrement les
prisonniers étaient mieux traités d'abord. Son premier
interrogatoire, auquel présida d'Argenson, détruisit la
pensée qu'il fût absolument le complice des faux saulniers de Soissons. De plus, il s'appuya des hautes relations qu'avait sa famille; de sorte que le gouverneur Bernaville lui fit une visite et l'invita à déjeûner, ce qui était
d'usage, à l'arrivée, pour les prisonniers d'un certain rang.

On mit l'abbé de Bucquoy dans une chambre plus élevée
et plus aérée où se trouvaient d'autres prisonniers. C'était
à la tour du Coin : lieu privilégié placé sous la surveillance
d'un porte-clefs nommé Ru, qui passait pour un homme
plein de douceur et d'attentions pour les prisonniers.

En entrant dans la salle commune, l'abbé fut frappé
d'étonnement, en regardant les murs peints à fresque, d'y
trouver une image du Christ singulièrement défigurée.

On avait dessiné des cornes rouges sur sa tête, et sur
sa poitrine était une large inscription qui portait ce mot :
Mystère.

Une inscription charbonnée se lisait au-dessous : « La

grande Babylone, mère des impudicités et des abominations de la terre. »

Il est évident que cette inscription avait été formulée par un protestant précédemment captif dans ce lieu. Mais personne depuis ne l'avait effacée.

Sur la cheminée on distinguait une peinture ovale, représentant la figure de Louis XIV. Une autre main de prisonnier avait inscrit autour de sa tête : « *Crachoir*, » et l'on distinguait à peine les traits du souverain effacés par mille outrages.

L'abbé de Bucquoy dit au porte-clefs : « Ru, pourquoi permet-on ici de pareilles dégradations sur des images respectées ? » Le porte-clefs se prit à rire et répondit : « Que s'il fallait châtier les *crimes* des prisonniers il faudrait *rompre et brûler* tout le jour, et qu'il valait mieux que des gens d'esprit vissent à quel point l'exagération d'idées pouvait porter des fanatiques. »

Les habitants de cette tour jouissaient d'une liberté relative ; ils pouvaient, à certaines heures, se promener dans le jardin du gouverneur, situé dans un des bastions de la forteresse et planté de tilleuls, avec des jeux de boules et des tables où ceux qui avaient de l'argent pouvaient jouer aux cartes et consommer des rafraîchissements. Le gouverneur Bernaville cédait à un cuisinier, moyennant un droit, les bénéfices de cette exploitation.

L'abbé de Bucquoy, qu'on était assuré cette fois de retenir et qui avait fait agir des amis puissants, se trouvait faire partie de ce cercle favorisé. On lui avait fait passer de l'or, ce qui n'est jamais mal reçu dans une prison, et il était parvenu, en perdant quelques louis aux cartes, à se faire un ami de Corbé, le neveu du précédent gouverneur (M. de Saint-Mars), qui conservait encore une haute position sous Bernaville.

Il n'est pas indifférent, peut-être, de dépeindre ce dernier d'après la description physique qu'en a donnée un des prisonniers de la Bastille, plus tard réfugié en Hollande.

« Il a deux yeux verts enfoncés sous deux sourcils épais, et qui semblent de là lancer le regard du basilic. Son front est ridé comme une écorce d'arbre sur laquelle quelque muphti a gravé l'Alcoran... C'est sur son teint que l'envie cueille ses soucis les plus jaunes. La maigreur semble avoir travaillé sur son visage à faire le portrait de la lésine. Ses joues plissées comme des bourses à jetons ressemblent aux *giffles* d'un singe... son poil est d'un roux alezan brûlé.

» Quand il était *chevalier de la mandille* (laquais), il portait ses cheveux plats frisés comme des chandelles. Il a renoncé à cette coquetterie.

» Quoiqu'il parle rarement, il doit bien s'écouter parler, car il a la bouche fendue jusqu'aux oreilles. Pourtant, elle ne s'ouvre que pour prononcer des arrêts monosyllabiques, exécutés ponctuellement par les satellites qu'il a su se créer... »

Bernaville avait réellement fait partie de la maison du maréchal Bellefonds, et porté la *mandille*, c'est-à-dire la livrée; mais, à la mort du maréchal, il avait su se mettre dans les bonnes grâces de sa veuve, dont les enfants étaient encore jeunes, et c'est par sa haute protection qu'il avait obtenu la direction des chasses de Vincennes, ce qui impliquait une foule de profits, et l'intendance des pavillons et rendez-vous de chasse, où les gens de la cour faisaient de grosses dépenses. Ceci explique le terme de mépris dont on se servait envers lui en l'appelant *gargottier*... C'était, disait-on encore, — dans les libres conversations des prisonniers, — un laquais qui, à force de monter derrière les carrosses, s'était avisé de se planter dedans...

Mais nous ne pouvons nous prononcer encore avant d'avoir apprécié les actes dudit Bernaville, et il serait injuste de s'en tenir aux récits exagérés des prisonniers.

Quant au nommé Corbé, son assesseur, voici encore son portrait, tracé d'une main qui sent un peu l'école de Cyrano : « Il avait un petit habit gris de ras de Nîmes si pelé, qu'il faisait peur aux voleurs en leur montrant la corde ; une méchante culotte bleue, tout usée, rapiécée par les genoux ; un chapeau déteint, ombragé d'un vieux plumet noir tout plumé, et une perruque qui rougissait d'être si antique. Sa mine basse, encore au-dessous de son équipage, l'aurait plutôt fait prendre pour un *poussecu* que pour un officier. »

L'abbé de Bucquoy, jouant au piquet avec Renneville, l'un des prisonniers, sous un berceau en treillage, lui dit : « Mais on est très bien ici, et, avec la perspective d'en sortir prochainement, qui voudrait tenter de s'en échapper?

— La chose serait impossible, dit Renneville... Mais, quant à juger du traitement que l'on reçoit dans ce château, attendez encore.

— Ne vous y trouvez-vous pas bien?

— Très bien pour le moment... J'en suis revenu à la lune de miel, où vous êtes encore...

— Comment vous a-t-on mis ici?

— Bien simplement; comme beaucoup d'autres... Je ne sais pourquoi.

— Mais vous avez bien fait quelque chose pour entrer à la Bastille?

— Un madrigal.

— Dites-le moi... Je vous en donnerai franchement mon avis.

— C'est que ce madrigal est suivi d'un autre, *parodié* sur les mêmes rimes, et qui m'a été attribué à tort...

— C'est plus grave.

En ce moment-là, Corbé passa d'un air souriant, en disant : « Ah! vous parlez encore de votre madrigal, M. de Renneville... Mais ce n'est rien : il est charmant.

— Il est cause qu'on me retient ici, dit Renneville.

— Et vous plaignez-vous du traitement?

— Le moyen? quand on a affaire à d'honnêtes gens!

Corbé satisfait, alla vers une autre table avec son *implacable* sourire... on lui offrait des rafraîchissements qu'il ne voulait jamais accepter. De temps en temps il lançait des regards aux fenêtres de la prison, où l'on pouvait entrevoir les formes vagues des prisonnières, et il paraissait trouver que rien n'était plus charmant que l'intérieur de cette prison d'État.

— Et comment, dit l'abbé de Bucquoy à Renneville, en faisant les cartes, était construit ce madrigal!

— Dans les règles du genre. Je l'avais adressé à M. le marquis de Torcy afin qu'il le fît voir au roi. Il faisait allusion à la puissance réunie de l'Espagne et de la France combattant les alliés... et se rapportait en même temps aux principes du jeu de piquet.

Ici Renneville récita son madrigal, qui se terminait par ces mots, adressés aux *alliés* du Nord :

« Combattant l'Espagne et la France,
» Vous trouverez capot... Quinte et Quatorze en main! »

Cela voulait dire Philippe V (quinte) et Louis XIV.

— C'est bien innocent!... dit l'abbé de Bucquoy.

— Mais non, répondit Renneville ; cette chute en octave et en alexandrin a été admirée de tout le monde. Mais des malveillants ont parodié ces vers en faveur des ennemis, et voici leur version :

Nous ferons un repic... et l'Espagne et la France
Se trouveront *capots*... Quinte et Quatorze en main.

Or, monsieur le comte, comment est-il possible que j'aie écrit moi-même la contre-partie de mon madrigal... et encore, en ne conservant pas la mesure de l'avant-dernier vers ?

— Cela me paraît invraisemblable, dit l'abbé, je m'en assure, étant moi-même un poète aussi.

— Eh bien ! M. de Torcy m'a envoyé à la Bastille sur un si petit soupçon (1)... Cependant j'étais appuyé par M. de Chamillard, auquel j'ai dédié des livres, et qui n'a cessé de me faire des offres de service.

— Quoi ! dit l'abbé, pensif, un madrigal peut conduire un homme à la Bastille ?

— Un madrigal ?... Mais un distique seulement peut en ouvrir les portes. Nous avons ici un jeune homme... dont les cheveux commencent à blanchir, il est vrai... qui pour un distique latin, s'est vu retenir longtemps aux îles *Sainte-Marguerite* : ensuite lorsque M. de Saint-Mars, qui avait gardé Fouquet et Lauzun, fut nommé gouverneur ici, il l'amena avec lui pour le faire changer d'air. Ce jeune homme, ou, si vous voulez, cet homme, avait été un des meilleurs élèves des jésuites.

— Et ils ne l'ont pas soutenu ?

— Voici ce qui est arrivé. Les jésuites avaient inscrit sur leur maison de Paris un distique latin en l'honneur du Christ. Voulant plus tard s'assurer l'appui de la cour contre les attaques de certains robins ou *cabalistes* assez puissants, ils se résolurent à donner une grande représentation de tragédie avec chœurs, dans le genre de celles qu'autrefois on donnait à Saint-Cyr. Le roi et Mme de Maintenon accueillirent avec bienveillance leur invitation. Tout, dans cette fête, était conçu de manière à leur rap-

(1) Historique.

peler leur jeunesse. Faute de jeunes filles, que ne pouvait fournir la maison, on avait fait habiller en femmes
les plus jeunes élèves, et les chœurs et ballets étaient
exécutés par les sujets de l'Opéra. Le succès fut tel, que
le roi, ébloui, charmé, permit aux révérends pères d'ins-
crire son nom sur la porte de leur maison. Elle portait
cette inscription : *Collegium claro montanum societatis
Jesu*; on remplaça ces mots par ceux-ci : *Collegium
Ludovici magni.* — Le jeune homme dont nous parlons
inscrivit sur le mur un distique dans lequel il fit remarquer que le nom de Jésus avait été remplacé par celui de
Louis-le-Grand.... C'est ce crime qu'il expie encore ici.

— Mais, dit l'abbé de Bucquoy, il nous est impossible
de nous plaindre beaucoup des rigueurs de cette prison
d'État. J'ai souffert un peu dans le cachot... mais maintenant, sous cette tonnelle, appréciant la chaleur d'un
vin de Bourgogne assez généreux, je me sens disposé à
prendre patience.

— Je prends patience depuis quatre ans, dit Renneville;
et si je vous racontais ce qui m'est arrivé....

— Je veux savoir ce qu'on a pu faire contre un homme
coupable d'un madrigal.

— Je ne me plaindrais de rien si je n'avais laissé mon
épouse en Hollande... Mais passons. Arrêté à Versailles,
je fus conduit en chaise à Paris. En passant devant la Samaritaine, je tirai ma montre et je constatai par la comparaison qu'il était huit heures du matin. L'exempt me
dit : Votre montre va bien. Cet homme ne manquait pas
d'une certaine instruction : « Il est fâcheux, me dit-il,
que je me sois vu forcé de vous arrêter, et cela est entièrement contre mon inclination... Mais il fallait remplir
les derniers devoirs de la place que j'occupais avant de
devenir ce que je suis dès à présent, c'est-à-dire écuyer

de la duchesse de Lude. Je m'appelle *De Bourbon*...
Mon emploi d'exempt cesse à dater d'aujourd'hui, et désormais réclamez-vous de moi en cas de besoin... » Cet
exempt me parut un honnête homme, et passant au bas
du Pont-Neuf, je lui offris à boire, ainsi qu'aux trois *hocquetons* qui nous accompagnaient et qui portaient brodée
sur leur cotte d'armes la représentation d'une masse hérissée de pointes avec cette devise : *monstrorum terror.*
Je ne pus m'empêcher de dire, pendant que je buvais
avec eux : « Vous êtes la terreur... et je suis le monstre ! »
Ils se prirent à rire et nous arrivâmes tous à la Bastille,
en belle humeur.

Le gouverneur me reçut dans une chambre tendue de
damas jaune avec une crépine d'argent assez propre... Il
me donna la main et m'invita à déjeûner... Sa main était
froide, ce qui me donna un mauvais augure... Corbé,
son neveu, arriva en papillonnant, et me parla de ses
prouesses en Hollande... et des succès qu'il avait eus plus
tard dans les courses de taureaux à Madrid, où les dames, admirant sa bravoure, lui jetaient des œufs remplis
d'eau de senteur. Le déjeûner fini, le gouverneur me
dit : « Usez de moi comme vous voudrez, » et il ajouta
parlant à son neveu : « Il faut conduire notre nouvel hôte
au pavillon des princes. »

— Vous étiez en grande estime près du gouverneur...,
dit en soupirant l'abbé de Bucquoy.

— Le pavillon des princes, vous pouvez le voir d'ici...
c'est au rez-de-chaussée. Les fenêtres sont garnies de contrevents verts. Seulement, il y a cinq portes à traverser
pour arriver à la chambre. Je l'ai trouvée triste, quoiqu'il y eût une paillasse sur le lit, un matelas, et autour
de l'alcôve une pente en brocatelle assez fraîche ; plus encore, trois fauteuils recouverts en bougran.

— Je ne suis pas si bien logé ! dit l'abbé de Bucquoy.

— Aussi je ne me plaignais que de manquer de serviettes et de draps, lorsque je vis arriver le porte-clés Ru avec du linge, des couvertures, des vases, des chandeliers et tout ce qu'il fallait pour que je pusse m'établir honnêtement dans ce pavillon.

Le soir était venu. On m'envoya encore deux garçons de la cantine guidés par Corbé, qui m'apportaient le *dîner*.

Il se composait : — d'une soupe aux pois verts garnie de laitues et bien mitonnée, avec un quartier de volaille au-dessus, une tranche de bœuf, un godiveau et une langue de mouton... Pour le dessert, un biscuit et des pommes de reinette... Vin de Bourgogne.

— Mais je me contenterais de cet ordinaire, dit l'abbé.

— Corbé me salua et me dit : « Payez-vous votre nourriture, ou en serez-vous redevable au roi ? »

Je répondis que je paierais.

N'ayant pas grand faim après le déjeûner que m'avait offert le gouverneur, j'avais prié Corbé de s'asseoir et de m'aider à tirer parti du plat ; mais il me répondit qu'il n'avait pas faim, et ne voulut même pas accepter un verre de Bourgogne.

— C'est son usage ! dit l'abbé de Bucquoy.

Une cloche avertit les prisonniers qu'il fallait rentrer dans leurs chambres.

— Savez-vous, dit Renneville en rentrant à l'abbé de Bucquoy, que ce Corbé est un homme *à femmes*.

— Comment, ce monstre !

— Un séducteur... un peu pressant seulement envers les dames prisonnières... Nous avons eu hier une scène fort désagréable dans notre escalier. On entendait un bruit énorme dans les cachots qui sont à la base de la tour. Ce bruit finit par s'apaiser...

Nous vîmes remonter le porte-clés Ru avec ses culottes teintes de sang. Il nous dit : Je viens de sauver cette pauvre Irlandaise, à laquelle M. Corbé voulait plaire... Il l'avait envoyée au cachot, sur le refus qu'elle avait fait de recevoir ses visites ; et, comme elle refusa, là encore, de le recevoir, on résolut de la placer, à un étage inférieur.

Elle résista, lorsqu'on voulut l'y conduire, et les gens qui l'emportèrent la traînèrent si maladroitement que sa tête rebondissait sur les marches des escaliers.... J'ai été taché de son sang.. On l'avait prise dans son lit à demi nue.... et Corbé, qui dirigeait cette expédition, ne lui fit pas grâce d'une seule de ces tortures.

— Est-elle morte ? dit l'abbé de Bucquoy.

— Elle s'est étranglée cette nuit.

VI.

LA TOUR DU COIN.

La société était assez choisie au troisième étage de la tour du Coin. C'était là qu'on plaçait les *favoris du gouverneur*. Il y avait, outre Renneville et l'abbé, un gentilhomme allemand nommé le baron de Peken, arrêté pour avoir dit « que le roi ne voyait qu'au travers des lunettes de Mᵐᵉ de Maintenon ; » puis un nommé de Falourdet, compromis dans une affaire relative à des titres faux de noblesse ; ensuite un ancien soldat nommé Jacob le Berthon, accusé d'avoir chanté des chansons grivoises où le nom de la maîtresse du roi n'était pas respecté.

Renneville le plaignait beaucoup d'être détenu pour un

si petit sujet, et disait que la Maintenon aurait dû suivre
l'exemple de la reine Catherine de Médicis, qui, ouvrant
un jour sa fenêtre du Louvre, vit au bord de la Seine
des soldats qui faisaient rôtir une oie, et en charmaient
l'attente en répétant une chanson dirigée contre elle-
même. Elle se borna à leur crier : « Pourquoi dites-vous
du mal de cette pauvre reine Catherine, qui ne vous en
fait aucun? C'est pourtant grâce à son argent que vous
rôtissez cette oie ! » Le roi de Navarre, qui était en ce
moment près d'elle, voulait descendre pour châtier ces
bélitres, et elle lui dit : « Restez ici ; cela se passe trop
au-dessous de nous. »

Il y avait encore là un abbé italien nommé Papasaredo.

Quand on apporta le souper, Corbé, selon l'usage, ac-
compagna le service, et demanda si quelqu'un avait à se
plaindre. « Je me plains, s'écria l'abbé Papasaredo, de
ce que la compagnie devient trop nombreuse, et s'est
accrue d'un second abbé... J'aimerais mieux des femmes !
et il n'en manque pas ici que l'on peut faire venir.

— C'est entièrement contre les règlements, dit Corbé.

— Allons, mon petit Corbé, mettez-moi en cellule avec
une prisonnière....

Corbé haussa les épaules.

— Voyons, donnez-moi la Marton, la Fleury, la Bondy
ou la Dubois, enfin un de vos restes... pourquoi pas
même cette jolie Marguerite Filandrier, la marchande de
cheveux du cloître Saint-Opportune, que nous entendons
d'ici chanter toute la journée.

— Est-ce là le discours que doit tenir un prêtre? dit
Corbé... J'en appelle à ces messieurs ! Quant à la Filandrier, nous l'avons mise au cachot pour avoir adressé la
parole à un officier de garde.

— Oh! dit l'abbé Papasaredo, il y a quelque autre rai-son aussi... Vous aurez voulu la punir d'avoir parlé à cet officier... Vous êtes cruel dans vos jalousies, Corbé!

— Mais non, dit Corbé, flatté du reste de cette obser-vation. Cette fille a la manie d'élever des oiseaux et de les instruire. On lui avait permis de conserver quelques pierrots. Sa fenêtre donne sur le jardin. Un de ses oiseaux s'échappe et se voit saisi par un chat. Elle crie alors à cet officier : « Oh! sauvez mon oiseau! c'est le plus joli, ce-lui qui danse le rigodon! » L'officier a eu la faiblesse de courir après le chat, et n'a pu même sauver l'oiseau; il est aux arrêts et elle au cachot, voilà tout.

Corbé tourna sur ses talons et sortit, échappant aux in-vectives sardoniques de l'abbé italien. Il était, du reste, de belle humeur, parce que l'un des prisonniers lui avait donné une bague à chaton de saphir, et que l'abbé de Bucquoy, mécontent de son ordinaire, y renonçait pour faire venir ses repas du dehors. M. de Falourdet raconta là-dessus qu'il avait vu son sort adouci par les mêmes moyens. Toutefois, l'écot était cher et le service médio-cre; on lui comptait du vin à six sous pour du vin de champagne d'une livre, et le reste était à l'avenant.

Il avait dit alors à Corbé : « Je paierai double, mais je veux du meilleur. » Corbé avait répondu : « Vous parlez bien, les fournisseurs nous trompent... Je m'occuperai moi-même du choix des vins et des victuailles. »

Depuis ce temps, en effet, tout était de bonne qualité et de premier choix.

L'entretien s'anima après le départ de Corbé; seul, le baron de Peken restait pensif devant son assiette, avec une colère concentrée qui finit par s'abattre sur le porte-clés Ru.

— Sapperment! dit le baron, pourquoi n'ai-je devant

moi qu'une bouteille d'un demi-selier, tandis que *le nouveau* a une bouteille entière ?

— Parce que, dit Ru, vous êtes à cinq livres, tandis que
M. le comte de Bucquoy a la pistole.

— Comment! on ne peut pas avoir un ordinaire d'une
bouteille avec cinq livres, s'écria le baron. Faites revenir
cet infâme *sous gargottier* de Corbé, et demandez-lui si
un honnête homme peut se contenter à dîner d'un demi-
selier de mauvais vin! Si je vois reparaître cette bouteille,
je vous la casserai sur la tête !

— Monsieur le baron, dit Ru, calmez-vous, et gardez-
vous de désirer le retour de M. Corbé qui vous ferait
mettre immédiatement au cachot... Or, c'est son intérêt,
car la nourriture d'un prisonnier au cachot ne représente
qu'un sou par jour, le logement n'étant pas compté parce
que c'est le roi qui le fournit... Quant à l'économie sur
la nourriture, elle entre dans la poche de M. Corbé pour
un tiers, et pour le reste dans celle de M. Bernaville!

Ru, comme on le voit, était un homme conciliant, les
prisonniers ne lui reprochaient que de faire disparaître
quelquefois certains accessoires du service, notamment
les petits pâtés, dont il était friand. — Il avait pour lui
la desserte, ce qui eût dû le rendre plus modéré à cet
égard.

Renneville et l'abbé de Bucquoy déclarèrent qu'ils bu-
vaient très peu de vin et en versèrent au baron de Pekon,
qui finit par dîner tranquillement. Renneville raconta
les ennuis qu'il avait subis dans une chambre isolée, où
un emportement du même genre l'avait fait reléguer, et
l'invention piquante qu'il avait eue pour correspondre
avec des prisonniers placés au-dessus et au-dessous de
lui.

C'était un alphabeth des plus simples qu'il avait créé,

et qui consistait à frapper, avec un bâton de chaise, en comptant un coup pour *a*, deux pour *b*.... ainsi de suite. Les voisins finissaient par comprendre et répondaient de la même manière, seulement c'était long. Voici comment, par exemple, on rendait le mot *Monsieur* :

M (15 coups), *o* (15), *n* (14), *s* (19), *i* (9), *e* (5) *u* (21), *r* (18).

Il avait pu ainsi connaître les noms de tous ses compagnons de la même tour, à l'exception de celui d'un abbé qui n'avait jamais voulu se faire connaître.

En prison, l'on ne parle que de prison, ou des moyens d'en tromper les douleurs. De Falourdét raconta comment il était parvenu à communiquer avec un prisonnier de ses amis, d'une façon non moins ingénieuse que celle de l'alphabeth inventé par Renneville. Il avait été logé dans une de ces chambres supérieures des tours qu'on appelait *calottes*, et qui avaient l'inconvénient d'être aussi chaudes en été que froides en hiver. Par exemple, on y jouissait d'une belle vue. Avant d'être séparé de son ami, M. de la Baldonnière (retenu à la Bastille pour avoir trouvé le secret de faire de l'or et ne l'avoir pas voulu communiquer aux ministres), il avait appris que ce dernier demeurait au rez-de-chaussée de la même tour, donnant sur le petit jardin pratiqué dans un bastion. Il s'était fabriqué des plumes avec des os de pigeon, de l'encre avec du noir de fumée délayé, et il écrivait des lettres qu'il jetait par sa fenêtre et qui tombaient au pied de la tour, à l'aide du poids d'une petite pierre.

La Baldonnière, de son côté, avait dressé une chienne du gouverneur qui se promenait souvent dans le jardin, à lui rapporter aux grillés de sa fenêtre les papiers qui pouvaient s'y trouver. En lui jetant d'abord, roulés, des débris de son déjeuner, il s'était fait de cet animal une

connaissance utile... Alors il l'envoyait chercher les petits paquets que lui jetait Falourdet et qu'elle lui rapportait fidèlement. On finit par s'apercevoir de ce manége.
La correspondance des deux amis fut saisie, et ils reçu-
rent un certain nombre de coups de nerfs de bœuf admi-
nistrés par *des soldats*. Falourdet, comme le plus coupable, fut mis ensuite dans un cachot où se trouvait un
mort qu'on ne vint chercher que le troisième jour. Plus
tard, ayant reçu de l'argent, il rentra dans les bonnes
grâces du gouverneur.

Lorsqu'il demeurait encore dans la *Calotte*, il avait
aussi trouvé un moyen de correspondre avec sa femme,
qui avait loué une chambre dans les premières maisons
du faubourg Saint-Antoine. Il écrivait des lettres très grosses sur une planche avec du charbon, qu'il plaçait derrière sa fenêtre; puis il parvenait, en les effaçant succes-
sivement et en en formant d'autres, à faire parvenir des
phrases entières au dehors.

Un des assistants raconta là dessus qu'il avait trouvé
un système supérieur encore en dressant des pigeonneaux
attrapés au sommet des tours, et en leur attachant sous
les ailes des lettres qu'ils allaient porter à des maisons au
dehors.

Tels étaient les principaux entretiens des prisonniers de
cette tour du coin où avaient séjourné précédemment Marie de Mancini, nièce de Mazarin, — qui créa, comme on
sait, l'*Académie des humoristes*, — et plus tard la célèbre
Mme Guyon, qui ne fit que passer à la Bastille, mais dont
le confesseur y habitait encore à quatre-vingts ans, à l'é-
poque où s'y trouvait l'abbé de Bucquoy, notre héros,
lequel ne s'occupait guère, comme ses compagnons, à chercher des moyens de correspondance. Ne voyant pas son
affaire prendre une meilleure tournure, il songeait même

franchement à une évasion. Lorsqu'il eut assez médité
son plan, il sonda ses voisins qui, dès l'abord, jugèrent
la chose impossible; mais l'esprit ingénieux de l'abbé ré-
solvait peu à peu toutes les difficultés. Falourdet déclara
que ses moyens proposés avaient beaucoup d'apparence
de pouvoir réussir; mais qu'il fallait de l'argent pour endormir la surveillance de Ru et de Corbé.

Sur quoi l'abbé de Bucquoy tira, on ne sait d'où, de
l'or et des pierreries, ce qui donna à penser que l'entre-
prise devenait possible. Il fut résolu que l'on fabriquerait
des cordes avec une portion des draps, et des crampons
avec le fer qui maintenait les X des lits de sangle et quelques clous tirés de la cheminée.

La besogne avançait, lorsque Corbé entra tout à coup
avec des soldats, et se déclara instruit de tout. Un des
prisonniers avait trahi ses compagnons...... c'était l'abbé
italien Papasaredo. Il avait eu l'espoir d'obtenir sa grâce
au moyen de cette trahison; il n'eut que l'avantage d'être
mieux traité pendant quelque temps.

Tous les autres furent mis au cachot; l'abbé de Bucquoy à l'étage le plus profond.

VII.

AUTRES PROJETS.

Il est inutile de dire que l'abbé comte de Bucquoy se
plaisait peu dans son cachot. Après quelques jours de pénitence, il eut recours à un moyen qui lui avait déjà
réussi en d'autres occasions : ce fut de faire le malade. Le

porte-clefs qui le servait fut effrayé de son état, qui se
partageait entre une sorte d'exaltation fiévreuse et un abat-
tement qui le prenait ensuite et qui le faisait ressembler
à un mort; il contrefit même cette situation au point que
les médecins de la Bastille eurent peine à lui faire donner quelques signes de vie, et déclarèrent que son mal
dégénérait en paralysie. A dater de cette consultation, il
feignit d'être pris de la moitié du corps et ne bougeait
que d'un côté.

Corbé vint le voir, et lui dit :

— On va vous transporter ailleurs. Mais vous voyez ce
qu'ont amené vos desseins d'évasion. -

— D'évasion! s'écria l'abbé. Mais qui pourrait espérer de se tirer de la Bastille? Cela est-il arrivé déjà?

— Jamais! Hugues Aubriot, qui avait fait terminer
cette forteresse et qui y fut plus tard enfermé, n'en sortit que par suite d'une révolution faite par les Maillotins.
C'est le seul qui en soit sorti contre le vouloir du gouvernement.

— Mon Dieu! dit l'abbé, sans la maladie qui m'a
frappé, je ne me plaindrais de rien.... sinon des crapauds
qui laissent leur bave sur mon visage quand ils passent
sur moi pendant mon sommeil.

— Vous voyez ce qu'on gagne à la rébellion.

— D'un autre côté, je me fais une consolation en ins-
truisant des rats auxquels je livre le pain du roi, que ma
maladie m'empêche de manger.... Vous allez voir comme
ils sont intelligents.

Et il appela : « Moricaud ? »

Un rat sortit d'une fente de pierres et se présenta près
du lit de l'abbé....

Corbé ne put s'empêcher de rire aux éclats, et dit :

— On va vous mettre dans un lieu plus convenable.

— Je voudrais bien, dit l'abbé, me trouver de nouveau avec le baron de Pekeu. J'avais entrepris la conversion de ce luthérien, et, mon esprit se tournant vers les choses saintes à cause de la maladie dont Dieu m'a frappé, je serais heureux d'accomplir cette œuvre.

Corbé donna des ordres, et l'abbé se vit transporté à une chambre du second étage dans la tour de la Bretaudière, où le baron de Pekeu se trouvait depuis quelques jours en compagnie d'un Irlandais.

L'abbé continua à faire le paralytique, même devant ses compagnons, car ce qui était arrivé à la tour du Coin l'avait instruit du danger de trop de franchise. L'Allemand vivait en mauvaise intelligence avec l'Irlandais. Ce compagnon ne tarda pas à déplaire aussi à l'abbé. Mais le baron de Pekeu, plus irritable, insulta l'Irlandais de telle sorte qu'un duel fut résolu.

On sépara une paire de ciseaux, dont les deux parties, bien aiguisées, furent adaptées à des bâtons, et le duel commença dans les règles. L'abbé de Bucquoy, qui croyait d'abord que ce ne serait qu'une plaisanterie, voyant l'affaire s'engager chaudement et le sang couler, se mit à frapper contre la porte, ce qui était le moyen de faire venir le porte-clefs.

Interrogé sur cette affaire, il donna tort à l'Irlandais, qui fut mis à part, et resta seul avec le baron. Alors il lui fit confidence d'un projet d'évasion mieux conçu que l'autre, et qui consistait à trouer une muraille communiquant à un lieu assez fétide, mais d'où, par une longue percée, on descendait naturellement dans les fossés du côté de la rue Saint-Antoine.

Ils se mirent à travailler tous deux avec ardeur, et le mur était déjà entièrement troué.... Malheureusement le baron de Pekeu était vantard et indiscret. Il avait trouvé le moyen de communiquer par des trous faits à la cheminée avec des prisonniers placés dans la chambre supérieure. Chacun des deux réclus montait à son tour dans la cheminée et s'entretenait d'assez loin avec ces amis inconnus.

Le baron, en causant, leur parla de l'espoir qu'il avait de s'échapper avec son ami, et, soit par jalousie, soit par le désir de se faire gracier, un nommé Joyeuse, fils d'un magistrat de Cologne, qui faisait partie de cette chambrée, dénonça le projet à Corbé, qui en instruisit le gouverneur.

. Bernaville fit venir l'abbé de Bucquoy, qui se fit porter à bras en qualité de paralytique et attaqua gaiement la position. Il prétendit que le baron de Peken ayant bu quelques verres de vin de trop, s'était avisé de faire mille contes ridicules à ce Joyeuse, qui n'était véritablement qu'un *nigaud*, et qu'il serait malheureux que pour une si sotte dénonciation on le séparât lui-même du baron, dont la conversion avançait beaucoup.

Le baron parla dans le même sens, et l'on ne tint plus compte de ce qu'avait dit Joyeuse. Du reste, les deux amis, avertis à temps par le porte-clefs, que l'argent dont l'abbé était toujours garni avait mis dans leurs intérêts, avaient pu réparer à temps les dégradations faites au mur, de sorte qu'on ne s'aperçut de rien.

L'abbé de Bucquoy fut remis dans une autre chambre qui faisait partie de la tour de la *Liberté*. Il continuait à travailler à la conversion du luthérien baron de Peken, et toutefois il n'abandonnait pas ses projets d'évasion.

Le porte-clefs l'avait beaucoup humilié en lui contant la facilité avec laquelle un nommé Du Puits avait pu s'évader de Vincennes au moyen de fausses clefs.

Ce Du Puits avait été secrétaire de M. de Chamillard ; et on l'appelait la *plume d'or*, à cause de son adresse calligraphique. Il n'était pas moins exercé à contrefaire les clés des portes, qu'il fondait et forgeait avec les couverts d'étain qui lui étaient prêtés pour ses repas.

Avec les fausses clés qu'il s'était procurées ainsi, ce Du Puits sortait la nuit de sa chambre, et s'en allait visiter des prisonniers et même des prisonnières, dont plusieurs l'accueillirent avec autant d'étonnement que de politesse.

Il avait fini par s'échapper de Vincennes, et à se réfugier à Lyon avec un nommé Pigeon, son camarade de chambrée. « Jamais, a dit depuis Renneville dans ses mémoires, jamais le docteur Faust n'a passé pour un si grand magicien que ce Du Puits. »

Toutefois, il fut arrêté de nouveau à Lyon où, pour se procurer de l'argent, il avait contrefait les ordonnances du roi sur les bons du trésor.

A la Bastille, Du Puits avait eu moins de bonheur qu'à Vincennes. Il était parvenu à descendre dans un fossé où les faucheurs travaillaient tout le jour, et il avait remarqué, d'avance, que ces gens se retiraient le soir par une porte souterraine qu'ils ne fermaient pas. De sorte qu'il se dirigea de ce côté ; mais il était encore jour, et un factionnaire lui tira un coup d'arquebuse, après quoi on le ramena dans la Bastille où, après une longue maladie, on ne le vit plus marcher qu'avec une *potence* sous le bras.

La fin de cette histoire n'était pas rassurante. Cependant l'abbé de Bucquoy n'abandonna pas ses projets. Il avait toujours l'attention de dépouiller les bouteilles qu'on lui servait de leur garniture d'osier, prétendant devant le

porte-clefs que cela lui servait à allumer le feu le matin.
Pendant toute la journée, il tressait cet osier avec le fil
emprunté à une partie de ses draps, de ses serviettes et
de la toile de ses matelas, ayant soin, du reste, de re-
faire les ourlets des uns et de recoudre les autres de manière à ce qu'on ne pût rien soupçonner. -

Le baron de Peken travaillait, de son côté, à faire des
outils avec des morceaux de fer dérobés çà et là, des débris de casseroles et des clous. On aiguisait ensuite toute
cette ferraille, passée au feu, aux cruches de grès qui
contenaient l'eau.

Les cordes d'osier et de fil étaient les plus embarras-
santes. L'abbé de Bucquoy souleva quelques carreaux de
la chambre, et parvint à établir une cachette impercep-
tible pour y garder ces matériaux. Un jour seulement, à
force de creuser, il fit enfoncer le plancher, dont les solives étaient pourries, de sorte qu'il tomba, avec le baron
de Peken, dans la chambre intérieure, qui était habitée
par un jésuite..., dont l'esprit était troublé précédemment, mais que cette aventure acheva de rendre fou.

L'abbé de Bucquoy et son compagnon n'avaient reçu
que de faibles contusions. Le jésuite criait si haut : « Au
secours ! à l'aide ! » que l'abbé l'engagea en latin à se tenir tranquille, lui promettant de l'associer à ses projets
d'évasion. Le jésuite, faible d'esprit comme il était, crut
qu'on en voulait à sa vie, et cria encore plus fort.

Les porte-clés arrivèrent, et l'abbé de Bucquoy, ainsi
que le baron, jetèrent à leur tour les hauts cris sur leur
chute, due au peu de solidité du plafond.

On les remit dans leur chambre et ils purent à temps
faire disparaître les échelles de corde cachées sous les
carreaux ainsi que la ferraille nécessaire à l'évasion; seulement, un jour, ils virent venir un menuisier qui devait

faire un guichet à la porte... L'abbé demanda les raisons
de ce travail, et on lui répondit que l'on pratiquait ce
guichet pour pouvoir donner à manger au jésuite fou que
l'on mettrait là. Quant à eux, ils devaient être transpor-
tés dans une chambre plus belle.... Ce n'était pas là le
compte des deux amis, qui étaient parvenus à scier leurs
barreaux et que leurs préparatifs assuraient d'un succès
prochain.

L'abbé demanda à voir le gouverneur, et lui dit qu'il se
plaisait dans sa chambre, et qu'en outre, si l'on voulait le
séparer du baron de Peken, la conversion de ce dernier
deviendrait impossible, attendu qu'il n'avait confiance
qu'en ses exhortations amicales... Le gouverneur fut in-
flexible : et l'abbé, en rentrant, avertit l'Allemand de ce
qui s'était passé.

Il lui conseilla alors de feindre une grande mélancolie
de quitter le logement, et de faire semblant de se tuer.
Le baron fit si bien semblant, qu'au lieu de se tirer un
peu de sang, il se coupa les veines des bras, de sorte que
l'abbé, effrayé de voir couler tant de sang, appela au
secours. Les sentinelles avertirent le corps-de-garde, et
le gouverneur vint lui-même, manifestant beaucoup de
pitié.

La raison principale de cette conduite était que, depuis
quelque temps déjà, il avait reçu l'ordre de mettre le baron en liberté... Mais, pour gagner encore sur sa pension, il prolongeait le plus possible sa captivité.

Après cette aventure, l'abbé de Bucquoy fut transporté
non au cachot, mais dans un de ces étages des tours qu'on
appelait *calottes*. Des prisonniers précédents s'étaient avi-
sés de peindre les murs de cette chambre en y traçant
des figures effrayantes, et des sentences de la Bible « propres à préparer à la mort. »

D'autres prisonniers, moins religieux que politiques, avaient inscrit cette épigramme sur le mur :

Sous Fouquet, qu'on regrette encor,
L'on jouissait du siècle d'or,
Le siècle d'argent vint ensuite,
Qui fit naître Colbert; concevant du chagrin,
L'ignare Pelletier, par sa fade conduite,
Amena le siècle d'airain.
Et la France, aujourd'hui sans argent et sans pain,
Au siècle de fer est réduite
Sous le vorace Pontchartrain !

Un autre, plus hardi, s'était permis de graver dans le mur ces quatre vers :

Louis doit se consoler de perdre par la guerre
Milan, Naples, Sicile, Espagne et Pays-Bas :
Avec la Maintenon, ce prince n'a-t-il pas
Le reste de toute la terre !

L'abbé ne se plaisait pas dans cette chambre octogone, voûtée en ogives, où il se trouvait seul. On lui offrit de le mettre en société avec un capucin nommé Brandebourg; mais après avoir accepté cette compagnie, il se plaignit de ce que ce religieux avait de grands airs et voulait être traité de prince. Il demanda au gouverneur d'être mis avec quelque *bon garçon* protestant qu'il pût convertir. Il parla même d'un nommé Grandville, dont les prisonniers de la chambre précédente s'étaient entretenus déjà avec lui.

C'était un homme entreprenant que ce Grandville, et beaucoup moins porté à la conversion qu'aux idées de fuite, dans lesquelles il s'entendait parfaitement avec l'abbé de Bucquoy.

VIII.

DERNIÈRES TENTATIVES.

L'abbé et Grandville travaillaient à percer le mur, et y réussissaient en démolissant une ancienne fenêtre bouchée par la maçonnerie, lorsque tout-à-coup ils virent arriver deux nouveaux hôtes, dont l'un était le chevalier de Sou-langes, homme sûr, que l'abbé de Bucquoy avait connu précédemment. Ils s'embrassèrent. Quant au quatrième, c'était une sorte de fou nommé Gringalet, que l'on soup-çonnait d'être espion, car dans les grandes chambrées il y en avait toujours un. On parvint à lui rendre la vie si dé-sagréable qu'il voulut sortir, et fut remplacé par un autre.

Les quatre prisonniers, se reconnaissant pour des hom-mes d'honneur et de vrais frères, tinrent conseil sur les moyens de s'évader, et le plan proposé par l'abbé de Buc-quoy obtint, dès l'abord, l'approbation générale.

Il s'agissait simplement de limer les grilles de la fenêtre et de descendre, la nuit, dans le fossé au moyen de cor-des de fil et d'osier. L'abbé était parvenu à conserver quelques-unes de celles qu'il avait filées avec le baron de Péken, et instruisit ses compagnons à en faire d'autres, ainsi qu'à fondre des crampons.

Quant à la question de limer les barreaux, il fit voir une petite lime qu'il était parvenu à conserver et qui suf-fisait à tout le travail.

Seulement ses précédentes traverses l'avaient rendu méfiant, et il voulut encore que chacun s'engageât, par les serments les plus forts, à ne point trahir les autres. Il écrivit des passages de l'Évangile avec une plume de paille et de la suie délayée, et fit jurer solennellement tous ses compagnons.

Mais une difficulté s'éleva quant à l'endroit par lequel on attaquerait la contrescarpe, une fois dans le fossé.

L'abbé penchait pour la contrescarpe voisine du quartier Saint-Antoine; d'autres étaient d'avis « de passer par la demi-lune dans le fossé qui donne hors de la porte. » Les avis furent tellement partagés qu'il fallut nommer un président... On finit par convenir de ce point important qu'une fois dans le fossé, chacun se sauverait à sa mode.

Ce fut le cinq mai à deux heures du matin que l'évasion fut accomplie.

Il fallait, pour soutenir la corde, un crampon avancé hors de la fenêtre qui lui donnât du dégagement. On avait construit l'apparence d'une espèce de cadran solaire, maintenu par un bâton hors de la croisée, afin d'habituer les regards des sentinelles à l'appareil que l'on projetait. Il fallut encore teindre les cordes en noir de suie, et les établir sur le crampon avancé hors de la fenêtre. Comme on risquait d'être vu en passant devant l'étage inférieur, on avait eu la précaution de laisser pendre une couverture sous prétexte de la faire sécher.

L'abbé de Bucquoy descendit le premier. On était convenu qu'il surveillerait la marche du factionnaire et avertirait ses camarades au moyen d'un cordon qu'il tirerait pour indiquer le danger ou le moment favorable. Il resta plus de deux heures s'abritant dans les hautes herbes sans voir descendre personne.

Ce qui avait retenu ces pauvres gens c'est que Grandville, à cause de son épaisseur ne pouvait passer à tra-

vers la brèche faite à la grille, que l'on essayait en vain
d'élargir.

Deux des prisonniers finirent par descendre et appri-
rent à l'abbé de Bucquoy que Grandville s'était sacrifié
dans l'intérêt de tous disant : « qu'il valait mieux qu'un
seul pérît. »

L'abbé n'était inquiet que de la sentinelle; il offrit d'aller la saisir, attendu que sa marche et son retour gênaient
singulièrement le projet de franchir la contrescarpe du
côté de la rue Saint-Antoine. Ses amis ne furent pas du
même avis, et voulurent s'enfuir d'un autre côté en s'aidant de la hauteur des herbes qui les dérobaient aux regards.

L'abbé, qui n'abandonnait jamais une opinion, resta
seul dans le même lieu, attendit que la sentinelle fut
éloignée, et se *mit à gravir* le mur, au-delà duquel il
trouva encore un autre fossé. Le fossé fut encore franchi,
et il se trouva de l'autre côté sur une gouttière donnant
dans la rue Saint-Antoine. Il n'eut plus qu'à descendre le
long du toit d'un pavillon qui servait aux marchands
bouchers.

Au moment de quitter la gouttière, il voulut voir encore ce que devenaient ses camarades; mais il entendit
un coup de fusil, ce qui lui fit penser qu'ils avaient essayé sans succès de désarmer le factionnaire.

L'abbé de Bucquoy, en sautant hors de la gouttière,
s'était fendu le bras à un crochet d'étal. Mais il ne s'occupa point de cet inconvénient et descendit vite la rue
Saint-Antoine, puis il gagna celle des Tournelles, traversant Paris, il arriva à la porte de la Conférence où demeurait un de ses amis du café Laurent. On le cacha pendant quelques jours. Ensuite il ne fit pas la faute de rester
dans Paris, et parvint, avec un déguisement, à gagner la

Suisse par la Bourgogne. On ne dit pas qu'il s'y fût arrêté de nouveau à faire des discours aux faux saulniers.

L'évasion de l'abbé eut des suites très graves pour les prisonniers qui étaient restés à la Bastille. Jusque-là, c'était un dicton populaire qu'on ne pouvait s'échapper de cette forteresse... Bernaville fut tellement troublé de cette aventure qu'il fit couper tous les arbres du jardin et des allées qui entouraient les remparts. Puis, ayant reçu avis par Corbé du moyen qu'employaient certains prisonniers pour communiquer avec le dehors; il fit tuer tous les pigeons et les corbeaux qui trouvaient asile au sommet des tours et jusqu'aux passereaux et aux rouges-gorges qui faisaient la consolation des prisonnières.

Corbé fut soupçonné de s'être laissé tromper dans sa surveillance par les cadeaux que lui faisait l'abbé de Bucquoy. De plus, sa conduite avec les prisonnières lui avait attiré déjà des reproches.

Il était devenu très amoureux de la femme d'un Irlandais nommé Odricot, enfermée à la Bastille sans que son mari même sût qu'elle existât si près de lui. Corbé et Giraut (l'aumônier) faisaient la cour à cette dame, qui devint grosse enfin... et l'on ne put savoir de qui était l'enfant.

Cependant Corbé se persuada qu'il était de lui seul, et parvint, par ses relations, à obtenir la grâce de la dame Odricot, qui était fort belle, quoique un peu rouge de cheveux. Corbé était très avare, au point qu'on lui attribuait la mort d'un ministre protestant, nommé Cardel, qu'il aurait laissé périr de faim pour hériter de quelques pièces d'argenterie que possédait ce pauvre homme. Mais la dame Odricot sut le dominer au point qu'il se ruina à lui donner un carrosse, des domestiques et tous les dehors d'une grande existence. Sur des plaintes assez

fondées, on finit par le casser, et tout porte à croire qu'il
finit malheureusement.

Bernaville, gorgé d'or à ce point que l'on calcula qu'il
devait faire 600,000 francs de bénéfice, par an, sur les
prisonniers, fut remplacé par Delaunay, seulement vers
l'époque de la mort de Louis XIV. Le dernier prisonnier
de considération qu'il ait reçu était ce jeune Fronsac, duc
de Richelieu, que l'on avait surpris un jour caché sous
le lit de la duchesse de Bourgogne, épouse de l'héritier
de la couronne... Les mauvaises langues du temps remar-
quèrent qu'il était triste que les lauriers du duc de Bourgogne ne l'eussent pas préservé d'un tel affront. Il mourut,
du reste, peu de temps après, laissant à Fénélon le regret d'avoir perdu beaucoup de belles pensées et de belles
phrases à l'instruire des devoirs de la royauté.

IX.

CONCLUSION.

Nous avons montré l'abbé de Bucquoy s'échappant de
la Bastille, ce qui n'était pas chose facile; il serait maintenant fastidieux de raconter ses voyages dans les pays
allemands, où il se dirigea en sortant de Suisse. Le comte
de Luc auquel J.-B. Rousseau a adressé une ode célèbre,
était là ambassadeur de France et s'employa à faire sa paix
avec la cour. Mais il n'y put réussir, non plus que la
tante de l'abbé, la douairière de Bucquoy, qui adressa au
roi un placet commençant ainsi :

« La veuve du comte de Bucquoy remontre très humblement à Votre Majesté que le sieur abbé de Bucquoy,

neveu du feu comte son époux, a eu le malheur d'être arrêté près de Sens pour le sieur abbé de La Bourlie, envoyé prétendu de M. de Marlborough, afin d'encourager les *fauxçonniers* répandus dans la Bourgogne et dans la Champagne, et tâcher d'y pratiquer une espèce de rébellion. »

La comtesse indiquait ensuite la fausseté de cette arrestation, et peignait les souffrances qu'avait dû subir un fidèle sujet comme le comte abbé de Bucquoy, confondu avec des révoltés et retenu d'abord dans la prison de Soissons avec les gens coupables de l'enlèvement de M. de *Berringhen* (1).

La comtesse tâche ensuite de faire valoir le courage qu'a eu son neveu de s'échapper de la Bastille, *sans aucun éclat*, le 5 mai, au prix de beaucoup de sueurs et de travaux.... Cependant arrivé en lieu étranger, il demande à faire valoir son innocence, protestant qu'il est un des plus zélés sujets du roi; mais, « de ces sujets *à la Fénélon*, qui vont droit à la vérité, où le prince trouve cette gloire qui ne doit son éclat qu'à la vertu.... »

La comtesse fait encore observer « qu'il serait bon que les écrous de son neveu fussent partout rayés et biffés, *à Sens, à Soissons, au For-l'Evêque et à la Bastille*, et qu'il fût rétabli dans tous ses droits, honneurs, prérogatives et dignités, et qu'on lui restituât plus de six cents pistoles qui lui avaient été enlevées dans ses divers emprisonnements. » Elle fait remarquer aussi que le valet de chambre et la servante de son neveu, Fournier et Louise Deputs, ont emporté deux mille écus qu'il possédait au moment de son évasion.

(1) La *Biographie universelle* de Michaud dit *M. le Premier.* Le livre semi-allemand publié à Francfort, qui contient l'histoire originale de l'abbé de Bucquoy, nous fournit cet autre nom.

La douairière de Bucquoy finit par demander pour son neveu un emploi honorable, soit dans les armées du roi, soit dans l'Eglise, lui-même étant disposé également à tout ce que *l'ordre* voudra de lui, « et trouvant tout bon, pourvu que ce soit le bien qu'il puisse remplir. »

La date est du 22 juillet 1709.

Ce placet n'obtint aucune réponse.

———

Lorsque l'on se trouve en Suisse, il est très facile de descendre le Rhin, soit par les bateaux ordinaires, soit par les trains de bois qui emportent souvent des villages entiers sur leurs planchers de sapin. Les branches du Rhin, canalisées, facilitent en outre l'accès des Pays-Bas.

Nous ne savons comment l'abbé de Bucquoy se rendit de Suisse en Hollande, mais il est certain qu'il parvint à s'y faire bien recevoir du *grand pensionnaire Heinsius* qui, comme philosophe, l'accueillit les bras ouverts.

L'abbé de Bucquoy avait tracé déjà tout un plan de république applicable à la France, qui donnait les moyens de supprimer la monarchie! Il avait intitulé cela : « *An-ti-Machiavélisme*, ou réflexions métaphysiques sur l'autorité en général et sur le pouvoir arbitraire en particulier. »

« On peut dire, observait-il dans son Mémoire, que la république n'est qu'une réforme, par occasion, de l'abus que le temps amène dans l'administration du peuple. »

L'abbé de Bucquoy, par esprit de conciliation probablement, ajoute que la monarchie est de même parfois un remède violent contre les excès d'une république....

« *La Nature* se rencontre dans ces deux gouvernements;

républicain ou monarchique, mais non pas *de plein gré* comme dans le premier. »

Il avoue que le pouvoir monarchique entre les mains d'un sage serait le plus parfait de tous, mais où trouver ce sage?.... Partant, l'état républicain lui paraît être le moins défectueux de tous.

« *L'autorité arbitraire* (dans les idées de l'abbé c'est le gouvernement de Louis XIV) ne se sert que trop de Dieu, mais à quoi? à couvrir son injustice.... Elle peut surprendre la multitude, ou le *jehenner* de telle manière que son air muet semble applaudir ; mais on doit encore prendre garde.... Il ne faut que quelques hommes d'une certaine trempe, une veine, un moment, un presque rien qui s'offre à propos, pour réveiller dans le peuple ce qui y semble assoupi. »

Quel fonds faites-vous, ajoute l'abbé, sur les *athées couverts,* qui, non plus que vous, ne pensent qu'à eux. N'attendez pas qu'ils s'échauffent pour vous dans l'occasion. « Ils suivront le Temps, en vous laissant dans la surprise qu'ils vous ont les premiers manqué. »

Notre travail, maintenant, ne peut être que le complément d'une biographie, où nous devons seulement indiquer l'abbé de Bucquoy comme un des précurseurs de la première révolution française. L'ouvrage, dont on vient de voir l'esprit général, est suivi d'un « *Extrait du Traité de l'existence de Dieu,* » dans lequel l'auteur cherche à démontrer, contre les philosophes matérialistes, que la *matière* n'est pas en possession de son existence et de son mouvement par sa propre vertu.

«Chacune des parties de la matière, dit-il, a-t-elle l'existence par elle-même? Il y aurait donc autant d'êtres nécessaires que de parties... Cela produirait des dieux sans nombre, comme dans les imaginations des païens. » Les corps n'ont, selon l'abbé, ni existence, ni mouvement par eux-mêmes... Prétendra-t-on « qu'au centre de la matière un atôme pousse l'autre, et que l'ordre résulte de leur action réciproque? »Voilà ce que l'abbé ne peut admettre sans l'intervention d'un Dieu.

« Les corps ont aussi peu par eux-mêmes le mouvement et la régularité du mouvement, que l'existence. A ce compte le *hasard* est-il quelque chose de tout cela ? Par là même il dépend. Subsiste-t-il par lui-même sans être rien de ce qu'on vous a dit? Alors c'est Dieu. N'est-il ni l'un ni l'autre? Ce n'est rien! »

L'auteur, on le voit, lutte ici contre certaines idées cartésiennes qui préparaient déjà d'Holbach et La Mettrie; il ne peut s'empêcher de faire encore, en finissant, une critique de la cour de Louis XIV, en disant :« O mon Dieu, on vous confesse assez de bouche; mais qui est-ce qui vous avoue de cœur? N'y aurait-il que vous, Seigneur, qui n'auriez aucun crédit parmi les hommes, si ce n'est comme prétexte à leur injustice? »

Le gouvernement des Bays-Bas tint beaucoup compte des projets de l'abbé de Bucquoy; mais il était difficile d'établir alors en France une république; et, de plus, cela n'eût pu se faire que par le triomphe des *alliés*.

L'abbé n'eut donc que des succès de salon en Hollande, où il passa pour un profond métaphysicien. On l'écoutait avec faveur dans les réunions, et là il obtenait partout l'assentiment de *cette France* dispersée à l'étranger par les persécutions de toutes sortes, et qui se composait de catholiques hardis aussi bien que de protestants. Les deux partis s'unissaient dans la haine de celui qui se faisait adresser ces épithètes : *Viro immortali* ou *fit regio divo*.

A propos du placet adressé au roi par sa tante, les dames de La Haye en blâmèrent le ton. Ce n'était plus, dit-

on, la mode en France de parler si haut ni si naïvement...
« Il en avait coûté cher à M. de Cambray, qui pourtant
s'était enveloppé dans son style... »

A l'époque de la mort de Louis XIV, l'abbé de Bucquoy
écrivit ces quatre vers avec ce titre :

SON DERNIER RÔLE.

(La scène est Saint-Denis.)

Le voilà mis dans le cavot (*sic*) ;
C'est donc la fin de son histoire ;
Mais pour épargner sa mémoire,
Le flatte bien qui n'en dit mot.

Il y avait peut-être un peu d'exagération dans cette remarque de l'abbé. « Vrai roman que son règne, » dit-il
plus loin : « Je le veux, je le puis ! » telle était sa devise.
— Qu'a-t-il fait ? Rien.

« Que ne peut-on redonner la vie à des milliers d'hommes sacrifiés à ses desseins ! »

C'est à la *mère du Régent* que le comte de Bucquoy
adressait ces observations de son refuge en Hanôvre, le 5
avril 1717.

L'abbé de Bucquoy se trouvant à Hanôvre, publia des
réflexions sur le *décès inopiné* du roi de Suède. En faisant considérer la position qu'avaient à maintenir les princes, il écrivit cette phrase : « Quel opprobre et quel reproche sur tous ceux que la Providence plaça sur le
chandelier, de n'y figurer pas mieux que sous le bois-
seau. » Il ajoutait : « L'âme d'un misérable particulier en
un prince me choque étrangement. »

Quant à Sa Majesté suédoise, il lui reproche d'avoir lu

trop jeune Quinte-Curce... « Gardez-vous, ajoute-t-il, d'un homme qui n'a qu'un livre dans sa poche.

» Déterminé soldat partout, grenadier par excellence, c'était son humeur ; mais les lectures de Quinte-Curce l'ont perdu. De sa gloire de Nerva, réduit à fuir à Pultava, aventurier à Bender, il se fait tuer sans besoin à Fredrichstahl!... »

Voilà à quels raisonnements politiques l'abbé de Bucquoy se livrait à Hanovre vers 1718. Mais en 1721 il ne se préoccupa plus que des femmes, faisant accessoirement des observations « sur la malignité du beau sexe. » On trouve dans ce nouveau livre cette phrase :

« O femme! l'extrait d'une côte! fille de la nuit et du sommeil : Adam dormait quand Dieu te fit... S'il eût été éveillé, peut-être aurait-on eu de meilleure besogne : ou bien il aurait prié le Seigneur de rendre l'os de ses os plus souple, du moins du côté de la tête. »

Adam aurait pu dire aussi à Dieu : « Laisse ma côte en repos : j'aime mieux être seul qu'en mauvaise compagnie... »

L'abbé de Bucquoy avait trouvé un grand accueil à la cour de Hanovre, où on lui donna un logement dans le palais. Seulement, il ne s'attendait pas à y trouver une dame nommée Martha, qui était la concierge et qui le fit souffrir en plusieurs occasions. Cette femme était fort avare, et tirait tout ce qu'elle pouvait de l'abbé.

Il était allé à Leipsick, et on lui avait envoyé de l'argent pendant son absence. En revenant, il n'entendit parler de rien ; mais une lettre l'avertit de ce qui lui était envoyé. Alors il se plaignit, et la concierge lui répondit que, dans son absence, elle avait employé l'argent, mais qu'elle le lui rendrait plus tard. Il se borna à lui répondre en allemand : *Es ist nicht recht.* (Ce n'est pas bien.)

_ Cependant, comme il s'en était plaint au mari, elle vint
chez l'abbé le matin, en chemise blanche et nu-jambes
avec un cotillon fort court... « Que sait-òn, dit l'abbé, si
ce n'était pas une *Phèdre* furieuse d'amour et de rage...»
C'est alors qu'il courut à ses pistolets « pour y mettre de
la dragée. La dame eut soin de s'échapper très-vite... »

Ces dernières persécutions furent très sensibles à l'abbé
de Bucquoy, qui plusieurs fois s'en plaignit à Sa Majesté
britannique, de qui dépendait le gouvernement de Hanôvre. On peut croire que dans ses dernières années, c'est-
à-dire vers quatre-vingt-dix ans, son esprit s'affaiblissait
et l'amenait à s'exagérer bien des choses.

Nous n'avons pas d'autres renseignements touchant les
dernières années de l'abbé comte de Bucquoy.

Cet écrivain nous a paru remarquable, tant par ses
évasions que par le mérite relatif de ses écrits. Nous ne
devons pas toutefois le confondre avec un nommé Jacques
de Bucquoy, dont la Bibliothèque nationale possède un
livre intitulé : *Reise door de Indien*, door Jacob de Bucquoy — Harlem : *Jan Bosch.* — 1744.

Le comte de Bucquoy, après son évasion, resta soit en
Hollande, soit en Allemagne, et n'alla pas aux Indes. Un
de ses parents peut-être y fit une excursion vers cette
époque.

LES
CONFIDENCES DE NICOLAS.

(xviiie siècle.)

—◆◆◆—

RESTIF DE LA BRETONE.

I.

L'HOTEL DE HOLLANDE.

Au mois de juillet de l'anné 1757, il y avait à Paris un jeune homme de vingt-cinq ans, exerçant la profession de compositeur à l'imprimerie des galeries du Louvre et connu à l'atelier du simple nom de Nicolas, car il réservait son nom de famille pour l'époque où il pourrait former un établissement, ou parvenir à quelque position distinguée. — N'allez pas croire toutefois qu'il fût ambitieux, l'amour seul occupait ses pensées, et il lui eût sacrifié même la gloire, dont il était digne peut-être, et qu'il n'obtint jamais. — Quiconque aurait à cette époque fréquenté la Comédie-Française n'eût pas manqué d'apercevoir à la première rangée du parterre une longue figure au nez aquilin, avec la peau brune et marquée de petite vérole, des yeux noirs pleins d'expression, un air d'audace tempéré par beaucoup de finesse; un joli cavalier du reste, à la taille svelte, à la jambe élégante et nerveuse, chaussé avec soin, et rachetant par la grace d'attitude d'un homme habitué à briller dans les bals publics ce que sa mise avait d'un peu modeste pour un spectateur du théâtre royal. C'était Nicolas l'ouvrier, consacrant presque tous les soirs au plaisir de la scène une forte partie du gain de sa journée, applaudissant avec transport les chefs-d'œuvre du répertoire comique (il n'aimait pas la tragédie), et surtout marquant son enthousiasme aux passages débités par la belle Mlle Guéant, qui obtenait alors un grand succès dans la *Pupille* et dans les *Dehors trompeurs*.

Rien n'est plus dangereux pour les gens d'un naturel rêveur qu'un amour sérieux pour une personne de théâtre; c'est un mensonge perpétuel, c'est le rêve d'un malade, c'est l'illusion d'un fou. La vie s'attache tout entière à une chimère irréalisable qu'on serait heureux de conserver à l'état de désir et d'aspiration, mais qui s'évanouit dès que l'on veut toucher l'idole.

Il y avait un an que Nicolas admirait Mlle Guéant sous le faux jour du lustre et de la rampe, lorsqu'il lui vint à l'esprit de la voir de plus près. Il alla se planter à la sortie des acteurs, qui correspondait alors à un passage conduisant au carrefour de Bussy. La petite porte du théâtre était fort encombrée de laquais, de porteurs de chaises et de soupirants malheureux, qui, comme Nicolas, brûlaient d'un feu pudique pour telle ou telle de ces demoiselles. C'étaient généralement des courtauds de boutique, des étudiants ou des poètes honteux échappés du café Procope, où ils avaient écrit pendant l'entr'acte un madrigal ou un sonnet. Les gentilshommes, les robins, les commis des fermes et les gazetiers n'étaient pas réduits à cette extrémité. Ils pénétraient dans le théâtre, soit par faveur, soit par finance, et le plus souvent accompagnaient les actrices jusque chez elles, au grand désespoir des assistants extérieurs.

C'est là que Nicolas venait s'enivrer du bonheur stérile d'admirer la taille élancée, le teint éblouissant, le pied charmant de la belle Guéant, qui d'ordinaire montait en chaise à cet endroit et se faisait porter directement chez elle. Nicolas avait pris l'habitude de la suivre jusque-là pour la voir descendre, et jamais il n'avait remarqué qu'elle se fît accompagner d'aucun cavalier. Il poussait souvent l'enfantillage jusqu'à se promener une partie de la nuit sous les fenêtres de l'actrice, épiant le jeu des lumières, les ombres sur les rideaux, comme si cela lui importait le moins du monde, à lui, pauvre enfant du peuple, vivant d'un état manuel, et qui n'oserait jamais, certes, aspirer à celle qui défendait sa porte aux financiers et aux seigneurs.

Un soir, à la sortie du théâtre, Mlle Guéant, au lieu de prendre sa chaise à porteurs, s'en alla à pied, donnant le bras à une de ses compagnes, traversa le passage, et, arrivée au bout, monta tout à coup dans une voiture qui l'attendait, et qui partit avec rapidité. Nicolas se mit à courir en la poursuivant; les chevaux allaient si vite, qu'il ne tarda pas à être essoufflé. Dans les rues, ce n'é-

tait rien encore; mais bientôt on gagna la longue série
des quais, où nécessairement sa force allait être vaincue.
Heureusement, la nuit le favorisant, il eut l'idée de s'é-
lancer derrière la voiture, où il reprit haleine, enchanté
de cette position, mais le cœur navré de jalousie. Il était
évident pour lui que l'équipage se dirigeait vers quelque
petite maison. La naïve *pupille* qu'il venait d'admirer au
théâtre convolait cette fois à des noces mystérieuses.

Et quel droit avait-il, cet insensé spectateur, tout plein
encore des illusions de la soirée, de s'enquérir des actions nocturnes de la belle Guéant? Si, au lieu de *la Pupille*, elle avait joué ce soir-là *les Dehors trompeurs*, le
sentiment éprouvé par Nicolas eût-il été le même? C'est
donc une femme idéale qu'il aimait, puisqu'il n'avait jamais songé d'ailleurs à se rapprocher d'elle; mais le cœur
humain est fait de contradictions. De ce jour, Nicolas se
sentait amoureux de la femme et non plus seulement de
la comédienne. Il osait pénétrer un de ses secrets, il se
sentait résolu à se mêler au besoin à cette aventure, comme
il arrive quelquefois que dans les rêves le sentiment de la
réalité se réveille, et que l'on veut à tout prix les faire
aboutir.

La voiture, après avoir traversé les ponts et s'être en-
gagée de nouveau parmi les rues de la rive droite, s'était
enfin arrêtée dans la cour d'un hôtel du quartier du Temple. Nicolas se glissa à terre sans que le concierge s'en
aperçut, et se trouva un instant embarrassé de sa position. Pendant ce temps, la voix doucement timbrée de
Mlle Guéant disait à sa compagne : « Descends la première, Junie. »

Junie! A ce nom, un souvenir déjà vague passa dans la
tête de Nicolas : c'était le petit nom d'une demoiselle
Prudhomme, danseuse à l'Opéra-Comique, qu'il avait ren-

contrée dans une partie de campagne. Il s'avança pour lui
donner la main au moment où elle descendait de voiture.
« Tiens, vous êtes aussi de la fête? » dit-elle en le reconnaissant. Il allait répondre, quand Mlle Guéant, qui descendait à son tour, s'appuya légèrement sur son bras.
L'impression fut telle que Nicolas ne put trouver un mot.
En ce moment un colonel de dragons, qui venait au-
devant des dames, dit en jetant les yeux sur lui : « Mademoiselle Guéant, voici un de vos plus fidèles admirateurs. » Il avait en effet vu souvent Nicolas au spectacle,
applaudissant toujours avec transport la belle comédienne.
Celle-ci se tourna vers le jeune homme, et lui dit avec son
plus charmant sourire et son accent le plus pénétrant :
« Je suis charmée, Monsieur, de vous trouver des nôtres.»
Nicolas fut comme effrayé d'entendre pour la première
fois cette voix si connue s'adresser à lui, de voir cette
statue adorée descendue de son piédestal, vivre et sourire
un instant pour lui seul. Il eut seulement la présence d'esprit de répondre : « Mademoiselle, je ne suis qu'un amateur charmé de rester pour vous admirer plus longtemps.»
Il y avait en lui un sentiment singulier qu'éprouvent
tous ceux qui voient de près pour la première fois une
femme de théâtre, c'est d'avoir à faire la connaissance
d'une personne qu'ils connaissent si bien. On ne tarde
pas à s'apercevoir le plus souvent que la différence est
grande : la soubrette est sans esprit, la coquette est sans
grace, l'amoureuse est sans cœur, et puis la clarté qui
monte de la rampe change tellement les physionomies!
Cependant Mlle Guéant triomphait de toutes ces chances
fâcheuses: Nicolas restait pétrifié à la voir, avec son cou
de neige et sa taille onduleuse, monter l'escalier au bras
du colonel.

— Eh bien! que faites-vous là ? dit Mlle Prudhomme ;

donnez-moi votre bras et montons. — Nicolas se rassurait
peu à peu. Ce jour-là, par bonheur, son linge était irréprochable, son habit de lustrine était presque neuf, le
reste convenable, et d'ailleurs il voyait passer près de lui
d'autres invités beaucoup plus négligés dans leur mise
que lui-même.

— Où sommes-nous donc? dit-il tout bas à Junie
(Mlle Prudhomme), et, en montant l'escalier, il lui expliqua tout son embarras. Celle-ci se prit à rire aux éclats,
et lui dit : Mon ami, soyez tranquille, en fait d'hommes,
il n'y a ici que des princes et des poètes, comme dit
M. de Voltaire; c'est une société mêlée... N'êtes-vous pas
un peu prince?

— Je descends de l'empereur Pertinax, dit sérieusement Nicolas, et ma généalogie se trouve bien en règle
chez mon grand-père, à Nitri, en Bourgogne.

— Eh bien! cela suffit, dit Junie, sans trop s'arrêter à
la vraisemblance du fait; je vous aurais mieux aimé poète,
parce que vous nous auriez récité quelque chose de leste
au dessert; mais qu'importe? un prince, cela est déjà bien,
et d'ailleurs c'est moi qui vous introduis.

— Mais où sommes-nous?

— Nous sommes, dit Junie, à l'hôtel de Hollande, où
l'ambassadeur de Venise donne une fête cette nuit.

Ils entrèrent dans la salle (la même où a été depuis le
billard de Beaumarchais, qui plus tard occupa cet hôtel).
Nicolas, qui n'avait jamais soupé qu'aux Porcherons depuis quelques mois qu'il habitait Paris, était étourdi de la
magnificence de la table où il fut convié à s'asseoir. Cependant sa figure avait un tel air de distinction, qu'il ne
pouvait paraître déplacé nulle part. On s'étonnait seulement de ne pas le connaître, car il n'y avait là que des

illustrations du monde et de la littérature. Les femmes étaient toutes des actrices de différents théâtres. On admirait Mlle Hus, si spirituelle, si provoquante, mais moins belle que Mlle Guéant; Mlle Halard, alors svelte et légère; Mlle Arnould, célèbre déjà par le rôle de Psyché dans *les Fêtes de Paphos*; la jeune Rosalie Levasseur, de la Comédie-Italienne, qui s'était fait accompagner par un abbé coquet; puis Mlle Guimard et Camargo deuxième, première danseuse aux Français. Mme Favart se trouvait assise à la gauche de Nicolas. Entouré d'un tel cercle de beautés célèbres, il n'avait d'yeux que pour Mlle Guéant, placée à l'autre bout de la table auprès du colonel qui l'avait introduite. Junie lui en fit la guerre, et l'amena à lui raconter toute l'histoire de sa belle passion. « Ce n'est pas gai pour moi! dit-elle en riant, car enfin je n'ai point d'autre cavalier que vous; mais n'importe, vous m'amusez beaucoup. »

Quand le souper fut achevé, Rosalie Levasseur, qui avait une voix délicieuse, chanta quelques vaudevilles; Mlle Arnould dit le bel air : *Pâles flambeaux*; Mlle Hus joua une scène de Molière; Mme Favart chanta une ariette de la *Servante maîtresse*; Guimard, Halard, Prudhomme et Camargo deuxième exécutèrent un pas du ballet de *Médée*; Mlle Guéant rendit la scène de la lettre dans *la Pupille*. Ce fut alors le tour des poètes : chacun déclama ses vers ou chanta sa chanson. La nuit s'avançait; les auteurs les plus célèbres, les grands personnages, la *gravité* en un mot, venaient de partir. Le cercle devint plus intime; Grécourt récita un de ses contes; un auteur nommé Robbé donna lecture d'un poème dirigé contre le prince de Conti, qui lui avait fait donner vingt mille livres pour qu'il ne l'imprimât pas. Piron récita quelques strophes empreintes de cette passion d'un siècle

qui ne respectait rien, pas même l'amour. On frémissait
encore de cette fougueuse poésie, quand Mme Favart, se
tournant vers son voisin de droite, lui dit : « C'est à votre
tour! » Nicolas hésita, d'autant plus que les yeux de la
belle Guéant étaient alors fixés sur lui. Cette dernière,
voulant le rassurer, ajouta avec son sourire adorable :
« Nous donnerez-vous quelque chose, monsieur? — C'est
un petit prince! s'écria Junie, il n'est bon à rien, il ne
fait rien... C'est un descendant de l'empereur Per...
Per... » Nicolas rougissait jusqu'aux oreilles. « Pertinax,
c'est cela! » dit enfin Junie.

L'ambassadeur de Venise fronçait le sourcil; il croyait
peu aux descendants des empereurs romains, et se flattait,
étant lui même un Mocenigo inscrit au livre d'or de Venise, de connaître tous les plus grands noms de l'Europe.
Nicolas sentit qu'il était perdu, s'il ne s'expliquait pas. Il
se leva donc et commença l'histoire de sa généalogie; il
raconta comme quoi Helvius Pertinax, fils du successeur
de Commode, avait échappé à la mort dont le menaçait
Caracalla, et, réfugié dans les Apennins, avait épousé
Didia Juliana, fille également persécutée de l'empereur
Julianus. L'abbé coquet qui accompagnait Rosalie Levasseur, et qui avait les prétentions à la science, secoua la
tête à cette allégation, sur quoi Nicolas récita en latin très
pur l'acte de mariage des deux conjoints, et cita une foule
de textes. L'abbé se reconnaissant vaincu, Nicolas énu-
méra froidement les successeurs de Helvius et de Didia,
jusqu'à Olibrius Pertinax, que l'on trouve capitaine des
chasses sous le roi Chilpéric, puis encore un nombre infini de Pertinax ayant passé par les états les plus variés :
marchands, procureurs ou sergents, jusqu'au soixan-
tième descendant de l'empereur Pertinax, nommé Nicolas
Restif, ce dernier nom étant la traduction du nom latin,

depuis qu'on n'employait plus que la langue française dans
les actes publics.

On n'aurait guère écouté cette longue énumération, si
les remarques dont Nicolas en accompagnait les principaux passages n'eussent persuadé à tout le monde que c'é-
tait là une critique des généalogies en général. Les poètes
et les actrices rirent de tout leur cœur ; les grands seigneurs de la compagnie acceptèrent en gens d'esprit l'i-
ronie apparente du morceau, et l'animation, la verve du
conteur lui concilièrent tous les suffrages. L'entraînement
était si grand, et Nicolas tenait si bien tous les esprits
suspendus aux anecdotes dont il accompagnait les noms
cités, qu'arrivé à lui-même, on lui demanda le récit de
ses aventures. Il consentit à raconter l'histoire de son premier amour. Quelques invités prétentieux, qui commençaient à s'ennuyer de la faveur dont Nicolas semblait jouir
auprès des dames, s'esquivèrent peu à peu, de sorte qu'il
ne resta plus qu'un cercle attentif et bienveillant. Les
confessions étaient alors à la mode. Celle de Nicolas fut
rapide, enthousiaste, avec certains traits d'une naïve immoralité, qui charmaient alors les auditeurs vulgaires ;
mais, arrivé à l'élément vraiment humain de son récit,
il se montra ce qu'il était au fond, noble et sincèrement
passionné ; il pénétra d'émotion cette société frivole, et
dans tous ces cœurs perdus il sut réveiller une étincelle
du pur amour des premiers ans. Mlle Guéant elle-même,
froide autant que belle, et qui aussi passait pour sage,
ne pouvait se défendre d'une vive sympathie pour ce jeune
homme à l'âme si tendre et si sensible. Aux dernières
scènes du récit, que Nicolas racontait d'une voix étouffée,
avec des pleurs dans les yeux, elle s'écria : — Est ce que
c'est possible ? est-ce qu'on peut aimer ainsi ?

— Oui, madame, s'écria Nicolas ; tout cela est vrai

comme la généalogie des Pertinax... Quant à la personne
que j'ai aimée, elle vous ressemblait, elle avait beaucoup
du moins de vos traits et de votre sourire, et rien ne peut
me consoler de sa perte sinon de vous admirer.

Alors ce fut une tempête d'applaudissements. Quelques
enthousiastes ne craignirent pas d'affirmer qu'on avait
affaire à un romancier plus brillant que Prévost d'Exiles,
plus tendre que d'Arnaud, plus sérieux que Crébillon
fils, avec des passages d'un réalisme inconnu jusqu'alors.
Et le pauvre ouvrier fut reçu de plain-pied dans cette
compagnie des beaux noms, des beaux esprits et des belles
impures du temps. Il ne tenait qu'à lui de faire son chemin dans le monde désormais. — Pourtant tout ce qu'il
avait dit était la vérité; il se regardait comme descendant
de l'empereur Pertinax, et il venait de raconter ses amours
pour une femme qui était morte quelques mois auparavant. — Comme c'était un cœur qui ne pouvait rester vide,
l'amour idéal et tout poétique conçu pour Mlle Guéant
l'avait peu à peu consolé de l'autre, dont l'impression
était pourtant encore bien vive.

On donne une fin bizarre à ce souper, un dénouement
assez usité alors du reste dans ces sortes de médianoches.
A un signal donné, les lumières s'éteignirent, et une sorte
de Colin-Maillard commença dans l'obscurité; c'était, à
ce qu'on croit, le but final de la fête, du moins pour les
initiés, qui n'étaient point partis avec le commun des invités. Chacun avait le droit de reconduire la dame dont il
s'était saisi dans l'ombre pendant cet instant de tumulte.
Les amants en titre s'arrangeaient pour se reconnaître;
mais une fois fait, même au hasard, le choix devenait
sacré. Nicolas, qui ne s'y attendait pas, sentit une main
qui prenait la sienne et qui l'entraîna pendant quelques
pas; alors on lui remit une autre main douce et frémis-

sante : c'était celle de Mlle Guéant, qui le pria de la reconduire. Pendant qu'il descendait par un escalier dérobé correspondant à la cour, il entendit Junie qui s'écria : — Je me sacrifie, je vais consoler le colonel.

II.

CE QUE C'ÉTAIT QUE NICOLAS.

Trente ans plus tard, le même personnage, connu alors sous son nom patronymique de *Restif*, auquel il avait ajouté celui de *Labretone*, propriété de son père, eut occasion de retourner à l'Hôtel de Hollande, situé vieille rue du Temple, et qui appartenait alors à Beaumarchais. Les personnages de la scène précédente avaient eu diverses fortunes. L'ambassadeur de Venise, peu estimé dans le monde, traité parfois d'espion et d'escroc, avait péri, condamné par ordre du conseil des dix; la belle Guéant était morte de la poitrine, et Nicolas l'avait pleurée longtemps, quoiqu'il n'eût pu nouer avec elle qu'une liaison passagère. — Quant à lui-même, il n'était plus le pauvre ouvrier typographe d'autrefois; il était devenu maître dans cette profession, qu'il alliait singulièrement à celle de littérateur et de philosophe. S'il daignait encore travailler manuellement, c'était après avoir accroché au mur près de lui son habit de velours et son épée. D'ailleurs, il ne *composait* que ses propres ouvrages, et telle était sa fécondité, qu'il ne se donnait plus la peine de les écrire : debout devant sa casse, le feu de l'enthousiasme dans les yeux, il assemblait lettre à lettre dans son *composteur* ces pages inspirées et criblées de fautes, dont tout le monde a remarqué la bizarre orthographe et les excentricités calculées. Il avait pour système d'employer dans le même volume des caractères de diverse grosseur; qu'il variait selon l'importance présumée de telle ou telle période. Le *cicéro* était pour la passion, pour les endroits à grand effet, la *gaillarde* pour le simple récit ou les observations morales, le *petit-romain* concentrait en peu d'espace mille détails fastidieux, mais nécessaires. Quelquefois il lui plaisait d'essayer un nouveau système d'orthographe; il en avertissait tout à coup le lecteur au moyen d'une parenthèse, puis il poursuivait son chapitre, soit en supprimant une partie des voyelles, à la manière arabe, soit en jetant le désordre dans les consonnes, remplaçant le *c* par l's, l's par le *t*, ce dernier par le *ç*, etc., toujours d'après des règles qu'il développait longuement dans ses notes. Souvent, voulant marquer les longues et les brèves à la façon latine, il employait, dans le milieu des mots, soit des majuscules, soit des lettres d'un corps inférieur; le plus souvent il accentuait singulièrement les voyelles, et abusait surtout de l'accent aigu. Cependant aucune de ces excentricités ne rebutait les innombrables lecteurs du *Paysan perverti*, des *Contemporaines* ou des *Nuits de Paris*; c'était désormais le conteur à la mode, et rien ne peut donner une idée de la vogue qui s'attachait aux livraisons de ses ouvrages, publiés par demi-volumes, sinon le succès qu'ont obtenu naguère chez nous certains *romans-feuilletons*. C'était ce même procédé de récit haletant, coupé de dialogues à prétentions dramatiques, cet enchevêtrement d'épisodes, cette multitude de types dessinés à grands traits, de situations forcées, mais énergiques, cette recherche continuelle des mœurs les plus dépravées, des tableaux les plus licencieux que puisse offrir une grande capitale dans une époque

corrompue, le tout relevé abondamment par des maximes
humanitaires et philosophiques et des plans de réforme
où brillait une sorte de génie désordonné, mais incon-
testable, qui fit qu'on appela cet auteur étrange le *Jean-
Jacques des halles.*

C'était quelque chose ; cependant l'homme fut meilleur
peut-être que ses livres ; ses intentions étaient bonnes en
dépit des écarts d'une imagination dévergondée. Il passait
souvent les nuits à parcourir les rues, pénétrant dans les
bouges les plus infects, dans les repaires des escrocs, soit
pour observer, soit dans sa pensée pour empêcher le mal et
faire quelque bien. Il s'imposait, dit-il, le rôle de Pierre-
le-Justicier, non en vertu des devoirs de la royauté, mais
de ceux de l'écrivain moraliste. Cette étrange prétention
le suivait également dans ses relations du monde, où il
se faisait le médiateur des querelles et des divisions de famille ou l'intermédiaire de la bienfaisance et du malheur.
Il se vante aussi d'avoir, dans ses excursions nocturnes,
consolé ou soulagé plus d'un misérable, arraché quelques
jeunes filles à l'opprobre ou à l'outrage : ce serait de quoi
lui faire pardonner bien des fautes et bien des erreurs.
Restif est surtout connu comme romancier ; il a pourtant
écrit quelques volumes de philosophie, de morale et même
de politique ; seulement il ne les publia pas sous son
nom. *La Philosophie de M. Nicolas* contient tout un
système panthéiste, où il tente, à la manière des philosophes de cette époque, d'expliquer l'existence du monde
et des hommes par une série de créations ou plutôt d'é-
closions successives et spontanées ; son système a du rapport avec la cosmogonie de Fourier, lequel a pu lui faire
de nombreux emprunts. En politique et en morale, Restif est tout simplement communiste. Selon lui, *la propriété est la source de tout vice, de tout crime, de toute*

corruption; ses plans de réforme sont longuement décrits dans des livres intitulés : *l'Anthropographe, le Gynographe, le Pornographe,* etc., qui prouveraient que les penseurs modernes n'ont rien inventé sur ces matières. On retrouve, du reste, les mêmes idées mises en action dans la plupart de ses romans. Le second volume des *Contemporaines* contient tout un système de banque d'échange pratiqué par des travailleurs et des commerçants, qui, habitant la même rue, établissent entr'eux une communauté déjà *phalanstérienne.*

Revenons avant tout à la biographie personnelle de ce singulier esprit ; il en a semé des fragments dans une foule d'ouvrages où il s'est peint sous des noms supposés, dont plus tard il a donné la clé. Dans une série de pièces et de scènes dialoguées qu'il intitule *le Drame de la Vie,* il a eu l'idée bizarre de représenter, comme dans une lanterne magique, les scènes principales de son existence ; cela commence aux premiers jeux de sa jeunesse, et cela se termine après les massacres du 2 septembre, qu'il déplore amèrement.

Un autre livre, *le Cœur humain dévoilé,* décrit avec minutie toutes les impressions de cette vie si laborieuse et si tourmentée. Avant Restif, cinq hommes seulement avaient formé le projet hardi de se peindre, saint Augustin, Montaigne, le cardinal de Retz, Jérôme Cardan et Rousseau. Encore n'y a-t-il que les deux derniers qui aient fait le sacrifice complet de leur amour-propre ; Restif est allé plus loin peut-être. « À soixante ans, dit-il, écrasé de dettes, accablé d'infirmités, je me vois forcé de livrer mon moral pour subsister quelques jours de plus, comme l'Anglais qui vend son corps. »

En lisant ce premier aveu, qui n'a pas dû être une de ses moindres souffrances, on se sent pris de pitié pour ce pauvre vieillard qui, un pied dans la tombe, vient, avec le courage et l'énergie du désespoir, exhumer les fautes de sa jeunesse, les vices de son âge mûr, et qui peut-être les exagère pour satisfaire le goût dépravé d'une époque qui avait admiré Faublas et Valmont. On a abusé depuis de ce procédé tout réaliste qui consiste à faire de l'homme lui-même une sorte de sujet anatomique ; — nous chercherons ici à en faire tourner l'enseignement vers l'étude de certains caractères, chez qui la personnalité atteint aux plus tristes illusions et provoque les plus inexplicables aveux. Nous essaierons de raconter cette existence étrange, sans aucune prévention comme sans aucune sympathie, avec les documents fournis par l'auteur lui-même, et en tirant de ses propres confessions le fait instructif des misères qui fondirent sur lui comme la punition providentielle de ses fautes. Notre époque n'est pas moins avide que le siècle passé de mémoires et de confidences ; la simplicité et la franchise sont toutefois portées moins loin aujourd'hui par les écrivains. Ce serait une comparaison instructive à faire dans tous les cas, si la vérité pouvait avoir quelque chose de l'attrait du roman.

III.

PREMIÈRES ANNÉES.

Le village de Saci, situé en Champagne, sur les confins de la Bourgogne, à cinquante lieues de Paris et trois d'Auxerre, est traversé dans toute sa longueur d'une seule rue composée de chaque côté d'une centaine de maisons.

A l'une des extrémités, appelée *la Porte là haut*, en traversant un ruisseau nommé la Farge, on trouve l'énclos de Labretone, dont les murs blancs se dessinent sur un horizon de bois et de collines vertes. C'est là qu'était né Nicolas Restif, dont le grand père, homme instruit et allié à la magistrature, se croyait descendant de l'empereur Pertinax. Il est permis de croire que la généalogie qu'il avait dressée à cet effet n'était qu'un jeu d'esprit destiné à ridiculiser les prétentions de quelques gentilshommes, ses voisins, qu'il recevait à sa table. Quoi qu'il en soit, la famille des Restif était considérée dans le pays autant par son aisance que par ses relations; plusieurs de ses membres appartenaient à l'église : on songea d'abord à lancer le jeune Nicolas dans cette carrière; mais son naturel indépendant et même un peu sauvage contraria longtemps cette idée. Il ne se plaisait qu'au milieu des bergers, dans les bois de Saci et de Nitri, partageant leur yie errante et leurs fatigues. Il avait douze ans environ, quand ce goût se trouva favorisé par une circonstance imprévue. Le berger de son père, qui s'appelait Jaquot, partit tout à coup, sans mot dire, pour le pèlerinage du *mont Saint-Michel*, qui était pour les jeunes gens du pays comme celui de sainte Reine pour les filles. Un garçon qui n'était pas allé au mont Saint-Michel était regardé comme un poltron. De même, il paraissait manquer quelque chose à la pudeur d'une jeune fille qui n'avait pas visité le tombeau de la belle *reine Alise*, la vierge des vierges. Jacquot parti, le troupeau se trouva sans gardien. Nicolas s'offrit bien vite à le remplacer. Les parents hésitaient : l'enfant était si jeune, et les loups se montraient souvent dans le voisinage; mais enfin on manquait de monde à la ferme, le voyage de Jaquot ne devait durer que quinze jours : on nomma Nicolas berger intérimaire.

Quelle joie! quel délire dans ce premier jour de liberté! Le voilà qui sort à la pointe du jour du clos de Labretone, suivi des trois gros chiens Pinçard, Robillard et Friquet. Les deux plus forts moutons portaient sur leur dos les provisions de la journée avec la bouteille d'eau rougie et le pain pour les chiens. Le voilà libre, libre dans la solitude! Il respire à pleine poitrine ; pour la première fois il se sent vivre... Les nuages blancs qui glissent dans le ciel, la bergeronnette qui se balance sur les taupinières, les fleurettes d'automne sans feuilles et sans parfums, le chant de l'œnante solitaire, si monotone et si doux, les prés verts baignés au loin par la brume, tout cela le jette dans une douce rêverie. En passant près d'un buisson où Jaquot, deux mois auparavant, lui avait montré un nid de linotte, il pense au pauvre berger qu'il remplace et aux dangers qu'il court dans son périlleux voyage. Ses yeux se mouillent de larmes, sa tête s'exalte, et pour la première fois il se prend à rimer des vers sur l'air des pèlerins de Saint-Jacques qu'il avait entendu chanter à des mendiants :

Jaquot est en pèlerinage — à Saint-Michel ;
Qu'il soit guidé dans son voyage — par Raphaël !
Nous n'irons plus garder ensemble — les blancs moutons ;
Jaquot va par le pont qui tremble — chercher pardons.

Voici le premier pas fait dans une route dangereuse ; Nicolas s'est trompé sur son goût pour la solitude... Ce goût n'annonçait pas un berger, mais un poète. Malheur aux moutons, qu'il entraîne dans les endroits les plus sauvages et les moins riches en pâture! Il aime les ruines de la chapelle Sainte-Madeleine et y revient souvent, sous prétexte d'y cueillir des mûres sauvages ; le fait est que ce lieu lui inspire des pensées douces et mélancoli-

ques. Ce n'était pas assez encore. Derrière le bois du
Boutparc, vis-à-vis les vignes de Montgré, on rencon-
trait un vallon sombre bordé de grands arbres. Nicolas
hésitait d'abord à s'y engager ; il se rappelait les histoires
de voleurs et d'excommuniés changés en bêtes que Jaquot lui avait souvent raconté es. Moins effrayées que leur
gardien, les bêtes sautent dans le vallon. Il y en avait de
plusieurs sortes dans le troupeau ; les chèvres grimpent
aux broussailles, les brebis broutent l'herbe, et les porcs
fouillent la terre pour y trouver une espèce de carotte
sauvage que les paysans nomment *échavie*. Nicolas les
suivait pour les empêcher d'aller trop loin, lorsqu'il aperçut sous un chêne un gros sanglier noir, qui, en humeur
de folâtrer, vint se mêler à la bande plus civilisée des
pourceaux. Le jeune pâtre tressaillait à la fois d'horreur
et de plaisir, car la vue de cet animal augmentait l'aspect sauvage du lieu qui avait tant de charmes pour lui.
Il se garda de faire un mouvement à travers les feuilles.
Un instant après, un chevreuil, puis un lièvre vinrent
jouer plus loin sur une bande de gazon ; puis ce fut une
huppe qui se percha dans un de ces gros poiriers dont
les paysans appellent le fruit *poire de miel*. Le rêveur se
croyait transporté dans le pays des fées ; tout à coup,
parmi les broussailles, un loup montra son poil fauve et
son nez pointu avec deux yeux qui brillaient comme des
charbons... Les chiens qui arrivaient lui firent la chasse,
et adieu tout ce qui complétait le tableau, chevreuil,
lièvre et sanglier! La huppe même, l'oiseau de Salomon,
s'était envolée ; seulement, comme une fée bienfaisante,
elle avait signalé l'arbre aux *poires de miel*, si douces
et si sucrées que les abeilles les dévorent. Nicolas emplit
ses poches de ce fruit délicieux, dont, à son retour, il
régala ses frères et ses sœurs.

En y réfléchissant, Nicolas se dit : Ce vallon n'est à
personne... Je le prends, je m'en empare; c'est mon petit royaume! Il faut que j'y élève un monument pour
qu'il me serve de titre, ainsi que cela s'est toujours
fait selon la Bible que lit mon père. Pendant plusieurs
jours, il travailla à dresser une pyramide. Quand elle fut
terminée, il lui vint à l'esprit, toujours d'après l'inspiration de la Bible, d'y faire un sacrifice dans les règles.
Un être libre comme moi, se dit-il, devant se suffire à
lui-même, doit être à la fois roi, pontife, magistrat,
berger, boulanger, cultivateur et chasseur. En vertu de
ces titres, il se mit en quête d'une victime, et parvint à
atteindre avec sa fronde un oiseau de proie de l'espèce
qu'on nomme *bondrée*, qu'il crut avoir condamné justement comme coupable de troubler l'innocence et la sécurité des hôtes du vallon. Peut-être sa conscience eût-
elle, plus tard, trouvé à redire à ce raisonnement, quand
l'étude de l'harmonie universelle lui eut appris l'utilité
des êtres nuisibles. Aussi n'appuyons-nous sur ces enfan-
tillages que pour signaler la teinte mystique des premières
idées du rêveur (1). Cependant il fallait avoir des témoins
de cet acte religieux. C'est à midi que les bêtes de trait
sont conduites au pâturage après les travaux de la mati-
née. Nicolas attendit cette heure et appela par ses cris les
bergers qui passaient au loin. Aussitôt accoururent les
compagnons ordinaires de ses jeux et les jolies Marie
Fouare et Madeleine Piat. — Venez, venez, disait Nicolas, je vais vous montrer *mon* vallon, *mon* poirier, et
aussi mon sanglier et ma huppe. (Mais ces animaux se

(1) Il est curieux de trouver en effet dans les premières années de
Restif ce trait d'un sacrifice à l'Eternel, qui rappelle un récit analogue
de Goëthe, devenu comme lui panthéiste plus tard.

gardèrent bien de se rendre aux vœux du *propriétaire*.)
Nicolas exposa à la troupe ses droits de premier occupant, constatés par sa pyramide et son autel. On les reconnut pour inviolables. Dès-lors commença la cérémonie : on alluma du bois sec où l'on jeta les entrailles de
l'oiseau, selon le rite patriarcal ; puis Nicolas posa le
corps sur un petit bûcher et improvisa une prière qui fut
accompagnée de quelques versets des psaumes. Il se tenait debout, très grave et pénétré de la grandeur de son
action ; ensuite il distribua aux assistants les chairs rôties
de l'oiseau dont il mangea le premier, et qui étaient dé-
testables. Les trois chiens seuls se régalèrent avec joie
des reliefs de cette cuisine sacerdotale.

Qui eût pu prévoir que ce scrupuleux propriétaire deviendrait l'un des plus fervents *communistes* dont les
doctrines aient enflammé l'époque révolutionnaire. Toutefois ses prétentions avaient trouvé des jaloux parmi les
pâtres de Saci, car le secret fut dévoilé, le sacrifice fut
traité d'abominable profanation des choses saintes, et
l'abbé Thomas, frère du premier lit de Nicolas, qui demeurait à quelques lieues de Saci, se rendit exprès à La
Bretone pour donner le fouet au jeune hérétique ; l'abbé
motiva le fait de cette correction sur ce qu'ayant été le
parrain du coupable, il répondait indirectement de ses
péchés. Le pauvre homme ne se doutait pas qu'il s'était
engagé bien imprudemment envers le ciel.

Nicolas avait deux frères du premier lit qu'on voyait
peu dans la famille ; l'aîné était curé de Courgis ; le dernier, que nous venons d'entrevoir, l'abbé Thomas,
était précepteur chez les jansénistes de Bicêtre, et venait
voir sa famille pendant les vacances. Lorsqu'il repartit
cette année-là, on lui confia son jeune frère, auquel il
convenait d'inspirer enfin des idées sérieuses. Tous deux

s'embarquèrent à Auxerre par le coche d'eau. L'abbé Thomas était un grand garçon maigre, ayant le visage allongé, le teint bilieux, la peau luisante tachée de rousseurs, le nez aquilin, les sourcils noirs et fournis comme tous les Restif. Il était concentré et très vigoureux sans le paraître, d'un tempérament emporté et plein de passion, qu'il était parvenu à mâter par une volonté de fer et une lutte obstinée. A peine eut-il placé Nicolas parmi les autres enfants de Bicêtre, qu'il ne s'occupa plus de lui que comme d'un étranger. Quand ce dernier se vit seul au milieu de tous ces *petits curés*, comme il le disait, perdu dans les longs corridors voûtés de cette prison monastique, il fut pris du mal du pays. La monotonie des exercices religieux n'était pas de nature à le distraire, et les livres de la bibliothèque, les *Provinciales* de Pascal, les *Essais* de Nicole, la *Vie* et les *Miracles du diacre Pâris*, la *Vie de M. Tissard* et autres œuvres jansénistes, ne lui plaisaient pas autrement. — L'écrivain toutefois se rappela plus tard avec attendrissement les leçons des jansénistes. Selon lui, Pascal, Racine et les autres port-royalistes devaient à l'éducation janséniste une sagacité, une exactitude de raisonnement, une justesse, une profondeur de détails, une pureté de diction qui ont d'autant plus étonné, que les jésuites n'avaient produit que des Annat, des Caussin, etc. C'est que les jansénistes, sérieux, réfléchis, font penser plus fortement, plus tôt et plus efficacement que les molinistes; ils donnent du ressort par la contrariété à toutes les passions; ils créent des logiciens qui deviennent des dévots parfaits ou des philosophes résolus. Le moliniste est plus aimable, il ne croit pas que l'homme soit obligé d'avoir toujours son Dieu devant les yeux pour trembler à chaque action, à chaque acte de volonté; mais, moins propre à la ré-

6

flexion, tolérant, superficiel, il arrive à l'indifférence plus souvent encore que l'autre n'arrive à l'impiété.

. Cependant un changement se préparait dans la situation des jansénistes de Bicêtre. L'archevêque Gigot de Bellefond, qui les protégeait, étant venu à mourir, fut remplacé par Christophe de Beaumont. Celui-ci nomma un nouveau recteur qui, dès le jour de son installation, regarda de travers le maître des enfants de chœur et les gouverneurs jansénistes. Cet *intrus* était un homme fougueux, plein de dispositions hostiles; il demanda à voir la bibliothèque, et fronça le sourcil en apercevant les livres de controverse que l'abbé Thomas n'avait pas cherché à cacher, se faisant gloire de ses sentiments. Le recteur s'écria que de tels livres ne devaient pas se trouver dans une bibliothèque d'enfants.

. — On ne peut trop tôt connaître la vérité, répondit l'abbé Thomas.

— Simple clerc tonsuré, vous voulez nous enseigner la religion! dit le recteur.

Le maître humilié se tut. Les élèves jouissaient de cette scène avec l'impitoyable malignité de l'enfance. De livres en livres, le recteur tomba sur le Nouveau-Testament annoté par Quesnel.

— Pour celui-ci, dit-il, c'est aller contre le jugement spécial de l'Eglise! — Et il le jeta à terre avec horreur. Le pauvre abbé Thomas le ramassa humblement et baisa la place.

— Songez-vous, dit-il, Monsieur, que le texte de l'Evangile y est tout entier?

Le recteur, plus irrité encore, voulut emporter tous les nouveaux Testaments des élèves. L'abbé Thomas éleva alors la voix : O mon Dieu! s'écria-t-il, on ôte la parole à vos enfants! Cette fois, les élèves se prononcèrent pour

le maître. Nicolas osa s'avancer vers le recteur et lui dit :
« Je tiens de mon père, que j'en croirai mieux que vous,
que voilà le Testament de Jésus-Christ — Ton père était
un huguenot, » répondit le recteur. Ce mot était alors le
synonyme d'athée. La scène finit par l'intervention de
deux prêtres de la maison qui s'appliquèrent à calmer
les esprits; mais l'abbé Thomas sentit qu'il fallait quitter
là place. En effet, quelques jours plus tard, il fut averti
que l'ordre d'expulsion des jansénistes allait être expédié.
Il était prudent de le prévenir. Les élèves furent ren-
voyés à leurs parents, puis le maître se mit en route avec
son sous-maître et Nicolas pour retourner à Saci.

IV.

JEANNETTE ROUSSEAU.

En retournant à son village, Nicolas frémissait de joie,
quand il aperçut les collines de Côte-Grêle son cœur bon-
dit, et ses larmes coulèrent en abondance. Il découvrit
bientôt le *Vandenjeau*, la *Farge*, *Triomfraid*, le *Boutparc* enfin, derrière lequel était *son* vallon. Il voulut
faire partager son enthousiasme à l'abbé Thomas, et se
livra à une énumération pittoresque, à laquelle ce dernier répondit : Je conçois que tout cela est fort touchant
puisque vous pleurez; mais nous approchons de Saci, ré-
citons *séxtes* avant d'y entrer.

L'abbé Thomas ne se plaisait pas dans la maison paternelle. Dès le lendemain, il emmena Nicolas chez son
frère aîné, curé à Courgis, pour lui enseigner le latin.

Les fables de Phèdre et les églogues de Virgile ouvrirent bientôt à l'imagination du jeune homme des horizons nouveaux et charmants. Les dimanches et les fêtes, l'église se remplissait d'une foule de jeunes filles sur lesquelles il levait les yeux à la dérobée. Ce fut le jour de Pâques que son sort se décida. La grand'messe était célébrée avec diacre et sous diacre; les sons de l'orgue, l'odeur de l'encens, la pompe de la cérémonie, exaltaient à la fois son âme; il se sentait dans une sorte d'ivresse. A l'offerte, on vit défiler les communiantes dans leurs plus beaux atours, puis leurs mères et leurs sœurs. Une jeune fille venait la dernière, grande, belle et modeste, le teint peu coloré, « comme pour donner plus d'éclat au rouge de la pudeur; » elle était mise avec plus de goût que ses compagnes, son maintien, sa parure, sa beauté, son teint virginal, tout réalisait la figure idéale que toute âme jeune a rêvée. La messe finie, l'écolier sortit derrière elle. La céleste beauté marchait de ce pas harmonieux que l'on prête aux grâces antiques. Elle s'arrêta en apercevant la gouvernante du curé, Marguerite Pâris.

Cette dernière aborda la jeune fille et lui dit : — Bonjour, Mademoiselle Rousseau. — Et elle l'embrassa.

— Voici déjà son nom de famille, se dit Nicolas.

— Ma chère *Jeannette*, ajouta Marguerite, vous êtes un ange pour la figure comme pour l'âme.

— Jeannette Rousseau ! se dit Nicolas, quel joli nom !

Et la jeune fille répondit quelques mots d'une voix douce et claire, dont le timbre était enchanteur (1).

(1) Bien des années plus tard, sous la République, l'auteur avait gardé un souvenir attendri de ce premier amour : « Citoyen-lecteur, écrit-il, cette Jeannette Rousseau, cet ange, sans le savoir, a décidé mon sort. Ne croyez pas que j'eusse étudié, que j'eusse surmonté toutes les difficultés parce que j'avais de la force et du courage. Non ! Je n'eus jamais

Depuis ce moment, Nicolas ne fut plus occupé que de Jeannette. Il la chercha des yeux tout le reste de la journée, et ne la revit qu'à l'encensement du *Magnificat*, quand tous ceux qui sont dans le chœur se tournent vers la nef. Le lendemain, l'impression était plus forte encore; il se promit de se rendre digne d'elle par son application à l'étude; de ce jour aussi, son esprit s'agrandit et s'arracha pour jamais aux frivoles préoccupations de l'enfance. Laissé seul un jour au presbytère dans la journée, parce que le curé et l'abbé Thomas étaient allés voir ensemencer le champ de la cure, il lui vint une idée singulière, ce fut de chercher dans les registres de la paroisse l'extrait de baptême de Jeannette, afin de savoir au juste son âge; lui-même avait alors quinze ans, et il jugeait que Jeannette était plus âgée. Il allait en remontant depuis 1750, et ce fut pour lui une jouissance délicieuse de lire les lignes suivantes : « Le 19 décembre 1751 est née Jeanne Rousseau, fille légitime de Jean Rousseau et de Marguerite, etc. » Nicolas répéta vingt fois cette lecture, apprenant par cœur jusqu'aux noms des témoins et des officiants, et surtout cette date du 19 *décembre*, qui devint un jour sacré pour lui. Une seule pensée triste résulta de cette connaissance, c'est que Jeannette avait trois ans de plus que lui, et qu'elle serait mariée peut-être avant qu'il pût prétendre à elle. Instruit

qu'une âme pusillanime; mais j'ai senti le véritable amour : il m'a élevé au-dessus de moi-même et m'a fait passer pour courageux. J'ai tout fait pour mériter cette fille, dout le nom me fait tressaillir à soixante ans, après quarante-six ans d'absence... Oh ! Jeannette ! si je t'avais vue tous les jours, je serais devenu aussi grand que Voltaire, et j'aurais laissé Rousseau loin derrière moi ! Mais ta seule pensée m'agrandissait l'ame. Ce n'était plus moi-même; c'était un homme actif, ardent, qui participait du génie de Dieu. »

de la demeure des parents de Jeannette, il passait tous
les jours devant la maison, située au fond d'une vallée et
entourée de peupliers qu'arrosait le ruisseau de la *Fon-
taine-Froide*; il saluait ces arbres comme des amis, et
rentrait l'âme pleine d'une douce mélancolie.

Mais c'est à l'église que l'apparition revenait dans tout
son charme. Nicolas avait fait une prière qu'il répétait
sans cesse pour concilier sa religion et son amour : *Unam
petii a Domino,* disait-il tout bas, *et hanc requiram
omnibus diebus vitæ meæ !* (Je n'en ai demandé qu'une
au Seigneur, et je la chercherai tous les jours de ma vie!)
Confiant dans cette oraison, il s'était donné une jouissance dont jamais personne n'a eu l'idée. Le sonneur
était vigneron, et son travail à l'église le dérangeait souvent de l'autre. Nicolas lui offrit de le remplacer ; il entrait alors de bonne heure dans l'église, et, s'y trouvant
seul, il courait à la place habituelle de Jeannette, s'y
agenouillait, puis s'appuyait aux mêmes endroits qu'elle,
baisait la pierre qu'avaient touchée les pieds de la jeune
fille et récitait sa prière favorite.

Un jour d'été, par un temps de sécheresse, on manquait d'eau pour arroser le jardin de la cure. L'abbé
Thomas dit à Nicolas et à un enfant de chœur nommé
Huet : « Allez chercher de l'eau au puits de M. Rousseau. » Mais il se trouva que ce puits manquait de corde.
Que faire ? Huet dit aussitôt qu'il apercevait Mlle Rousseau et allait lui en demander une. Nicolas, tout tremblant, retint Huet par son habit. Lui parler, à *elle!...* Il
frissonnait, non de jalousie, mais de la hardiesse de
Huet. Cependant Jeannette, qui avait vu leur embarras,
apportait une corde, et, pendant qu'elle aidait Huet à la
placer, ses mains touchaient parfois celles du jeune garçon. Nicolas ne lui enviait pas ce bonheur, le contact de

ces mains délicates eût été pour lui comme du feu. Il ne
put parler et respirer que lorsque Jeannette se fut éloignée. Cependant il fit ensuite la réflexion qu'elle ne lui
avait pas adressé la parole ainsi qu'à son compagnon, et
avait même baissé les yeux en passant près de lui. Se serait-elle aperçue qu'à l'église son regard était toujours
fixé sur elle? Le fait est que, peu de temps après, une
dévote nommée Mlle Drouin avertit la gouvernante du
curé que Nicolas, pendant le prône, avait toujours les
yeux tournés du côté de Mlle Rousseau. Marguerite le re-
dit au jeune homme avec bonté, en assurant que plusieurs personnes avaient fait la même remarque.

V.

MARGUERITE.

Marguerite Pâris, la gouvernante du curé de Courgis,
touchait à la quarantaine; mais elle était fraîche comme
une dévote et comme une femme qui avait toujours vécu
au-dessus du besoin. Elle se coiffait avec goût et de la
même manière que Jeannette Rousseau. Elle faisait venir
ses chaussures de Paris et les choisissait à talons minces
et élevés, faisant valoir la finesse de sa jambe, qui était
couverte d'un bas de coton à coins bleus bien tiré. C'était
le jour de l'Assomption; il faisait chaud; la gouvernante,
après vêpres, se déshabilla et se mit en blanc. Les enfants
de chœur jouaient dans la cour, l'abbé Thomas était à
l'église, Nicolas étudiait à sa petite table près d'une fenêtre; Marguerite, dans la même chambre, épluchait une

salade; les yeux du jeune homme se détournaient de temps en temps de son travail, et il suivait les mouvements de Marguerite, tout en pensant à Jeannette. Ce qui unissait en lui ces deux idées, c'était le souvenir de la rencontre de Marguerite et de Jeannette quelque temps auparavant, au sortir de l'église.

— Sœur Marguerite, dit-il, est-ce que Mlle Jeannette Rousseau est bien riche? Vous savez, la fille du notaire...

Marguerite fit un mouvement de surprise, quitta sa salade et vint vers Nicolas.

— Pourquoi me demandez-vous cela, mon enfant? dit-elle.

— Parce que vous la connaissez... et mes parents seraient peut-être bien contents, si j'épousais une demoiselle riche...

La finesse de l'écolier, qui voulait concilier à la fois la prévoyance paternelle avec sa flamme platonique, n'échappa point à la gouvernante; mais une pensée inconnue traversa tout à coup son esprit, et elle vint s'asseoir, attendrie, la poitrine gonflée de soupirs, auprès de la table de Nicolas. Alors elle lui raconta avec effusion qu'autrefois M. Rousseau, le père de Jeannette, l'avait recherchée en mariage et n'avait pu l'obtenir. — De sorte, dit-elle, que j'aime cette jolie fille, en me disant que j'aurais pu être... sa mère! Et vous, ajouta-t-elle, mon pauvre enfant, votre amour m'intéresse à cause de cela : si j'y pouvais quelque chose, j'irais voir vos parents et les siens; mais vous êtes trop jeune, et elle a deux ans de plus que vous...

Nicolas se mit à pleurer et se jeta au cou de Marguerite; leurs larmes se mêlaient sans que ni l'enfant ni la femme songeassent à la nature différente de leur émotion... Marguerite revint à elle et se leva sérieuse et rouge de honte; mais Nicolas, qui lui pressait les mains, sentit son cœur défaillir. Alors la bonne fille, qui avait un moment voulu redevenir sévère, le prit dans ses bras, lui jeta de l'eau à la figure et lui dit, lorsqu'il reprit connaissance : — Que vous est-il arrivé?

— Je ne sais, dit Nicolas; en parlant de Jeannette, en vous regardant, en vous embrassant, j'ai senti le cœur me manquer... Je ne pouvais m'empêcher de contempler votre cou si blanc où tombent vos cheveux dénoués; votre œil mouillé de larmes m'attirait, Marguerite, comme une vipère qui regarde un oiseau; l'oiseau sent le danger et ne peut le fuir...

— Mais si vous aimez Jeannette..., dit Marguerite d'un ton sérieux.

— Oh! c'est vrai, je l'aime!... En disant ces mots, Nicolas fut pris d'une sorte de frisson et se sentit glacé. Le salut vint à sonner, et il se rendit à l'église. Là, quoi qu'il pût faire, l'aspect de Marguerite pleurant, agitée et le sein gonflé de soupirs, se représentait devant ses yeux et repoussait la chaste image de Jeannette. L'apparition de cette dernière à sa place habituelle ramena le calme dans les sens du jeune homme : jamais elle ne les avait troublés; son pouvoir s'exerçait sur les plus nobles sentiments de l'âme, et lui donnait l'inspiration de toutes les vertus.

Marguerite n'était ni une coquette, ni une dévote hypocrite; elle n'avait pour Nicolas qu'une bonté maternelle; son cœur était sensible, elle avait aimé. C'est pourquoi un amour tout jeune, qui lui rappelait ses plus belles années, l'attendrissait outre mesure. Le pauvre Nicolas ignorait comme elle tout le danger qui existe dans ces confidences, dans ces effusions, où les sens participent avec moins de pureté à l'exaltation de l'âme. Un jour, en passant devant la maison de Mlle Rousseau, Nicolas l'avait vue assise sur un banc, filant près de sa mère, et son pied, suivant les mouvements du rouet, l'avait frappé par sa petitesse et sa forme. En rentrant au presbytère, il jeta un coup-d'œil dans la chambre de Marguerite et y aperçut une mule à talon mince, en maroquin vert, dont les coutures avaient conservé leur blancheur. « Que cette mule, se dit-il en soupirant, serait jolie au pied de Jeannette! » Et il l'emporta pour l'admirer à loisir.

Le lendemain matin, qui était un dimanche, Marguerite cherchait sa chaussure dans toute la maison; Nicolas trembla qu'elle ne découvrît sa fantaisie, et, en entrant chez elle, il laissa tomber la mule dans un coffre le plus adroitement possible; mais la gouvernante ne fut pas dupe de cette manœuvre : elle se chaussa sans rien dire cependant. Nicolas admirait comment ce petit objet prenait si facilement la forme du pied de la gouvernante. « Avouez-moi une chose, lui dit celle-ci avec un sourire, c'est que vous aviez caché ma mule... » Nicolas rougit, mais convint de la vérité. Cette mule avait passé la nuit dans sa chambre. « Pauvre enfant! dit-elle, je vous excuse, et je vois que vous seriez capable d'en faire autant pour Jeannette Rousseau qu'un certain Louis Denesvre en a fait pour... une autre.

— Pour qui donc, sœur Marguerite? (C'était ainsi qu'on l'appelait au presbytère.)

Marguerite ne répondit pas. Nicolas rêva longtemps sur cette demi-confidence. Le surlendemain, la gouvernante avait affaire à la ville voisine, c'est-à-dire à Auxerre. L'âne de la cure était un roussin fort têtu, et qui, plusieurs fois déjà, avait compromis la sûreté de sa maîtresse. Nicolas, plus fort que les enfants de chœur qui le guidaient ordinairement, fut choisi pour cet office. Marguerite sauta lestement sur sa monture; elle avait un bagnolet de fine mousseline sur la tête, la taille pincée par un corset à baleines souples recouvert d'un casaquin de coton blanc, un tablier à carreaux rouges, une jupe de soie gorge de pigeon, et les fameux souliers de maroquin ornés de boucles à pierres. Son sourire habituel n'excluait pas une intéressante langueur, ses yeux noirs étaient doux et brillants. A la descente de la vallée de Montaleri, qui était difficile, Nicolas la prit dans ses bras pour lui faire mettre pied à terre et la soutint jusqu'au fond de la vallée, où elle marcha quelque temps sur le gazon. Il fallut ensuite la faire remonter sur l'âne, car de ce moment le chemin était droit jusqu'à la ville. Nicolas arrangeait de temps en temps les jupes de Marguerite sur ses jambes, affermissait ses pieds dans le panier; celle-ci souriait en le voyant toucher ses mules vertes; ce qui animait la conversation sur Jeannette; puis l'âne faisait un faux pas, Nicolas soutenait la sœur par la taille, et cela la faisait rougir comme une rose.

— Comme vous aimez Jeannette! dit-elle, puisque la seule pensée que mes mules vertes pourraient convenir à son pied vous préoccupe encore à présent.

— C'est vrai, dit Nicolas en retirant avec embarras ses mains du panier.

— Eh bien! moi aussi, dit Marguerite, je ne puis m'empêcher d'aimer tendrement la fille d'un homme qui m'a été cher et qui n'a jamais eu volontairement de torts avec moi. Ainsi, je vous approuve de rechercher la main de cette jolie fille; mais surtout ayez de la prudence et n'en dites rien à vos frères, qui ne vous aiment pas, étant enfants du premier lit... Moi, je me charge de parler à Jeannette, de la disposer pour vous, et plus tard de voir ses parents.

Nicolas se jeta sur les mains de Marguerite, et inonda

de larmes ses bras délicats et beaucoup plus beaux que
ceux de Jeannette, qui, comme toutes les jeunes filles,
ne les avait pas encore formés. Sœur Marguerite, un peu
émue et voulant mettre un terme à cette exaltation, rappela au jeune homme qu'il était temps de dire l'heure
canoniale de *primes*. Nicolas se recueillit aussitôt et commença en qualité d'homme, la sœur disant alternativement
son verset, et lui le capitule, l'oraison et tout ce qui est
du ressort du célébrant, de sorte qu'ils arrivèrent inno-
cemment à la ville.

Marguerite fit la commission du curé, puis quelques
emplettes, et conduisit Nicolas pour dîner chez Mme Jeudi,
qui était une marchande mercière janséniste chez laquelle
elle achetait d'ordinaire quelques passementeries et den-
telles d'église, et aussi des rubans et autres colifichets pour
elle-même. Cette dame Jeudi avait une fille très jolie,
nouvellement mariée à un jeune janséniste de Clamecy
par accord d'intérêts entre les deux familles. La dévotion
de la mère poursuivait les deux époux dans leurs rapports les plus simples, de sorte qu'ils ne pouvaient ni se
dire un mot, ni se trouver ensemble sans sa permission.
On appelait encore la jeune épouse Mlle Jeudi. Cette façon
d'agir était du reste assez en usage parmi les *honnêtes
gens* (c'est ainsi que s'appelaient entre eux les jansénistes).
Il y avait de plus dans la maison une grande nièce âgée
de vingt-six ans, que la mère avait établie surveillante des
deux époux, et qui était autorisée, en cas d'abus, à les
traiter très sévèrement. Quand Mme Jeudi était forcée de
s'absenter, elle obligeait sa grande nièce à tenir un cahier
de toutes les infractions aux convenances dont pouvaient
se rendre coupables son gendre et sa fille. Tel était l'intérieur un peu austère de cette maison.

Nicolas, assis entre les deux jeunes personnes, jetait

çà et là des regards dérobés sur la nouvelle épouse, dont
le triste sort l'intéressait beaucoup, et se disait qu'à la
place du mari il montrerait plus de caractère pour reven-
diquer ses droits; les guimpes solennelles de la grande
nièce, placée à sa gauche, le ramenaient à des idées plus
sages. Cependant de la table, située dans l'arrière-boutique, il avait encore la distraction de voir les passants dans
la rue. « Ah! que les filles sont jolies à Auxerre! s'écria-
t-il tout à coup. » Mme Jeudi lui jeta un regard fou-
droyant.

— Mais les plus jolies sont encore ici, se hâta de dire
Nicolas.

Le mari baissait la tête et rougissait jusqu'aux oreilles;
la grande nièce était pourpre; Marguerite faisait tous ses
efforts pour paraître indignée, et Mlle Jeudi regardait
Nicolas avec une douce compassion.

— C'est le frère du curé de Courgis? dit sévèrement
la marchande janséniste à Marguerite.

— Oui, Madame, et de l'abbé Thomas; mais on ne le
destine pas à l'église.

— N'importe, il a les yeux hardis, et je conseillerais à
ses frères de le surveiller.

Nicolas et la gouvernante repartirent d'Auxerre à quatre
heures pour pouvoir être rendus à Courgis avant la nuit.
Arrivés au-delà de Saint-Gervais, ils dirent ensemble nones
et vêpres, puis causèrent de l'intérieur de famille qu'ils
venaient de voir. Marguerite ne gronda pas trop Nicolas
de son observation si déplacée à table, et consentit à rire
de la situation mélancolique du pauvre mari. A l'entrée
du vallon de Montaleri, il y avait une place couverte de
gazon, ombragée de saules et de peupliers, et traversée
par une fontaine qui filtrait entre des cailloux. Les voya-
geurs résolurent d'y faire leur repas du soir; Nicolas tira

les provisions du panier, et mit rafraîchir la bouteille
d'eau rougie dans la fontaine. Tout en goûtant, Nicolas
raconta qu'il avait vu après le dîner, chez Mme Jeudi, le
mari arrêter sa femme entre deux portes et l'embrasser
tendrement, pendant que la mère et la grande nièce s'occupaient de la dessert. — C'est assez causer de cela! dit
Marguerite en se levant ; mais Nicolas la retint par sa robe,
et fut assez fort pour la faire rasseoir.

— Eh bien! causons encore un peu, dit Marguerite
après avoir résisté vainement.

— Je veux vous montrer, dit ce dernier, comment il a
embrassé sa femme...

— Ah! monsieur Nicolas, c'est un péché! s'écria Marguerite, qui n'avait pu se défendre de cette surprise. Et
Jeannette, que dirait-elle, si elle vous voyait?

— Jeannette! oh! oui, Marguerite... vous avez raison ;
mais je ne sais pourquoi ma pensée est à elle, et c'est
vous cependant qui m'agitez le cœur si fort que je ne
puis respirer...

— Allons-nous-en, mon fils, dit la gouvernante avec
douceur et d'un ton si digne, avec un accent si attendri,
que Nicolas crut entendre sa mère. En la faisant monter
sur l'âne, il ne la toucha plus qu'avec une sorte d'effroi,
et ce fut alors Marguerite qui lui donna un chaste baiser
sur le front.

Elle semblait réfléchir profondément, comme saisie
d'une impression douloureuse et rompit enfin le silence :
— Prenez garde, monsieur Nicolas, dit-elle, à cette âme
brûlante qui s'épanche vers tout ce qui vous entoure. Vous
êtes enclin à pécher, comme l'était M. Polvé, mon oncle,
chez qui je fus élevée. Les passions mal réprimées mènent
plus loin qu'on ne pense; dans l'âge mûr, elles se forti-
fient, et la vieillesse même n'en défend pas les âmes vi-

ciées; alors elles révêtent une brutalité qui fait horreur, même à la personne aimée. Mon oncle fut ainsi cause de tous mes malheurs, et, quoiqu'il combattît de tous ses efforts l'amour coupable qu'il avait conçu pour moi, il ne pouvait se défendre d'une jalousie stérile qui le conduisit à refuser la demande que M. Rousseau avait faite de moi. Il lui déclara qu'il ne voulait pas que je me mariasse, qu'il se proposait de me faire religieuse, et, pour être plus sûr de me rendre cette union impossible, il en arrangea lui-même une autre de concert avec les parents de M. Rousseau, de sorte que ce dernier finit par épouser celle... qui depuis lui a donné... votre Jeannette. La retraite de M. Rousseau encouragea un autre jeune homme, M. Denesvre, à me faire sa cour; mais j'étais si timide et si ignorante des motifs secrets de mon oncle, que je ne voulus pas décacheter une lettre qui me fut remise par M. Denesvre, de sorte que celui-ci résolut enfin de me faire demander officiellement en mariage. M. Polvé répondit que « sa nièce n'était pour le nez d'aucun habitant du pays. » Alors M. Denesvre fit en sorte de me parler en secret, et ses plaintes furent si touchantes, que je consentis à l'écouter la nuit à une fenêtre basse. Une fois, mon oncle se réveilla, s'aperçut de ce qui se passait, et monta à son grenier, d'où il tira un coup de fusil sur M. Denesvre. Le malheureux ne poussa pas un cri et parvint à se traîner, tout en perdant son sang, hors de la ruelle qui communiquait à ma fenêtre. Faute de s'être fait panser... ce qui aurait pu me compromettre... il mourut quelques jours après. Il m'avait fait parvenir une lettre écrite au lit de mort... Je la garde toujours... et depuis je n'ai plus jamais songé au mariage !

Marguerite pleurait à chaudes larmes en faisant ce récit; elle passait ses mains dans les cheveux de Nicolas et

ne pouvait s'empêcher de le regarder avec attendrissement, car il lui rappelait M. Rousseau par son amour
pour Jeannette, et le pauvre Denesvre par son exaltation,
par ses regards ardents, par la douceur même qu'elle sentait à se voir par instant l'objet d'un trouble qui détour-
nait sa pensée de Jeannette. D'ailleurs, si ses peines d'autrefois la rendaient indulgente, la différence des âges lui
donnait de la sécurité.

Il était près de neuf heures quand la gouvernante et
Nicolas rentrèrent à la cure. On se coucha à dix. L'imagination du jeune homme brodait sur tout ce qu'il avait
entendu; une foule de pensées incohérentes qui éloignaient
le sommeil. Il couchait dans la même chambre que l'abbé
Thomas, au rez-de-chaussée; il y avait en outre les deux
petits baldaquins d'Huet et Melin, les enfants de chœur.
La chambre de Marguerite, située dans l'autre aile de la
maison, donnait par une fenêtre basse sur le jardin. Tout
à coup l'image du jeune Denesvre bravant le danger pour
voir Marguerite se retrace vivement à la pensée de Nicolas. Il suppose en esprit qu'il est lui-même ce jeune
homme, qu'il y a quelque chose de beau à répandre son
sang pour un entretien d'amour, et, moitié éveillé, moitié soumis à une hallucination fiévreuse, il se glisse hors
de son lit, puis parvient à gagner le jardin par la porte
de la cuisine. Le voilà devant la fenêtre de Marguerite,
qui l'avait laissée ouverte à cause de la chaleur. Elle dormait, ses longs cheveux dénoués sur ses épaules; la lune
jetait un reflet où se découpait sa figure régulière, belle
et jeune comme autrefois dans ce favorable demi-jour.
Nicolas fit du bruit en enjambant l'appui de la fenêtre.
Marguerite rêvant murmura entre ses lèvres : « Laisse-
moi, mon cher Denesvre, laisse-moi! » O moment terrible, double illusion qui peut-être aurait eu un triste

lendemain ! — La mort s'il le faut ! s'écria Nicolas en saisissant les bras étendus de la dormeuse... Il ne manquait
à la péripétie que le coup de fusil de l'oncle jaloux. Une
autre catastrophe en remplaça l'effet. L'abbé Thomas avait
suivi Nicolas dans son escapade ; d'un pied brutal, il l'enleva en un instant à toute la poésie de la situation. Pendant ce temps, la pauvre Marguerite toute effarée croyait
voir se renouveler, à vingt ans de distance et sous une
autre forme, le sinistre dénoûment du drame amoureux
qu'elle venait de rêver. Les deux enfants de chœur, entendant du bruit, venaient compléter le tableau. L'abbé Thomas les chassa avec fureur, puis, prenant Nicolas par une
oreille, il le ramena dans sa chambre, le fit habiller aussitôt ; et, sans attendre le jour, se mit en route avec lui pour
la maison paternelle. Le scandale fut tel qu'il se tint le lendemain un conseil de famille dans lequel on décida que
Nicolas serait mis en apprentissage chez M. Parangon,
imprimeur à Auxerre. Marguerite fut elle-même soup-
çonnée d'avoir, par son indulgence et sa coquetterie,
donné lieu à la scène qui s'était passée, et on la remplaça
au presbytère par une dévote à la taille robuste qui s'appelait sœur Pilon.

Conduit par son père à Auxerre, peu de jours après,
Nicolas alla dîner une seconde fois chez Mme Jeudi, la
marchande janséniste, amie de leur famille. La tranquillité de cette maison n'avait pas été moins troublée que
celle du presbytère de Courgis. La jeune mariée était en
pénitence et parut à table avec une grosse coiffe et des
cornes de papier. Son crime était de s'être dérobée à la
double surveillance de Mme Jeudi et de sa grande nièce
d'une manière que rendait évidente le raccourcissement
de sa jupe, et cela sans la permission de sa mère. Le gendre avait été renvoyé à ses parents comme un libertin et

un corrupteur. Mme Jeudi s'écriait à tout moment en pleurant : « Ma fille s'est souillée une seconde fois du péché
originel! » Cependant le gendre, moins timide que par
le passé, plaidait pour avoir sa femme et pour toucher
sa dot.

VI.

L'APPRENTISSAGE.

L'imprimerie de M. Parangon, à Auxerre, se trouvait
près du couvent des Cordeliers. Les presses étaient au
rez-de-chaussée, les casses dans une grande salle au-dessus. Les premières fonctions qui furent confiées à Nicolas
n'avaient rien d'attrayant ; il s'agissait principalement de
ramasser dans les balayures les caractères tombés sous les
pieds des compagnons, de les *recomposer* ensuite, puis
de les *recaser*; il fallait aussi faire les commissions de
trente-deux ouvriers, puiser de l'eau pour eux, et subir
toutes leurs fantaisies grossières. L'amoureux de la belle
Jeannette Rousseau, l'élève des jansénistes acceptait ces
humiliations avec peine; cependant son intelligence, son
goût pour le travail, et surtout la connaissance qu'il avait
du latin, ne tardèrent pas à le faire respecter des com-
positeurs. Il y avait quelques livres dans le cabinet du
patron; Nicolas, qui, les jours de fête, préférait la lecture aux parties de plaisir de ses camarades, se prit d'une
grande admiration pour les romans de Mme de Villedieu.
La facilité avec laquelle les amants s'écrivent dans ces
sortes de compositions lui fit trouver tout naturel d'écrire
une lettre d'amour à Jeannette en vers octosyllabiques;
seulement, par un oubli incroyable des précautions à

prendre en pareille circonstance, il se borna à jeter la
lettre à la poste, de sorte qu'elle tomba sous les yeux des
parents, puis fut envoyée au presbytère, où le curé,
l'abbé Thomas et la sœur Pilon jetèrent des cris d'indignation. On s'applaudit d'autant plus, dans la famille,
d'avoir éloigné du pays un si dangereux séducteur, et
l'impossibilité de retourner à Courgis après cette esclan-
dre désola profondément le jeune amoureux.

Tout à coup une apparition imprévue vint entièrement
changer le cours de ses idées et prendre sur sa vie une
influence qui en changea toute la destinée. Mme Parangon, la femme du patron, que Nicolas n'avait pas vue
encore, revint d'un voyage de plusieurs semaines qu'elle
avait fait à Paris. Voici le portrait que traçait d'elle plus
tard l'écrivain, parvenu à l'apogée de sa vie littéraire :
« Représentez-vous une belle femme, admirablement pro-
portionnée, sur le visage de laquelle on voyait également
fondus la beauté, la noblesse et ce joli si piquant des
Françaises qui tempère la majesté ; ayant une blancheur
animée plutôt que des couleurs ; des cheveux fins, cendrés et soyeux ; les sourcils arqués, fournis et paraissant
noirs ; un bel œil bleu, qui, voilé par de longs cils, lui
donnait cet air angélique et modeste, le plus grand charme
de la beauté ; un son de voix timide, pur, sonore, allant
à l'âme ; la démarche voluptueuse et décente ; la main
douce sans être potelée ; le bras parfait, et le pied le plus
délicat qui jamais ait porté une jolie femme. Elle se mettait avec un goût exquis ; il semblait qu'elle donnât à la
parure la plus simple ce charme vainqueur de la ceinture de Vénus auquel on ne pouvait résister. Un ton affable, engageant, était le plus doux de ses charmes ; il la
faisait chérir quand la différence de sexe ne forçait pas à
l'adorer. »

Telle était Mme Parangon, mariée depuis peu de temps, et dont l'époux paraissait peu digne d'une si aimable compagne. Dans les premiers temps de son apprentissage, Nicolas, se trouvant seul un dimanche à garder l'atelier, avait entendu des cris de femme qui partaient du cabinet de M. Parangon. Il s'y précipita, et vit Tiennette, la servante, aux genoux du patron, qu'elle suppliait d'épargner son honneur. « Vous êtes bien hardi, cria ce dernier, d'entrer où je suis! Retirez-vous. » L'attitude de Nicolas fut assez résolue pour faire fléchir le maître et pour donner à Tiennette le temps de s'enfuir. M. Parangon, un peu honteux au fond, chercha alors à donner le change aux soupçons trop fondés de son apprenti.

Nicolas était à son travail quand on vint annoncer : « Madame est revenue! » Il travaillait encore, le nez dans la poussière, à ramasser des lettres, des *espaces* et des *cadratins*. Il n'eut que le temps de faire sa toilette dans un seau et de descendre au rez-de-chaussée, où se pressait la foule des ouvriers. Mme Parangon, qui faisait attention à tout le monde et avait un regard, un mot obligeant pour chacun, ne tarda pas à distinguer Nicolas.

— C'est le nouvel *élève?* dit-elle au prote.

— Oui, madame, répondit ce dernier... Il fera quelque chose.

— Mais on ne le voit pas, dit Mme Parangon, pendant que le jeune homme, après son salut, se perdait de nouveau dans la foule.

— Le mérite est modeste, observa un des ouvriers avec quelque ironie.

L'apprenti reparut en rougissant.

— Monsieur Nicolas, reprit Mme Parangon, vous êtes le fils d'un ami de mon père; méritez aussi d'être notre ami...

En ce moment, le sourire gracieux de la jeune femme vint rappeler à Nicolas un souvenir évanoui. Cette femme, il l'avait vue autrefois, mais non pas telle qu'elle lui apparaissait maintenant ; son image se trouvait à demi noyée dans une de ces impressions vagues de l'enfance qui reviennent par instants comme le souvenir d'un rêve.

— Eh quoi ! dit Mme Parangon, vous ne reconnaissez pas la petite Colette de Vermanton ?

— Colette ? c'est toi ?... C'est vous, madame ! balbutia Nicolas.

Les ouvriers retournaient à leurs travaux ; le jeune apprenti resta seul, rêvant à cette scène, résultat d'un hasard si simple. Cependant la dame avait passé dans une arrière-salle, où sa servante l'aidait à se débarrasser de ses vêtements de voyage. Elle en sortit quelques minutes après. « Tiennette m'a dit que vous étiez un garçon très honnête... et très discret, ajouta-t-elle en faisant allusion sans doute à ce qui s'était passé dans le cabinet de M. Parangon. Voici un objet qui vous sera utile dans vos travaux. » Et elle lui donna une montre d'argent.

De ce moment, Nicolas fut très respecté dans l'atelier et dispensé des ouvrages les plus rebutants. Son goût pour l'étude, son éloignement des dissipations et de la débauche, où tombaient plusieurs de ses camarades, augmentèrent l'estime que faisait de lui Mme Parangon, qui aimait à s'entretenir avec le jeune apprenti et l'interrogeait souvent sur ses lectures. Les romans de Mme de Villedieu et même la *Princesse de Clèves* ne lui paraissaient pas d'un enseignement bien solide. — Mais je lis aussi Térence, dit Nicolas, et même j'en ai commencé une traduction. — Ah ! lisez-moi cela ! dit Mme Parangon. Il alla chercher son cahier et lut une partie de l'*Andrienne*. Le feu qu'il mettait dans son débit, surtout dans les passages où Pamphile exprime son amour pour la belle esclave, donna l'idée à Mme Parangon de lui faire lire *Zaïre*, qu'elle avait vu représenter à Paris. Elle suivait des yeux le texte et indiquait de temps en temps les intonations usitées par les acteurs de la Comédie-Française; mais bientôt elle se prit à préférer tout-à-fait le débit naturel et simple du jeune homme : elle avait appuyé son bras sur le dossier de la chaise où il était assis, et ce bras, dont il sentait la douce chaleur sur son épaule, communiquait à sa voix le timbre sonore et tremblotant de l'émotion. Une visite vint interrompre cette situation que Nicolas prolongeait avec délices. C'était Mme Minon la procureuse, parente de Mme Parangon. « Je suis encore toute attendrie, dit cette dernière; M. Nicolas me lisait *Zaïre*. — Il lit donc bien? — Avec âme. — Oh! tant mieux, s'écria Mme Minon en battant des mains... Il nous lira *la Pucelle*, qui est aussi de M. de Voltaire! Ce sera bien amusant. » Nicolas dans son ignorance et Mme Parangon dans son ingénuité s'associèrent à ce projet, qui, du reste, ne se réalisa pas; il suffit à la dame d'ouvrir le livre pour en apprécier la trop grande légèreté.

Cependant la moralité de Nicolas ne devait pas tarder à recevoir une atteinte plus grave. Il se trouvait seul un soir dans la salle du rez-de-chaussée, quand il vit entrer furtivement un homme aux habits en désordre, ou plutôt à moitié vêtu, qu'il reconnut pour un des cordeliers dont le couvent était voisin de l'imprimerie. Ce personnage qui se nommait Gaudet d'Arras, lui dit qu'il était poursuivi, qu'on l'avait attiré dans un piége, et que de plus il ne pouvait rentrer au couvent par la porte ordinaire, attendu qu'on lui demanderait ce qu'il avait fait de sa robe. Une porte de l'imprimerie communiquait avec la cour du couvent; c'était le moyen d'éviter tout scandale. Nicolas con-

sentit à sauver ce pauvre moine , dont l'escapade demeura
inconnue.

Quelques jours après , le cordelier repassa , vêtu de sa
robe cette fois , et invita Nicolas à venir dejeûner dans
sa cellule. Il lui avoua , dans les moments d'épanchement
qu'amenèrent les suites d'un excellent repas accompagné
de vin exquis , que la vie religieuse lui était à charge depuis longtemps, d'autant qu'elle n'était pas pour lui le
résultat d'un choix, mais d'une exigence de sa famille. Il
était du reste en mesure de faire casser ses vœux , ce qui
pouvait servir d'excuse à la légèreté de sa conduite.

Il y avait naturellement, dans l'âme indépendante de
Nicolas, une profonde antipathie pour ces institutions féodales; survivant encore dans la société tolérante du dix-
huitième siècle, qui contraignaient une partie des enfants
des grandes familles à prononcer sans vocation des vœux
austères qu'on leur permettait aisément d'enfreindre, à
condition d'éviter le scandale. Nicolas ne s'était pas senti
au premier abord beaucoup de sympathie pour ce moine
qui avait oublié sa robe dans les blés; mais l'idée que
Gaudet d'Arras ne faisait qu'anticiper sur l'époque future
de sa liberté le rendait relativement excusable. Il s'établit
donc une liaison assez suivie entre Nicolas et le cordelier.
Si l'on a jusqu'ici apprécié favorablement les actions du
premier, on pourra reconnaître encore en lui un cœur
honnête, emporté seulement par des rêveries exaltées;
quant à l'autre, c'était déjà un esprit tout en proie au
matérialisme de l'époque. Sa mère lui faisait une forte
pension qui lui permettait d'inviter souvent à dîner les
autres moines dans sa cellule, fort gaie et donnant sur le
jardin. Nicolas fut quelquefois de ces parties, où l'on buvait largement, et où l'on émettait des doctrines plus philosophiques que religieuses. L'influence de ces idées dé-

termina plus tard les tendances de l'écrivain; lui-même en fait souvent l'aveu.

Cette intimité dangereuse amena naturellement des confidences. Le cordelier daigna s'intéresser aux premiers amours du jeune homme, tout en souriant parfois de son ingénuité. « En principe, lui dit-il, il faut éviter tout attachement romanesque. L'unique moyen de ne pas être subjugué par les femmes, c'est de les rendre dépendantes de vous. Il est bon ensuite de les traiter durement, elles vous en aiment davantage. Je me suis aperçu de votre attachement pour Mme Parangon; prenez garde à l'adoration dont vous l'entourez. Vous êtes la souris avec laquelle elle joue, l'humble serviteur qu'elle veut conserver le plus longtemps possible dans cette position. C'est à vous de prendre le beau rôle en ôtant à la belle dame la gloire qu'elle acquerrait en vous résistant... » Nicolas ne comprenait pas une doctrine aussi hardie, il souffrait même de voir son ami profaner le sentiment pur qui l'attachait à sa patronne. — Que voulez-vous dire? observa-t-il enfin. — Je dis qu'il faut cesser de manger votre pain à la fumée. Osez vous déclarer, et menez vivement les choses, ou bien occupez-vous d'une autre femme : celle-ci viendra à vous d'elle-même, et vous aurez à la fois deux triomphes. — Non, dit Nicolás, je n'agirai jamais ainsi! — Je reconnais bien là, reprit Gaudet d'Arras, l'amant respectueux de Jeannette Rousseau.

Nicolas se promit de ne plus revoir le cordelier, mais déjà le poison était dans son cœur; cette existence si douce, cette passion toute chrétienne qu'il n'aurait jamais avouée, et qui n'avait d'autre but que la pure union des âmes, cette image si chaste et si noble qu'elle ne repoussait pas même dans son cœur celle de Jeannette Rousseau, et s'en faisait accompagner comme d'une sœur chérie, toutes ces charmantes sensations d'un esprit de poète auquel suffisait le rêve, il allait désormais les échanger contre les ardeurs d'une passion toute matérielle. Plein des idées nouvelles qu'il avait puisées dans ses lectures philosophiques, il ne lui servait plus à rien de fuir les conseils de Gaudet d'Arras; la solitude retentissait pour lui de ces voix railleuses et mélancoliques qui venaient des muses latines, et qui reproduisaient les sophismes qu'il venait d'entendre.. « Une femme est comme une ombre : suivez-la, elle fuit; fuyez-la, elle suit. » Le cordelier n'avait pas dit autre chose.

Il voulut entrer dans l'église, où retentissaient les chants de vêpres. Les cordeliers que Gaudet d'Arras avait traités le matin rendaient le plain-chant avec une vigueur inaccoutumée. Nicolas reconnaissait les voix de ses compagnons de table, imprégnées des vins les plus généreux de la Bourgogne; il entra dans le cimetière pour échapper à ce souvenir, et se prit machinalement à déchiffrer les plus vieilles inscriptions des tombes. L'une d'elles portait en lettres gothiques : *Guillain*, 1554. En réfléchissant aux deux siècles qui avaient séparé la mort d'un inconnu de l'époque de sa propre naissance, Nicolas crut sentir le néant de la mort et de la vie, et céda à cette voluptueuse tristesse que les Romains se plaisaient à exciter dans leurs festins; il s'écria comme Trimalcion : « Puisque la vie est si courte, il faut se hâter... »

En rentrant à l'imprimerie, il prit un livre pour changer le cours de ces idées; mais peu de temps après il vit revenir Mme Parangon, qui sortait de chez la procureuse, où elle avait dîné. Elle était chaussée en mules à languettes, bordure et talons verts, attachées par une rosette en brillants. Ces mules étaient neuves et la gênaient probablement, et, comme Tiennette n'était pas rentrée, elle pria

Nicolas de débarrasser un petit fauteuil cramoisi, afin
qu'elle pût s'asseoir. Nicolas, la voyant assise, se précipita à ses pieds, et lui ôta ses mules sans les déboucler.
La dame ne fit que sourire, et dit : « Au moins donnez-
m'en d'autres. » Nicolas se hâta d'en aller chercher ; mais
Mme Parangon avait à son retour, caché ses pieds sous sa
robe, et voulut alors se chausser elle-même. « Que lisez-
vous là ? dit-elle. — *Le Cid,* madame, dit Nicolas, et il
ajouta : Ah! que Chimène fut malheureuse ! mais qu'elle
était aimable ! — Oui, elle se trouvait dans une cruelle
position. — Oh! bien cruelle ! — Je crois, en vérité,
que ces positions-là... augmentent l'amour. — Bien sû-
rement, madame, elles l'augmentent à un point... — Eh !
comment le savez-vous à votre âge ? » Nicolas fut embarrassé, il rougit. Un moment après, il osa dire : « Je
le sais aussi bien que Rodrigue. » Mme Parangon se leva
avec un éclat de rire, et elle reprit d'un ton plus sérieux :
« Je vous souhaite les vertus de Rodrigue, et surtout son
bonheur ! »

Nicolas sentit, à travers l'ironie bienveillante qui termina
cette conversation, qu'il avait été un peu loin. Mme Parangon s'était retirée, mais ses mules aux boucles étincelantes étaient restées près du fauteuil. Nicolas les saisit
avec une sorte d'exaltation, en admira la forme et osa
écrire en petits caractères, dans l'intérieur de l'un de ces
charmants objets : « Je vous adore ! » Puis, comme Tiennette rentrait, il lui dit de les reporter.

VII.

L'ÉTOILE DE VÉNUS.

Cette action étrange, cette déclaration d'amour si singulièrement placée, cette audace surtout pour un apprenti de s'adresser à l'épouse du maître, était un premier pas sur une pente dangereuse où Nicolas ne devait plus s'arrêter. On l'a vu jusqu'ici céder facilement
sans doute aux entraînements de son cœur; nous avons
dû faire même bien des aventures dont les jeunes filles
de Saci et d'Auxerre étaient les héroïnes, souvent ado-
rées, souvent trahies... Désormais cette âme si jeune encore ne se sent plus innocente; c'était la minute indécise
entre le bien et le mal, marquée dans la vie de chaque
homme, qui décide de toute sa destinée. Ah! si l'on pouvait arrêter l'aiguille et la reporter en arrière! mais on
ne ferait que déranger l'horloge apparente, et l'heure
éternelle marche toujours.

Ce jour-là même, M. Parangon et le prote assistaient
à un banquet de francs-maçons; Nicolas devait donc dîner seul avec la femme de l'imprimeur. Il n'osait se mettre
à table. Mme Parangon lui dit d'une voix légèrement al-
térée : « Placez-vous. » Nicolas s'assit à sa place ordinaire. « Mettez-vous en face de moi, dit Mme Parangon,
puisque nous ne sommes que deux. » Elle le servit. Il
gardait le silence et portait lentement les morceaux à sa
bouche. — Mangez, puisque vous êtes à table, dit la
dame. A quoi rêvez-vous? — A rien, madame. — Etiez-

vous à la grand'messe ? — Oui, madame. — Avez-vous
eu du pain bénit ? — Non, madame, je me trouvais
derrière le chœur, où l'on n'en distribue pas. — En voici
un morceau. — Et elle le lui montra sur un plat d'argent, mais il fallut encore qu'elle le lui donnât. — Vous
êtes dans vos réflexions ? ajouta-t-elle. — Oui, madame...
—Et, sentant tout à coup l'inconvenance de sa réponse,
il reprit un peu de courage; il se souvint que ce jour était
justement celui de la naissance de Mme Parangon : — Je
songeais, dit-il, que c'est aujourd'hui une fête... Aussi
je voudrais bien avoir un bouquet à vous présenter;
mais je n'ai que mon cœur, qui déjà est à vous. Elle sourit et dit : Le désir me suffit. — Nicolas s'était levé, et,
s'approchant de la fenêtre, il regardait vers le ciel : Madame, ajouta-t-il, si j'étais un dieu, je ne penserais pas
à vous offrir des fleurs, je vous donnerais la plus belle
étoile, celle que je vois là. On dit que c'est Vénus... —
Oh! monsieur Nicolas! quelle idée avez-vous? — Ce
qu'on ne peut atteindre, madame, le ciel nous permet
du moins de l'admirer. Aussi, toutes les fois maintenant
que je verrai cette étoile, je penserai : « Voilà le bel astre
sous lequel est née Mlle Colette. » Elle parut touchée et
répondit : «C'est bien, monsieur Nicolas, et très joli!»

  Nicolas s'applaudit d'échapper aux reproches que sans
doute il méritait; mais la dignité de sa maîtresse lui parut de la froideur; Mme Parangon rentra chez elle ensuite.
Le jeune homme se sentait si agité, qu'il ne pouvait rester en place. La soirée n'était pas encore avancée, il sortit de la maison, et se promena du côté du rempart des
bénédictins. Quand il revint, la maison était vide; M. Parangon avait reçu une lettre d'affaires qui l'avait obligé
de partir pour Vermanton; sa femme était allée le conduire à la voiture et s'était fait accompagner de sa ser-

vante Tiennette. Nicolas avait le cœur si plein, qu'il fut
contrarié de ne savoir à qui parler. En jetant les yeux par
hasard dans la cour des cordeliers, il aperçut Gaudet
d'Arras, qui se promenait à grands pas en regardant les
astres.

C'était, nous l'avons dit, un singulier esprit que ce
moine philosophe. Il y avait dans sa tête un mélange de
spiritualisme et d'idées matérielles qui étonnait tout d'a-
bord. Sa parole enthousiaste lui donnait aussi sur tous
ceux qui l'approchaient un empire auquel il n'était pas
possible de se soustraire. Nicolas fit quelques tours de
promenade avec lui, s'unissant comme il pouvait aux rêveries transcendantes de Gaudet d'Arras. Son amour platonique pour Jeannette, son amour sensuel pour Mme Parangon, lui exaltaient la tête au point qu'il ne put s'empêcher d'en laisser paraître quelque chose. Le cordelier lui
répondait avec une apparente distraction. « O jeune
homme, lui disait-il, l'amour idéal, c'est la généreuse
boisson qui perle au bord de la coupe; ne te contente
pas d'en admirer la teinte vermeille; la nature ouvre en
ce moment sa veine intarissable, mais tu n'as qu'un instant pour l'abreuver de ses saveurs divines, réservées à
d'autres après toi ! »

Ces paroles jetaient Nicolas dans un désordre d'esprit
plus grand encore. « Quoi ! disait il, n'existe-t-il pas des
raisons qui s'opposent à nos ardeurs délirantes ? n'est-il
pas des positions qu'il faut respecter, des divinités qu'on
adore à genoux, sans oser même leur demander une faveur, un sourire ? » Gaudet d'Arras secouait la tête et continuait ses théories à la fois nuageuses et matérielles. Nicolas lui parla de l'éternelle justice, des punitions réservées au vice et au crime... Mais le cordelier ne croyait
pas en Dieu. « La nature, disait-il, obéit aux conditions

préalables de l'harmonie et des nombres ; c'est une loi
physique qui régit l'univers. — Il m'en coûterait pourtant,
disait Nicolas, de renoncer à l'espérance de l'immortalité.
— J'y crois fermement moi-même, dit Gaudet d'Arras.
Lorsque notre corps a cessé de vivre, notre âme dégagée,
se voyant libre, est transportée de joie et s'étonne d'avoir
aimé la vie... » Et s'abandonnant à une sorte d'inspiration, il continua, comme rempli d'un esprit prophétique : « Notre existence libre me paraît devoir être de
deux cent cinquante ans... par des raisons fondées sur le
calcul physique du mouvement des astres. Nous ne pouvons ranimer que la matière qui composait la génération
dont nous faisions partie; probablement cette matière n'est
entièrement dissoute, assez pour être revivifiable, qu'après
l'époque dont je parle. Pendant les cent premières années de leur vie spirituelle, nos âmes sont heureuses et
sans peines morales, comme nous le sommes dans notre
jeunesse corporelle. Elles sont ensuite cent ans dans l'âge
de la force et du bonheur, mais les cinquante dernières
années sont cruelles par l'effroi que leur cause leur retour à la vie terrestre. Ce que les âmes ignorent surtout,
c'est l'état où elles naîtront; sera-t-on maître ou valet,
riche ou pauvre, beau ou laid, spirituel ou sot, bon ou
méchant? Voilà ce qui les épouvante. Nous ne savons pas
en ce monde comment on est dans l'autre vie, parce que
les nouveaux organes que l'âme a reçus sont neufs et
sans mémoire; au contraire, l'âme dégagée se ressouvient
de tout ce qui lui est arrivé non-seulement dans sa dernière vie, mais dans toutes ses existences spirituelles... »

A travers ces bizarres prédications, Nicolas suivait
toujours sa rêverie amoureuse; Gaudet d'Arras s'en aperçut et garda pour un autre jour le développement de son
système ; seulement, il avait jeté dans le cœur du jeune

homme un germe d'idées dangereuses qui, par leur philosophie apparente, détruisaient les derniers scrupules dus à l'éducation chrétienne. La conversation se termina par quelques banalités, sur ce qui se passait dans la maison. Nicolas apprit indifféremment à son ami que M. Parangon était parti pour Vermanton : « Voilà une belle veuve... » s'écria le cordelier, et ils se séparèrent sur ces mots.

En remontant dans la maison, Nicolas se sentit comme un homme ivre qui pénètre du dehors dans un lieu échauffé. Il était tard; tout le monde dormait, et il ouvrait les portes avec précaution pour regagner sans bruit sa chambre. Arrivé dans la salle à manger, il se prit à songer au repas qu'il avait fait seul avec sa maîtresse quelques heures auparavant; la fenêtre était ouverte, et il chercha des yeux *cette belle étoile de M*^{lle} *Colette*, cette étoile de Vénus qui brillait alors au ciel d'une clarté si sereine : elle n'y était plus. Tout à coup une pensée étrange lui monta au cerveau; les dernières paroles qu'avait dites Gaudet d'Arras lui revinrent à l'esprit, et, comme un larron, comme un traître, il se précipita vers la chambre où reposait l'aimable femme. Grâce aux habitudes confiantes de la province, une simple porte vitrée fermée d'un loquet constituait toute la défense de cette pudique retraite, et même la porte n'était que poussée. La respiration égale de Mme Parangon marquait d'un doux bruit les instants fugitifs de cette nuit. Nicolas osa entr'ouvrir la porte, puis, tombant à genoux, il s'avança jusqu'au lit, guidé par la lueur d'une veilleuse, et alors il se releva peu à peu, encouragé par le silence et l'immobilité de la dormeuse.

Le coup-d'œil que jeta Nicolas sur le lit, rapide et craintif, ne porta pas à son âme tout le feu qu'il en attendait. C'était la seconde fois qu'il avait l'audace de pénétrer dans l'asile d'une femme endormie ; mais Mme Parangon n'avait rien de l'abandon ni de la nonchalance imprudente de la pauvre Marguerite Pâris. Elle dormait sévèrement drapée comme une statue de matrone romaine. Sans la douce respiration de sa poitrine et l'ondulation de sa gorge voilée, elle eût produit l'impression d'une figure austère sculptée sur un tombeau. Le mouvement qu'avait fait Nicolas l'avait sans doute à demi réveillée, car elle étendit la main, puis appela faiblement sa servante Tiennette. Nicolas se jeta à terre. La crainte qu'il eut d'être touché par le bras étendu de sa maîtresse, ce qui certainement l'eût tout-à-fait réveillée, lui causa une impression telle qu'il resta quelque temps immobile, retenant son haleine, tremblant aussi que Tiennette n'entrât. Il attendit quelques minutes, et, le silence n'ayant plus été troublé, l'apprenti n'eut que la force de se glisser en rampant hors de la chambre. Il s'enfuit jusqu'à la salle à manger et se tint debout dans l'encoignure d'un buffet ; peu de temps après, il entendit un coup de sonnette. Mme Parangon réveillait sa servante et la faisait coucher près d'elle.

Comment oser reparaître devant le cordelier après une si ridicule tentative ? Cette pensée préoccupait Nicolas le lendemain plus vivement même que le regret d'une occasion perdue. Ainsi la corruption faisait des progrès rapides dans cette âme si jeune, et les douleurs de l'amour-propre dominaient celles de l'amour.

Le lendemain, après le dîner, M^mé Parangon pria Nicolas de lui faire une lecture, et choisit les *Lettres du marquis de Roselle*. Rien, du reste, dans son ton, dans ses regards, n'indiquait qu'elle connût la cause du bruit qui l'avait réveillée la nuit précédente. Aussi Nicolas ne tarda-t-il pas à se rassurer ; il lut avec charme, avec feu ; la dame, un peu renversée dans un fauteuil devant la cheminée, fermait de temps en temps les yeux ; Nicolas s'en apercevant, ne put s'empêcher de penser à l'image adorée et chaste qu'il avait entrevue la veille. Sa voix devint tremblante, sa prononciation sourde, puis il s'arrêta tout à fait.

— Mais je ne dors pas!... dît Mme Parangon avec un timbre de voix délicieux ; d'ailleurs, même quand je dors, j'ai le sommeil très léger.

Nicolas frémit ; il essaya de reprendre sa lecture, mais son émotion était trop grande.

— Vous êtes fatigué, reprit la dame, arrêtez-vous. Je m'intéressais vivement à cette Léonora...

—Et moi, dit Nicolas reprenant courage, j'aime mieux encore le caractère angélique de Mlle de Ferval. Ah! je le vois, toutes les femmes peuvent être aimées, mais il en est qui sont des déesses.

— Il en est surtout qu'il faut toujours respecter, dit Mme Parangon. Puis, après un silence que Nicolas n'osa pas rompre, elle reprit d'un ton attendri :

— Nicolas, ce sera bientôt le temps de vous établir... N'avez-vous jamais pensé à vous marier ?

— Non, madame, dit froidement le jeune homme, et il s'arrêta, songeant qu'il proférait un odieux mensonge : l'image irritée de son premier amour se représentait à sa pensée ; mais Mme Parangon, qui ne savait rien, continua : « Votre famille est honnête et alliée de la mienne, songez bien à ce que je vais vous dire. J'ai une sœur beaucoup plus jeune que moi..., qui me ressemble un peu. » Elle ajouta ces mots avec quelque embarras, mais avec un charmant sourire... « Eh bien! monsieur Nicolas, si vous travaillez avec courage, c'est ma sœur que je vous destine. Que cet avenir soit pour vous un encouragement à vous instruire, un attrait qui préserve vos mœurs. Nous en reparlerons, mon ami. »

La digne femme se leva, et fit un geste d'adieu. Nicolas se précipita sur ses mains qu'il baigna de larmes. «Ah! madame, » s'écria-t-il d'une voix entrecoupée, mais Mme Parangon ne voulut pas en entendre davantage. Elle le laissa tout entier à ses réflexions et à son admiration pour tant de grâce et de bonté. Il était clair maintenant pour lui qu'elle savait tout, et qu'elle avait adorablement tout compris et tout réparé.

VIII.

LA SURPRISE.

On va voir maintenant se presser les événements. Nicolas n'est plus ce jeune homme naïf et simple, amant des solitudes et des muses latines, d'abord un petit paysan rude et sauvage, puis un studieux élève des jansénistes, puis encore un amoureux idéal et platonique, à qui une femme apparaît comme une fée, qu'il n'ose même toucher de peur de faire évanouir son rêve. L'air de la ville a été mortel pour cette âme indécise, énergique seulement dans son amour de la nature et du plaisir. Grâce aux conseils perfides qu'il s'est plu à entendre, grâce à ces livres d'une philosophie suspecte, où la morale a les attraits du vice et le masque de la sagesse (1), le voilà maintenant

(1) Il écrivait plus tard : « Sans mon amour du travail, je serais devenu un scélérat. »

dégagé de tout frein, portant dans un esprit éclairé trop tôt cette froide faculté d'analyse que l'âge mûr ne doit qu'à l'expérience, et se précipitant, ainsi armé, dans une atmosphère de divertissements grossiers, dont l'habitude s'explique chez ceux qui s'y livrent d'ordinaire par l'ignorance d'une meilleure façon de vivre. L'indulgence de Mme Parangon, cette douce pitié, cette sympathie exquise pour un amour honnête qui s'égare, il n'en a pas senti toute la délicatesse. Il a cru comprendre que la noble femme n'était pas aussi irritée qu'il l'avait craint de sa tentative nocturne. Cependant, toutes les fois qu'il se trouvait seul avec elle depuis, elle ne lui reparlait plus que de son projet de le marier à sa sœur, et lui-même, par instants, se prenait à penser qu'il trouverait un jour dans cette enfant une autre *Colette*; elle avait ses traits charmants en effet, elle promettait d'être son image, mais que de temps il fallait attendre! Dans ces retours de vertu, il devenait rêveur, et Mme Parangon ne pouvait lui refuser une main, un sourire qu'il demandait hypocritement comme un mirage du bonheur légitime réservé à son avenir. Elle comprit le danger de ces entretiens, de ces complaisances, et lui dit : — Il faut vous distraire. Pourquoi n'allez-vous pas aux fêtes, aux promenades, comme les autres garçons ? Tous les soirs et tous les dimanches, vous restez à lire et à écrire ; vous vous rendrez malade.

Eh bien ! se dit-il, c'est cela, il faut vivre enfin ! — Et il se précipita dès-lors, avec la rage des esprits mélancoliques, des esprits déçus, dans tous les plaisirs de cette petite ville d'Auxerre, qui n'était alors guère plus vertueuse que Paris. Le voilà devenu le héros des bals publics, le bout-en-train des réunions d'ouvriers ; ses camarades étonnés l'associent à toutes leurs parties. Il leur enlève leurs maîtresses, il passe de la brune Marianne à la piquante Aglaé Ferrand. La douce Edmée Servigné, la coquette Delphine Baron, se disputent ses préférences. Il leur fait des vers à toutes deux, des vers du temps, dans le goût de Chaulieu et de Lafare. Il se plaît parfois à donner à ces liaisons un scandale dont le bruit pénètre jusqu'à Mme Parangon ; il répond aux reproches qu'elle lui fait l'œil mouillé de pleurs, en prenant des airs triomphants : « Il faut bien qu'un jeune homme s'amuse un peu, vous me l'avez dit... On en fait un meilleur mari plus tard... Voyez M. Parangon ! » Et la pauvre femme le quitte sans répondre, et s'en va fondre en pleurs chez elle. Hélas ! il a parfois la voix avinée, le geste hardi, les attitudes de mauvais goût des beaux danseurs de guinguette. Mme Parangon fait ces remarques avec douleur.

Tout à coup sa conduite change, il était devenu sédentaire de nouveau, mais triste ; une de ses maîtresses éphémères, Madelon Baron, venait de mourir, et, sans qu'il l'aimât profondément, cette catastrophe avait répandu un voile de tristesse sur sa vie. Mme Parangon le plaignait sincèrement et avait pris part à sa douleur, qu'elle croyait sans doute plus forte. Sa méfiance avait cessé. Un dimanche qu'ils se trouvaient seuls dans la maison, Tiennette étant allée faire une commission, Mme Parangon, qui rangeait des écheveaux de fil dans une haute armoire, appelle Nicolas pour lui en passer les paquets. Elle était montée sur une échelle double, et, pendant qu'elle se faisait servir ainsi, l'œil de Nicolas s'arrêtait sur une jambe fine, sur un soulier de droguet blanc, dont le talon mince, élevé, donnait encore plus de délicatesse à un pied des plus mignons qu'on pût voir. On sait que Nicolas n'avait jamais su résister à une telle vue. Le charme redoubla lorsque, Mme Parangon ayant de la peine à descendre avec ses pieds engourdis, il se vit autorisé à la prendre dans ses bras, et fut obligé de la déposer sur le tas de lin qui restait à terre. Comment dire ce qui se passa dans cet instant fugitif comme un rêve? L'amour longtemps contenu, la pudeur vaincue par la surprise, tout conspira contre la pauvre femme, si bonne, si généreuse, qui tomba presque aussitôt dans un évanouissement profond comme la mort. Nicolas, enfin effrayé, n'eut que la force de la porter dans sa chambre. Tiennette rentrait, il lui dit que sa maîtresse s'était trouvée mal et l'avait appelé. Il peignit son embarras et son désespoir, puis s'enfuit quand elle sembla revenir à la vie, n'osant supporter son premier regard...

— Tout s'est donc accompli. La pauvre femme, qui peut-être avait aimé en silence, mais que le devoir retenait toujours, ne se lève pas le lendemain matin. Tiennette vient seulement dire à Nicolas qu'elle est malade et que le déjeûner est préparé pour lui seul. Tant de réserve, tant de bonté, c'est une torture nouvelle pour l'âme qui se sent coupable. Nicolas se jette aux pieds de Tiennette étonnée, il lui baigne les mains de ses larmes. — Oh! laisse-moi, laisse-moi la voir, lui demander pardon à genoux! que je puisse lui dire combien j'ai regret de mon crime...

Mais Tiennette ne comprenait pas.

— De quel crime parlez-vous, monsieur Nicolas? Madame est indisposée; seriez-vous malade aussi?... Vous avez la fièvre certainement.

— Non! Tiennette! mais que je la voie!...

— Mon Dieu! monsieur Nicolas, qui vous empêche d'aller voir madame?

Nicolas était déjà dans la chambre de la malade. Prosterné près du lit, il pleurait sans dire une parole, et n'o-

8

sait même pas lever les yeux sur sa maîtresse. Celle-ci rompit le silence.

— Qui l'aurait pensé? dit-elle, que le fils de tant d'honnêtes gens commettrait une action... ou du moins la voudrait commettre...

— Madame! écoutez-moi!

— Ah! vous pouvez parler... Je n'aurai pas la force de vous interrompre.

Nicolas se précipita sur une main que Mme Parangon retira aussitôt; sa figure enflammée s'imprimait sur la fraîche toile des draps, sans qu'il pût retrouver un mot, rendre le calme à son esprit. Son désordre effraya même la femme qu'il avait si gravement offensée.

— Le ciel me punit, dit-elle... C'est une leçon terrible! Je m'étais fait un rêve avec cette union de famille qui nous aurait rapprochés et rendus tous heureux, sans crime! Il n'y faut plus penser ..

— Ah! madame, que dites-vous?

— Tu n'as pas voulu être mon frère! s'écria Mme Parangon, hélas! tu auras été l'amant d'une morte; je ne survivrai pas à cette honte!

— Ah! ce mot-là est trop dur, madame! — Et Nicolas se leva pour sortir avec une résolution sinistre.

— Il a donc encore une âme! dit la malade... Où allez-vous?

— Où je mérite d'être!... J'ai outragé la divinité dans sa plus parfaite image... je n'ai plus le droit de vivre...

— Restez! dit-elle; votre présence m'est devenue nécessaire... Notre vue mutuelle entretiendra nos remords... Mon existence, cruel jeune homme, dépend de la tienne: ose à présent en disposer!...

— Je suis indigne de votre sœur, dit Nicolas fondant en larmes, aussi bien, eussé-je été son mari, c'est vous

toujours que j'aurais aimée. C'est pour ne pas me séparer
de vous que j'acceptais l'idée de cette union ! Moi vous
être infidèle, même pour votre sœur, je ne le veux pas !...
Et il s'enfuit en prononçant ces paroles. Il se rendit aux
allées qui côtoyaient alors les remparts de la ville, cherchant à calmer l'exaltation morale qui l'aurait tué après
les douleurs d'une scène pareille.

C'était un lundi : la promenade était couverte d'ouvriers
en fête qui jouaient à divers jeux, de jeunes filles qui se
promenaient par groupes isolés de deux ou trois ensemble. Nicolas reconnut là quelques habituées des salles de
danse qu'il avait récemment fréquentées. Il essaya de se
distraire en s'unissant à l'une de ces parties de plaisir qui
du moins laissaient le cœur libre et calmaient l'esprit par
une folle agitation. Après un repas qui eut lieu à la campagne, Nicolas quitta ses amis, et ses pensées amères lui
revenaient en foule, lorsqu'en passant dans la rue Saint-
Simon, près de l'hôpital, il entendit de grands éclats de
rire. C'étaient trois jeunes filles qui se moquaient d'une
de leurs compagnes qu'elles avaient surprise se laissant
embrasser par un pressier de l'imprimerie Parangon,
nommé Tourangeau, gros homme fort laid, fort grossier
d'ordinaire et un peu ivre ce soir-là. La pauvre jeune fille
insultée ainsi s'était évanouie. Le pressier, en fureur, s'é-
lança vers les belles rieuses et frappa l'une d'elles fort
brutalement. Des jeunes gens étaient accourus au bruit et
voulaient assommer Tourangeau. Nicolas s'élança le premier vers son camarade d'imprimerie, et, le prenant par
le bras, lui dit : « Tu viens de commettre une vilaine action. Sans moi, l'on te mettrait en morceaux ; mais il faut
une réparation. Battons-nous sur l'heure à l'épée. Tu as
été dans les troupes, tu dois avoir du cœur. — Je veux
bien, » dit Tourangeau. On essaya en vain de les séparer.

Un des jeunes gens alla chercher deux épées, et à la lueur d'un réverbère le duel commença dans toutes les règles. Nicolas savait à peine tenir son épée, mais aussi Tourangeau n'était pas très solide sur ses jambes ce soir-là. Le pressier reçut un coup d'épée porté au hasard sans règle ni mesure, et tomba le cou traversé d'une blessure qui rendait beaucoup de sang. L'atteinte n'était pas mortelle. Cependant Nicolas fut obligé de se soustraire aux recherches de l'autorité. Il ne revit qu'un instant Mme Parangon, dont le mari était revenu, et qui comprit ce qu'il y avait eu de désespoir et de secrète amertume dans l'action du jeune homme. Du reste, ce duel lui avait fait le plus grand honneur dans Auxerre, où il était désormais regardé comme le *défenseur des belles.* Cette renommée le poursuivit jusque dans sa famille, où il retourna pour quelque temps.

IX.

ÉPILOGUE DE LA JEUNESSE DE NICOLAS.

C'est à la suite de ces événements que Nicolas, après avoir passé quelques jours près de ses parents, à Saci, vint à Paris exercer l'état de compositeur d'imprimerie, dont il avait fait l'apprentissage à Auxerre. Nous avons vu déjà combien tout objet nouveau exerçait d'influence sur cette âme ardente, toujours en proie aux passions violentes, et, comme il le disait lui-même, plus imprégnée d'électricité que toute autre. Ce fut quelque temps avant sa liaison éphémère avec Mlle Guéant qu'il reçut tout à coup l'avis de la mort de Mme Parangon. La pauvre femme n'avait survécu que peu de mois aux scènes douloureuses que nous avons racontées. La vie insoucieuse et frivole que Nicolas menait à Paris ne lui avait pas été cachée, et jeta sans doute bien de l'amertume sur ses derniers instants. Nicolas, né avec tous les instincts du bien, mais toujours entraîné au mal par le défaut de principes solides, écrivait plus tard, en songeant à cette époque de sa vie : « Les mœurs sont un collier de perles; ôtez le nœud, tout défile. »

Cependant ses habitudes de dissipation avaient épuisé à la fois sa santé et ses ressources. Un simple ouvrier, si habile qu'il fût, gagnant au plus cinquante sous par jour, ne pouvait continuer longtemps l'existence que lui avaient créée ses nouvelles relations. Une lettre lui arriva tout à coup d'Auxerre... elle était de M. Parangon. La fatalité voulut qu'il se trouvât justement sans ouvrage et dans un moment de pénurie absolue à l'époque où cette lettre lui fut remise; de plus, il se sentait pris d'une sorte de nostalgie, et songeait à s'en aller quelque temps respirer l'air natal. M. Parangon, après quelques politesses et quelques regrets exprimés sur la mort de sa femme, se plaignait de l'isolement où il était réduit, et proposait à son ancien apprenti de venir prendre la place d'un prote qui l'avait quitté. « C'est Tourangeau, ajoutait-il, qui m'a fait songer à vous... Vous voyez combien il est loin de vous en vouloir pour le coup de pointe que vous lui aviez planté dans la gorge. »

Lorsque la lettre arriva à Paris, Nicolas n'avait plus que vingt-quatre sous; il fut obligé de vendre quatre chemises de toile pour payer sa place dans le coche d'Auxerre. M. Parangon le reçut très bien, et, comme Nicolas ne voulut pas loger dans sa maison, l'imprimeur lui indiqua l'hôtel d'un nommé Rullot.

La destinée se compose d'une série de hasards, insignifiants en apparence, qui, par quelque détail imprévu, changent toute une existence; soit en bien, soit en mal. Telle était du moins l'opinion de Nicolas, qui ne croyait guère à la Providence. Aussi se disait-il plus tard : « Ah! si je n'étais pas allé loger chez ce Ruthot! » ou bien : « Si j'avais eu plus de vingt-quatre sous à l'époque où je reçus la lettre de M. Parangon! » ou encore : « Quel malheur que je n'eusse pas changé de logement, comme j'en avais eu l'idée avant l'époque où cette lettre m'arriva! »

Près de l'hôtel tenu par Ruthot demeurait une dame Lebègue, veuve d'un apothicaire, et dont la fille Agnès, douée d'une beauté un peu mâle, devait avoir quelque fortune de l'héritage de son père. Ruthot était assez bel homme et faisait la cour à la veuve Lebègue. Il invita Nicolas à quelques soupers où Agnès Lebègue déploya une foule de grâces et d'amabilités à l'adresse du jeune imprimeur. Ce dernier apprit plus tard que les frais de ces réunions avaient été faits par M. Parangon. Il en resta d'autant mieux convaincu, que le vin y était très bon, M.-Parangon étant un connaisseur. La séduction alla son train; et l'on parla bientôt de mariage. Nicolas écrivit à ses parents, qui, renseignés par M. Parangon, donnèrent facilement leur approbation. Tout conspirait à perdre le malheureux Nicolas. Son ancien ami le cordelier Gaudet d'Arras, qui eût pu l'éclairer cette fois de son expérience, comme il l'avait perdu moralement par son impiété, s'était depuis longtemps éloigné d'Auxerre. De plus, M. Parangon prenait peu à peu une grande influence sur Nicolas, qu'il avait tiré de la misère par quelques prêts d'argent. « Quand Jupiter réduit un homme en esclavage, il lui ôte la moitié de sa vertu, » comme disait le bon Homère. Une circonstance bizarre fut qu'au dernier moment

Nicolas reçut une lettre anonyme qui lui donnait un grand nombre de détails sur la vie antérieure de sa future. La fatalité le poursuivit encore à cette occasion : il reconnut l'écriture de cette lettre pour celle d'une maîtresse qu'il avait eue à Auxerre à l'époque de son apprentissage, et l'attribua au dépit d'une jalousie impuissante. Le mariage se fit donc sans autre difficulté. Au sortir de l'église seulement, un sourire railleur commença à s'épanouir sur la figure couperosée de M. Parangon. Nicolas avait épousé l'une des filles les plus décriées de la ville. Les biens qu'elle apportait en mariage étaient grevés d'une quantité de dettes sourdes qui en réduisirent la valeur à fort peu de chose. Il devint bientôt clair pour le pauvre jeune homme que M. Parangon avait été instruit de ce qui s'était passé longtemps auparavant dans sa maison. Nicolas n'en eut la parfaite conviction que plus tard ; mais il avait fini par fuir le séjour abhorré d'Auxerre. Agnès Lebègue s'était déjà enfuie avec un de ses cousins.

Nicolas revint à Paris, où il entra chez l'imprimeur André Knapen. « L'ouvrage donnait beaucoup dans ce moment-là, » et un bon compositeur gagnait vingt-huit livres par semaine à imprimer des factums. Cette prospérité relative releva le courage de Nicolas Restif, qui bientôt écrivit ses premiers romans, parmi lesquels on distingua *la Femme infidèle*, où il dévoilait toute la conduite de sa femme ; plus tard, il publia *le Paysan perverti*, dans lequel il introduisit sous une forme romanesque la plupart des événements de sa vie.

DEUXIÈME PARTIE.

I.

SEPTIMANIE.

Le goût des autobiographies, des mémoires et des confessions ou confidences, — qui, comme une maladie périodique, se rencontre de temps à autre dans notre siècle, — était devenu une fureur dans les dernières années du siècle précédent. L'exemple de Rousseau n'eut pas toutefois d'imitateur plus hardi que Restif. Il ne se borna pas à faire de ses aventures et de celles de personnes qu'il avait connues le plus grand nombre de ses nouvelles et de ses romans; il en publia le journal exact et minutieux dans les seize volumes de *M. Nicolas* ou *le Cœur humain dévoilé*, et, non-content de ce récit, il en répéta les principaux épisodes sous la forme dramatique. De là une douzaine de pièces en trois et cinq actes remplissant cinq volumes, et dont il est, sous divers noms, le héros éternel.

Si loin que nos auteurs modernes poussent le sentiment

de la personnalité, ils restent encore bien en arrière de
l'amour-propre d'un tel écrivain. Nous l'avons vu déjà
lisant dans les salons des grands seigneurs et des financiers du temps les aventures scabreuses de sa vie, dévoilant ses amours comme ses turpitudes et les secrets de sa
famille comme ceux de son ménage. Une audace plus
grande encore fut d'écrire la série de pièces qu'il intitule
le Drame de la vie, et de les faire réprésenter dans diverses maisons, tantôt par des acteurs de la Comédie-Italienne qu'on engageait à cet effet, tantôt à l'aide d'ombres
chinoises qu'un artiste italien faisait mouvoir, tandis que
lui-même se chargeait du dialogue. Il est impossible de
mieux s'exposer en sujet de pathologie et d'anatomie morale. Et malheur à ceux-là mêmes qui assistaient complaisamment à ce dangereux spectacle! Ils ne songeaient
guère qu'ils prendraient place un jour dans ce cadre
éclairé d'un reflet de la vie réelle, avec leur profil hardiment découpé, leurs ridicules et leurs vices; qu'un baladin les ferait mouvoir, les ferait parler avec les intonations mêmes de leurs voix, se servant des paroles qu'ils
avaient dites tel jour, dans telle rue, dans tel salon, dans
telle société plus ou moins avouable, en présence de
l'impitoyable observateur. Qui n'eût fui la société d'un tel
homme, si l'on avait prévu qu'après s'être publiquement
avili, il s'en vengerait sur les railleurs, sur les admirateurs, sur les simples curieux même? — A chacun de
vous il répétera : *Quid rides?... de te fabula narratur!* Il
pénétrera dans vos hôtels princiers, dans vos alcôves,
dans le secret de ces petites maisons si bien fermées, dont
il aura su toute l'histoire en séduisant votre femme de
chambre, ou en se rencontrant au cabaret avec votre
suisse ou votre grison. Tel était l'homme, — soutenu jusqu'au bout, il est vrai, par cette étrange illusion qui ne

lui montrait que le devoir d'un moraliste dans ce métier
d'espion romanesque et sentencieux.

Ce qui manqua toujours à Restif de la Bretone, ce
fut le sens moral dans sa conduite, l'ordre et le goût
dans son imagination. Un orgueil démesuré l'empêcha
même de ne jamais s'en apercevoir. Toujours il attribua
ses vices, soit au tempérament, soit à la misère, soit à
une certaine fatalité qui, ne laissant jamais ses fautes
impunies, lui en garantissait par cela même l'absolution.
Ceci faisait partie d'une sorte de religion qu'il s'était
faite, et qui supposait dans toutes les souffrances de cette
vie l'expiation de toutes les fautes. Un tel système con-
duisait à tout se permettre, si l'on voulait se résigner à
tout souffrir. Ce n'est qu'à titre d'épisodes entre les amours
de jeunesse de Nicolas et celui qui clôtura bien tristement sa carrière amoureuse, que nous allons citer encore
deux aventures dont le contraste est remarquable. Il est
nécessaire, pour les admettre, de se reporter en idée à
cette étrange dépravation de la société du xviiie siècle,
dont certains romans, tels que *Manon Lescaut* et les
Liaisons dangereuses, offrent un tableau qui paraît ne
pas trop s'éloigner de la réalité.

II.

ÉPISODE.

A l'époque où Nicolas travaillait encore chez Knapen,
il allait souvent se promener le soir le long des quais de
l'île Saint-Louis, lieu qu'il affectionnait à cause de la
vue, dont on y jouissait alors, des deux rives de la
Seine, couvertes à cette époque de cultures verdoyantes

et de jardins. Il y restait d'ordinaire jusqu'au coucher du soleil. Revenant un soir par le quai Saint-Michel, il remarqua en passant une femme enveloppée dans un capuchon de satin noir, et accompagnée d'un homme mûr coiffé d'une perruque carrée à trois marteaux, lequel pouvait être son mari ou son intendant. Le pied de cette dame, chaussé d'une mule verte, le ravit en admiration, — on sait que c'était là son faible, — et il ne pouvait en son esprit le comparer qu'à celui de Mme Parangon ou à celui de la duchesse de Choiseul. La figure était cachée; il se borna à conclure du pied au reste de la personne, selon le système que Buffon a appliqué à l'étude des races.

Il eut l'idée de suivre ce couple mystérieux, il vit bientôt l'homme mûr et la dame descendre le pont et s'enfoncer dans la rue Saint-Jacques jusqu'à l'embranchement qu'elle forme avec la rue Saint-Séverin. Arrivé là, l'homme indiqua à la dame une porte d'allée, la regarda entrer, s'assura qu'elle était reçue dans la maison, puis il s'éloigna. Ce qui intriguait le plus Nicolas de cette séparation du couple qu'il avait suivi, c'est que la maison où était entrée la dame lui était connue pour un logis assez suspect; c'était un de ces tripots où joueurs et femmes parées de toute sorte s'assemblaient autour d'un tapis de pharaon. Il entra résolûment, prit place à la table sans affectation, et examina toutes les mules des dames attablées, qui de temps en temps se levaient et parcouraient la salle. Aucune n'avait de mule verte; aucune surtout n'avait ni le pied de Mme Parangon ni celui de Mme de Choiseul. Qu'était donc devenue la femme voilée?... Il finit par se décider à le demander à la dame qui présidait à la table de jeu; mais, en approchant d'elle, Nicolas reconnut sous la parure étincelante, sous les ajustements hasardés de cette personne, une compatriote, une femme de Nitri, — autrefois fort belle; — alors tombée dans la classe des baronnes de lansquenet. La reconnaissance fut touchante. La *baronne* se souvint d'avoir fait, lorsqu'elle n'était que paysanne, danser sur ses genoux le jeune Nicolas.

— Que viens-tu faire ici? lui dit-elle : quoi que je puisse être aujourd'hui, j'ai peine à voir que le fils d'honnêtes gens se trouve dans un pareil lieu.

Nicolas lui raconta son amour subit pour la mule verte et surtout pour le pied délicat qu'elle supportait sur son talon évidé, haut de trois pouces.

— Comment se fait-il que je l'aie vue entrer, dit-il, et qu'elle ne soit pas ici?

— Elle est ici, dit la baronne; elle est dans la chambre voisine qui donne sur ce salon par une porte vitrée... Tiens-toi bien; elle te regarde peut-être.

— Moi? dit Nicolas.

— Ainsi que ces messieurs... C'est une grande dame, curieuse de connaître ce qui se passe dans ces maisons qui leur sont interdites, et si...

— Si...

— Enfin, je te l'ai dit, pose-toi bien... sois gracieux!

Nicolas n'y comprenait rien. L'heure du souper était venue. Le jeu fut interrompu, et toute la société prit part à ce banquet, qui est d'usage dans ces sortes de maisons vers une heure du matin. Cependant la dame à la mule verte ne paraissait pas; tout à coup la maîtresse de la maison, qui était sortie un instant de la salle, revient près de Nicolas et lui dit à l'oreille : — Vous avez plu... je suis contente de voir ce bonheur arriver à un garçon de notre pays. Seulement, résignez-vous, il y a une condition... vous ne la verrez pas! C'est bien assez d'avoir vu déjà sa mule verte.

Le lendemain matin, Nicolas se réveilla dans une des chambres de la maison. Le rêve avait disparu. C'était l'histoire de l'Amour et Psyché retournée : Psyché s'était envolée avant l'aurore, l'Amour restait seul. Nicolas, un peu confus, encore plus charmé, essaya d'interroger l'hôtesse ; mais c'était une femme discrète et certainement payée pour l'être. Elle voulut même persuader à Nicolas qu'il était venu dans la maison un peu animé par quelque boisson généreuse... et qu'enfin il avait rêvé. Nicolas, qui ne buvait que de l'eau, n'admit pas cette supposition.

— Eh bien ! lui dit la Massé (elle s'appelait ainsi), maintenant, tremble. Tu ignores quelle est cette dame *à la mule verte...* Tu ne le sauras jamais.

— Quoi ! je ne pourrai la revoir ?

— Tu ne l'as pas vue.

— La retrouver ?...

— Prends garde d'essayer seulement de suivre sa trace. D'ailleurs elle ne portera plus de mules vertes, sois-en assuré. Tu ne la rencontreras plus à pied, comme hier soir. Oublie tout cela.

Et, pour appuyer ce conseil, elle lui remit une bourse pleine de pistoles que Nicolas jeta à terre avec indignation. Ce fut seulement quelque temps plus tard, dans quelques salons littéraires où il raconta cette aventure, qu'il entrevit là-dessous un mystère relatif à quelque grande dame ; mais à peine à cette époque osait-on appuyer sur de telles suppositions. On s'étonnera également aujourd'hui, d'après les allures des héros de romans modernes, qu'il n'eût pas fait l'impossible pour retrouver la dame inconnue ; mais un pauvre imprimeur presque sans ressource avait trop à risquer dans une telle recherche [1]. Son cœur, du reste, changeait facilement d'objet.

(1) Restif de la Bretone prétend dans un des récits qu'il a faits de

9

Quinze ans plus tard (1771), Nicolas s'éloigne de Paris pour remplir un triste devoir. Il est sur le coche de Sens; triste et pensif, il regarde avec désespoir une compagnie de dames élégamment vêtues, qui causent et rient sur l'arrière du bateau : « Que de gens, s'écrie-t-il, moins malheureux que moi!... Infortuné! je vais voir mourir ma mère! »

Deux dames se détachent de la foule et causent en passant, sans le voir, près du coin obscur où il s'est blotti. — Quel nom, dit l'une des deux, donnerons-nous ici à la jeune demoiselle, afin qu'on ignore le sien? — Appelons-la : *Reine*, dit l'autre; c'est presque une reine, en effet, mais qui s'en doutera? — Reine, oui, reprit la première en riant, si c'était vraiment la fille du prince de Courtenay, le plus vieux nom de France; mais c'est sa mère seule qui le dit. — N'a-t-elle pas eu raison, dit l'autre dame, de vouloir revivifier cette branche antique, la plus noble qui soit dans la chrétienté? Songe donc, ma chère, qu'il n'y aura plus de Courtenay qu'en Angleterre. Qui osera désormais porter l'écusson aux cinq besants d'or, plus éclatant que celui des lis? — Après tout, ce n'est qu'une fille, dit l'autre dame, par conséquent *elle* a eu tort. Il fallait un garçon pour ne point laisser périr le titre et pour hériter des positions! — Elle a fait ce qu'elle a pu. Les légitimités ne sont pas toujours heureuses. — Et le jeune homme était-il bien? — Elle l'a vu, sans qu'il la pût voir; il avait vingt ans environ...

En ce moment, les dames s'aperçurent de la présence de Nicolas, qui, dans l'ombre, la tête dans ses mains, ne semblait pas avoir pu les entendre.

cette aventure qu'un homme était aposté pour le suivre et le tuer à l'écart, s'il avait tenté de suivre la dame mystérieuse. Le fait lui aurait été assuré depuis.

— Pauvre homme! dit l'une des dames, il paraît bien souffrir : il ne fait que pleurer depuis Paris. Il n'est plus jeune, mais ses yeux ont une vivacité pénétrante. . Vois avec quel attendrissement il regarde Septimanette... Il pleure encore. Il a peut-être perdu une fille de son âge!

La jeune fille s'était en effet rapprochée de ses deux gouvernantes; Nicolas se leva comme ayant entendu les derniers mots : — Oui, précisément de son âge! dit-il avec une émotion profonde qui toucha les deux dames et la jeune fille... Permettez-moi de l'embrasser.

La jeune fille s'y prêta avec une grâce enfantine.

— Et... dit Nicolas en relevant la tête, une de vous, mesdames, est sans doute sa mère?

— Ni l'une ni l'autre... elle est d'un sang...

L'une des dames fit signe à l'autre de ne pas achever.

— Oh! d'un beau sang! dit Nicolas après avoir attendu vainement la fin de la phrase... Que son père doit être heureux!

— Son père ne l'aime pas, parce que c'est une fille... et qu'il espérait...

Un second coup d'œil de l'une des dames réprima l'indiscrétion de l'autre. En ce moment, le coche s'arrêta devant une prairie au fond de laquelle on apercevait un château. Une barque vint chercher les dames et la jeune fille, qu'une voiture armoriée attendait sur la berge.

— Que je l'embrasse une seconde fois! dit Nicolas.

On le lui accorda par pitié pour son chagrin, bien que cela parût cette fois quelque peu indiscret. En embrassant la jeune fille, Nicolas tira une fleur du bouquet qu'elle portait, et la mit dans un livre. Le coche avait repris sa marche vers Sens.

— Quel est ce château? dit Nicolas à un marinier.

— C'est Courtenay.

Il était donc vrai : la dame inconnue était la célèbre
Septimanie, comtesse d'Egmont, la fille de Richelieu, l'é-
pouse d'un prince qui n'avait pas su se donner d'héritier.
Tout s'expliquait dès-lors, et il regretta les récits impru-
dents qu'il avait faits de cette aventure, car s'en déclarer
le héros, ce ne pouvait être ni très honorable ni très prudent. Ce ne fut qu'en 1795 que Nicolas osa raconter le
dernier épisode ; le premier avait paru en 1746, mais déguisé de telle manière, qu'on ne pouvait en reconnaître
les personnages. De telles aventures étaient fréquentes à
cette époque, où elles eurent lieu quelquefois même du
consentement des maris, soit dans l'idée de conserver des
titres ou des priviléges dans une famille, soit pour empêcher de grands biens d'aller à des collatéraux par suite
d'unions stériles.

III.

ZÉFIRE.

Après l'histoire de ce caprice de grande dame, il faudra descendre bien bas dans la foule, il faudra monter
bien haut dans les sentiments pour s'expliquer les circonstances bizarres du récit que nous avons à faire. Depuis
la mort de Mme Parangon, nul épisode ne fut plus douloureux dans l'existence de l'écrivain, et il l'a reproduit
lui-même sous la triple forme du roman, du drame et
des mémoires. Ceci se rapporte encore à l'époque où,
toujours ouvrier compositeur, il n'avait encore publié
aucun livre. Il dut sans doute à cette aventure l'idée de
l'un de ses premiers ouvrages.

Nicolas passait un dimanche près de l'Opéra, qui se trouvait alors faire partie du Palais-Royal. — Il remarqua à une fenêtre de la rue Saint-Honoré une jeune fille qui chantait en pinçant de la harpe. Elle paraissait n'avoir que quatorze ans; son sourire était divin, son air vif et doux, le son de sa voix pénétrait le cœur; elle se leva, et sa taille *guépée*, comme on disait alors, se mouvait avec une désinvolture adorable. Un instant, Mme Parangon fut oubliée; — un instant après, son souvenir plus vif rendit à Nicolas la force de fuir la sirène.

En retournant le soir chez lui, rue Sainte-Anne, il revint par le même chemin. La jeune fille n'était plus à la fenêtre; elle marchait le long des boutiques, sur le pavé boueux, avec des mules roses et une robe à falbalas. Nicolas, jeune encore et le cœur plein d'un cher souvenir, n'éprouva qu'un sentiment de pitié. Il interrogea la pauvre enfant, qui lui répondit qu'elle se nommait Zéfire, et qu'elle demeurait dans la maison avec sa mère, sa sœur et leurs amies. Il y avait tant d'innocence apparente dans ses réponses, ou plutôt tant d'ignorance de ce qui était mal ou bien, vice ou vertu, que Nicolas crut qu'elle jouait un rôle appris d'avance. Il s'éloigna et rentra tout pensif à son logement, qu'il partageait avec un autre ouvrier imprimeur, nommé Loiseau. Le jour suivant, comme ils revenaient ensemble après leur journée, Nicolas montra la jeune fille à son compagnon; plaignant le sort d'une pauvre enfant, — perdue sans savoir même qu'elle l'était, — et voulut s'arrêter pour l'interroger encore; mais Loiseau, homme de mœurs sévères, et qui était prêt à se marier, entraîna Nicolas en lui parlant du danger qu'il y avait seulement à se pencher sur un abîme.

— Et s'il fallait sauver quelqu'un?... dit Nicolas.

Loiseau hocha la tête, et Nicolas entama une longue

dissertation philosophique sur la corruption des grandes
villes, sur la nécessité de moraliser la police, le tout mêlé
de considérations touchant l'antique institution des *hé-*
taïres, sur des règlements à établir dans le goût de ceux
qu'avait institués Jeanne de Naples dans sa bonne ville
d'Avignon. Il n'était jamais à bout ni d'arguments ni de
science. Le bon Loiseau se borna à dire quelques mots
de Mme Parangon. Nicolas se tut; cependant il ne put
s'empêcher de passer le soir du côté gauche de la rue
Saint-Honoré, en regardant toujours avec intérêt la pauvre enfant et lui adressant quelques paroles. Loiseau lui
en fit encore la guerre. Il prit dès-lors un autre chemin
pour se rendre de l'imprimerie du Louvre à la rue Sainte-
Anne.

Depuis quelque temps, Nicolas se sentait malade; il lui
survenait des étouffements périodiques qui duraient plusieurs heures. Le travail lui devenait impossible, il lui
fallut rester au lit. Loiseau travaillait pour tous deux;
mais leurs ressources ne tardèrent pas à s'épuiser. L'infortuné demeurait au cinquième, chez un fruitier, qui en
même temps était afficheur. Un grabat, deux chaises, une
table boiteuse, un vieux coffre, tel était son mobilier. Il
recevait le jour par une chatière garnie de deux carreaux
de papier huilé. Les planches de la cloison qui séparait
son réduit de celui de Loiseau étaient couvertes d'affiches
de théâtre posées par le fruitier pour en clore les inters-
tices, et le malade n'avait d'autre distraction que de lire
là *Mérope*, là *Alcyone*, là cette *Bohémienne* où il avait
admiré Mme Favart, ailleurs *la Gouvernante*, où Mlle Hus
était si médiocre, mais si jolie, puis encore *les Dehors*
trompeurs, qui lui rappelaient la belle Guéant, ou *Arle-*
quin sauvage, drame singulier où brillait une certaine
Coraline dont les traits avaient quelque rapport avec ceux

de... Zéfire. Tout à coup la porte s'ouvre, le fruitier avance la tête, et dit à Nicolas : — C'est votre cousine qui demande à vous voir.

— Jé n'ai pas de cousine à Paris, dit Nicolas.

— Vous voyez bien, mademoiselle, dit le fruitier en se retournant, que c'est un prétexte... On ne reçoit pas de femmes mises comme vous dans la maison.

— Mais je vous dis que c'est mon cousin Nicolas, répondit une voix flûtée, puisque j'arrive du pays.

— Oh! c'est que vous êtes bien pimpante, et lui ne l'est guère...

Enfin l'interlocutrice se glissa sous le bras du fruitier et pénétra dans la chambre : — Oh! quelle misère!... mais, monsieur, il se meurt, dit-elle vivement au fruitier.

En effet, l'étouffement avait repris depuis un instant.

— Quel est le plus pressé? dit la jeune fille d'un ton résolu. Voilà de l'argent.

Et elle donna des pièces d'or.

— Le plus pressé, dit le fruitier adouci, serait un bouillon:

— Apportez-en sur-le-champ du vôtre.

Nicolas, en revenant à lui, sentit une main d'enfant qui soulevait sa tête, tandis que l'autre main approchait une cuiller de sa bouche. Il ne pouvait plus en douter, cette beauté compatissante était Zéfire. Elle avait vu passer Loiseau lorsqu'il se rendait à l'imprimerie, l'avait poursuivi, et lui avait dit : — Pourquoi donc ne voit-on plus votre ami passer par ici? — Il est bien malade, avait répondu Loiseau, et, interrogé sur l'adresse, il l'avait donnée indifféremment.

Pendant que Nicolas soulagé retrouvait des forces pour se lever à demi sur son grabat, Zéfire, en robe de taffetas rose, balayait le galetas, rangeait les chaises et la table

puis elle revint au lit du malade, lui mit dans la bouche
des bonbons imprégnés de gouttes d'Angleterre, et, tirant
de sa poche un mouchoir, lui essuya le front ; elle le coiffa
de son fichu, qu'elle assujettit avec un ruban; puis elle
dit tout à coup : « Je ne suis pas en costume décent
pour soigner un malade, je vais revenir d'ici à un quart
d'heure. » Le fruitier rentra dans l'intervalle, apportant
un second bouillon : « Il faut croire, dit-il, que votre
cousine est une femme de chambre de grande maison;
elle m'a payé pour un mois, et elle a donné une croix
d'or à ma petite. » Nicolas, affaibli par la maladie, ne
voyait plus qu'une fée bienfaisante dans cette pauvre fille
qui montait à lui de l'abime, comme les autres viennent
du ciel.

Zéfire revint bientôt en robe d'indienne, et resta près
de Nicolas jusqu'à la nuit; le fruitier lui monta à dîner,
et, enchanté de la bonté et de la gentillesse de la prétendue cousine, voulut même ajouter à ses frais *un petit
dessert* que Zéfire partagea avec le malade. Cependant la
nuit était venue; elle se leva avec un sentiment pénible :
— Où allez-vous? dit Nicolas. — A la maison; c'est
l'heure où l'on m'attend, dit Zéfire... Et elle s'enfuit
pour cacher ses larmes. Nicolas avait eu à peine le temps
de songer aux derniers mots de Zéfire, que les pas de son
ami Loiseau se firent entendre dans l'escalier.

Loiseau n'était pas de bonne humeur; ses compagnons
de l'imprimerie n'avaient pu lui prêter que fort peu de
chose : il apportait seulement du sucre pour le malade et
du pain pour lui-même. Une odeur de pot-au-feu le sur-
prit tout d'abord. C'était le dîner que le fruitier avait
monté pour Zéfire, laquelle y avait à peine touché. « A la
bonne heure, dit Loiseau, ce brave homme a pitié de
nous! » Et il tira la table pour profiter de cette aubaine.

Un sac d'écus roula à terre. « Qu'est-ce que cela ? dit Loiseau. »Nicolas n'était pas moins étonné que lui : —T'aurait-on envoyé de l'argent de ton pays ? — Eh ! qui donc songe à moi ?... excepté toi et... mais c'est elle! — Qui elle ? — Zéfire, que tu as rencontrée ce matin, et qui est venue me soigner en ton absence. — Comment ? une *fille du monde ?...*

Toutes les idées de l'honnête Loiseau étaient renversées; tantôt il admirait la bonté et le dévouement de la jeune fille, tantôt il voulait aller reporter l'argent impur déposé par elle. Enfin, sachant qu'elle devait revenir le lendemain, il mit l'argent dans la malle pour le lui rendre.

Le lendemain matin, Zéfire reparut; elle était si jolie, si naïve, si touchante dans sa pitié, que Loiseau fut attendri. « Qu'importe où soit la vertu ? s'écria-t-il, je me prosterne et je l'adore!... mais cet argent, nous ne pouvons l'accepter ?... » Zéfire comprit sa pensée. « Cet argent vient de mon père, dit-elle; c'est ma sœur aînée qui me le gardait et qui me l'a donné en apprenant qu'il y avait un pauvre malade à secourir. » Loiseau se laissa aller à ouvrir le sac et à compter les écus en versant des larmes d'attendrissement. Les deux amis étaient accablés de tant de dettes criardes, qu'en y songeant leurs scrupules s'affaiblissaient beaucoup. Le soir même, Zéfire s'oublia et resta jusqu'à la nuit close; Loiseau la trouva encore en rentrant, elle le pria de la reconduire. « Moi ? dit-il, reconduire... — Sans cela on m'arrêterait. — Allons, dit Loiseau, je vais me faire une belle réputation dans le quartier ! » Quant à Zéfire, elle trouvait sa position fort simple. Sa mère lui avait dit que les femmes se divisaient en deux classes; toutes deux utiles à leur manière, toutes deux honnêtes relativement; elle appartenait à la seconde classe, n'étant pas née dans la première, voilà tout.

Le lendemain était un dimanche, elle resta avec les deux amis, et leur dit : « J'ai tout appris à ma mère; elle me permet de venir toute la journée. Elle approuve mes sentiments; elle aime mieux me voir fréquenter un bon ouvrier qu'un sergent qui me battrait, ou qu'un joueur qui me prendrait tout. Elle est très bonne, ma mère... » Loiseau gardait le silence en fronçant le sourcil; Nicolas, qui reprenait des forces, se leva tout à coup avec son ancienne exaltation, et revêtit son unique habit. — Allons chez sa mère, dit-il à Loiseau. — Recouche-toi, répondit ce dernier... — Non! aussi bien, je mourrais à me tordre de désespoir sur ce lit. Ceci est une crise qui me sauve!... Il ne faut pas que cette jeune fille retourne ce soir dans cette maison... Mon mal a changé de caractère; je n'ai plus d'oppression, j'ai la fièvre et la rage toutes les nuits, à partir de l'heure où elle nous quitte : comprends-tu pourquoi?

Loiseau essaya en vain des représentations; Nicolas n'écoutait rien dans ses moments d'enthousiasme. Ils se rendirent rue Saint-Honoré, chez la mère, qui se nommait Perci. C'était une ancienne revendeuse à la toilette et prêteuse sur gages, chez laquelle il s'était donné des rendez-vous de galants et de grandes dames qui avaient été surpris par les sergents; on l'avait condamnée à une forte amende, moins pour le délit même que pour n'avoir point payé les redevances d'usage à la police : depuis ce temps, elle avait pris patente, afin d'être tranquille. Interrogée par Nicolas et Loiseau, elle jura que sa fille était jusqu'ici demeurée honnête, mais qu'on n'attendait que l'âge convenable pour la lancer *dans le monde* avec l'autorisation du lieutenant de police. Les deux ouvriers

frémissaient de ces détails, que la Perci énumérait avec
la plus grande complaisance. Loiseau ne put s'empêcher
de marquer son indignation. — Que voulez-vous que je
fasse? dit alors la mère, ne suis-je pas notée? Qui l'é-
pouserait?... D'ailleurs, élevée comme elle est, jolie,
avec des talens, se résignera-t-elle à gagner quelques sous
par jour dans la couture, ou à faire de rudes travaux, à
devenir servante? Qui voudrait d'elle?... et dans tous les
cas serait-elle moins perdue? Nous connaissons l'histoire
des jolies filles dans le peuple...

— Eh bien! moi, je l'épouserai, dit Nicolas, si elle
veut ne plus mettre les pieds chez vous, et apprendre à
travailler.

La Perci se jeta à son cou : — Dis-tu vrai, mon garçon?
Tiens, tu me fais pleurer, et j'en avais perdu l'habitude...
Écoute bien : ne crois pas que ma fille n'aura point une
dot... et de bon argent bien gagné encore. J'ai été revendeuse, j'ai prêté à intérêt : c'est honnête, cela!

— Ne parlons pas de ces choses, dit Nicolas; je me
sens fort maintenant, et je gagne beaucoup quand je travaille... Ainsi vous consentez à ce que votre fille ne rentre
plus ici? Vous êtes une bonne femme au fond.

— Mon Dieu! dit Loiseau, se peut-il qu'il y ait de la
vertu même dans de telles âmes... Je l'ignorais; cependant
j'aurais mieux aimé ne pas le savoir.

Loiseau avait raison; il vaut mieux, dans l'intérêt des
mœurs, supposer que le vice déprave entièrement ses
victimes, sauf la chance de l'expiation et du repentir,
que de s'exposer au choix difficile qui résulte d'un mélange douteux de bien et de mal. C'était le raisonnement
d'un homme vulgaire, mais sage. Nicolas n'était ni l'un
ni l'autre malheureusement.

Zéfire accepta avec transport la proposition de vivre

pour l'homme qu'elle préférait. L'amour seul assurait
Nicolas de sa vertu. Il fallut encore que le bon Loiseau
fît son éducation morale ; et lui donnât des leçons de
décence et de pudeur. On lui fit lire de bons livres, à elle
qui n'avait lu encore que des romans de Crébillon fils ou
de Voisenon. On lui apprit à tenir un autre langage que
celui qu'elle avait entendu tenir jusque-là, et ce fut seulement lorsqu'on n'eut plus rien à craindre de ses manières délibérées ou de son caquet imprévoyant qu'on lui
chercha une profession. La prétendue de Loiseau, qui se
nommait Mlle Zoé, avait aidé beaucoup les deux amis
dans l'éducation préliminaire de Zéfire. Elle la proposa
pour demoiselle de boutique à une marchande de modes
qui demeurait au coin de la rue des Grands-Augustins.
Ses vêtements de grisette, sa coiffure sans poudre et son
bonnet à tulle plat la changeaient tellement qu'il eût été
impossible de la reconnaître. La mère, avertie par Nicolas, approuva tous ces arrangements, et s'engagea à ne
jamais rendre visite à sa fille tant qu'elle serait en
apprentissage.

Nicolas ne pouvait voir Zéfire que le dimanche ; Mlle Zoé
allait la chercher ce jour-là, et l'on faisait des promenades hors barrière avec Loiseau. Nicolas, toujours impa-
tient, ne pouvait s'empêcher de passer chaque soir devant
la boutique ; il regardait aux vitres, et était considéré
comme le galant assidu de quelqu'une des jeunes filles,
sans qu'on pût savoir de laquelle. Les boutiquières de
Paris ne s'étonnent jamais de ces amours à distance, qui
sont des plus fréquents. Un dimanche, Nicolas convint
avec Zéfire qu'il lui écrirait tous les soirs. Comme elle
était placée près du vitrage, il avait soin de plier sa lettre
en pli d'éventail, et la passait par l'un des trous de *boulon*. Zéfire tirait adroitement le papier, et était heureuse

jusqu'au lendemain. Quelquefois, lorsque les demoiselles étaient couchées, il venait dans la rue déserte avec son ami Loiseau, qui jouait fort bien du luth, et ils exécutaient les airs d'opéra les plus nouveaux, tels que : *L'Amour m'a fait la peinture,* ou bien : *Dans ce charmant asile,* — choisissant de préférence les couplets où se trouvait le mot *Zéphir*... L'amour fait de l'esprit comme il peut.

Leurs promenades du dimanche avaient lieu le plus souvent aux buttes Montmartre. Un jour, ils furent suivis par trois mousquetaires jusque chez un traiteur où ils allaient dîner. — L'un de ces derniers reconnut Zéfire pour l'avoir vue rue Saint-Honoré. La trouvant en compagnie de simples ouvriers endimanchés, ils voulurent la leur enlever. Heureusement, le fruitier les avait accompagnés, ce qui rendait la partie égale, sauf les épées, dont Nicolas et Loiseau étaient dépourvus. En revanche, le fruitier, prévoyant l'attaque, avait saisi une longue broche dans la cuisine du traiteur. — Prends garde à toi, drôle, dit l'un des mousquetaires menacé par cet instrument, nous sommes des gentilshommes, et nous te ferons fourrer au Châtelet. — Vous déshonorez votre famille et l'habit militaire! criait Nicolas... — Il s'agit bien d'honneur!... C'est *la Zéfire* qui est avec vous : eh bien! demandez-lui si elle ne préfère pas un seigneur à un ouvrier?... Nous avons de l'or, la belle! ajoutait le mousquetaire en faisant sonner sa poche.

La querelle tournait à la discussion, grâce à l'attitude des trois défenseurs; mais ces dernières paroles mirent Loiseau hors de lui : « Infâme! s'écria-t-il, vous venez de commettre un grand crime... vous avez profané le *retour à la vertu !* » Quant à Nicolas, il s'était saisi d'une chaise.

« Qu'est-ce que c'est que cela? dit un des mousquetaires plus aviné que les autres, une vertu qui sort... du vice?

Et l'autre drôlesse, est-ce que c'est aussi une vertu? » Il cherchait en même temps à s'approcher de Zoé. Loiseau le repoussa rudement : — Respecte la fiancée d'un citoyen ! cria-t-il (cela se passait en 1758). — Un citoyen ! dit le mousquetaire en éclatant de rire, cela ne se dit qu'à Genève... Tu m'as l'air d'un huguenot ! .

Loiseau prit un escabeau, et frappa le mousquetaire qui avait parlé. La mêlée devint générale. En vain Zéfire et Zoé s'interposaient entre les combattants; le fruitier faisait merveille avec sa broche, et les mousquetaires étaient vaincus, lorsqu'arriva la garde, appelée par le traiteur; Nicolas, exaspéré, voulait résister encore, mais Loiseau s'y opposa, et tout ce qu'il put faire fut d'emporter hors de la salle Zéfire évanouie. Quand le commissaire arriva, les mousquetaires, embarrassés eux-mêmes de leur équipée, se servirent de leur conjecture précédente pour affirmer que Loiseau, qui avait l'air gravé, et se trouvait vêtu de noir, était un ministre protestant qui tenait un prêche, ajoutant qu'ils étaient arrivés à temps pour disperser les hérétiques. Le commissaire donnait dans cette supposition, et faisait déjà mettre les menottes aux trois hommes, en leur promettant qu'ils seraient pendus, lorsqu'enfin l'un des mousquetaires, moins ivre que les autres, voulut bien convenir que lui et ses compagnons étaient un peu dans leur tort. « Voilà un aveu généreux, observa le commissaire... on reconnaît bien là les personnes de haute naissance. — En vérité, dit le mousquetaire aux ouvriers, la platitude des gens de plume me ferait renoncer à mes prérogatives de gentilhomme!... » Puis, ne pouvant s'empêcher de reprendre un ton de hauteur : « Au revoir ! dit-il en s'éloignant, nous vous couperons les oreilles quelque autre jour ! »

Le commissaire s'était retiré, mais après avoir pris les noms et les adresses des combattants. Malgré le désistement des mousquetaires, l'aventure pouvait avoir des suites fâcheuses pour de pauvres diables comme Nicolas et Loiseau; de plus, l'instruction de l'affaire, si peu importante qu'elle fût devenue, attirait nécessairement les yeux sur la position particulière de Zéfire, cause innocente de la lutte. Cependant la pauvre fille était moins préoccupée de cela que du danger que pouvaient courir ses amis : on la ramena au magasin en proie à un accès de fièvre. Malheureusement les filles de modes étaient rentrées; elles entendaient, ainsi que la maîtresse, ce qu'elle disait dans son délire : « J'irai trouver ma mère! elle a des protecteurs puissants!... J'avais bien juré pourtant de ne plus mettre les pieds dans sa maison... mais il le faut... Ma mère est l'amie intime du lieutenant de police : c'est lui qui lui a fait avoir une patente... et puis elle est riche... et puis elle connaît de grandes dames... Elle est si complaisante, ma mère!... Tous ces gens-là l'ont perdue... mais elle a bon cœur au fond!... Sans cela, Nicolas et Loiseau seraient pendus comme huguenots, et c'est moi qui en serais cause... Pourquoi? parce que je suis la fille... de ma mère!... »

Loiseau et Zoé frémissaient de ces aveux entrecoupés et de l'étonnement des personnes de la boutique. Il fallut leur tout avouer ; elles ne furent que profondément affectées du malheur et de la situation de leur compagne. Nicolas n'était pas présent à cette scène, car il n'allait pas à la boutique de modes, craignant de compromettre Zéfire. De plus, il ne s'était pas douté de la gravité du mal qui l'avait atteinte, et pensait, en s'en retournant seul, qu'elle était seulement indisposée des suites de son évanouissement. Loiseau, le retrouvant le soir, n'osa lui rapporter la scène dont il avait été témoin. Le lendemain matin, Nicolas étant plus calme que la veille, il crut pouvoir lui dire une partie de la vérité. Ce dernier ne ménagea plus rien, et courut chez la marchande de modes. « Venez donc, lui dit cette femme, je sais bien qui vous êtes... Montez près d'elle : c'est vous qu'elle demande à grands cris. »

Zéfire était accablée et souffrante, mais calme; elle affecta de paraître seulement fatiguée des émotions de la veille; elle dit à Nicolas qu'il devait se rendre à son imprimerie et la laisser reposer, puis elle l'embrassa deux fois en lui disant : « A ce soir. » Tous les ouvriers s'étonnèrent de la pâleur de Nicolas. A huit heures, Loiseau lui dit : « Mangeons un morceau, puis j'irai prendre Zoé pour aller voir Zéfire. Tu ne te montreras pas tout d'abord, afin de ne pas l'agiter; ta pâleur lui donnerait de l'inquiétude. » Il ne se montra pas en effet, mais il l'entendit parler de la chambre voisine. Loiseau lui dit : « Va te reposer, elle est mieux : c'est toi qui m'inquiètes... »

Nicolas, en s'éveillant, fut étonné de ne pas trouver son ami; le fruitier lui dit qu'il avait passé la nuit dehors. Il courut à l'imprimerie. Loiseau travaillait à sa casse : « Et Zéfire? — Zoé et moi, nous avons passé la nuit près d'elle. — Oh Dieu! sans moi! — Ta vue aurait redoublé sa fièvre. — Comment va-t-elle? — Beaucoup mieux. » Loiseau rougissait en disant ces dernières paroles. Il essaya d'amuser l'inquiétude de Nicolas en lui parlant d'un travail pressé; mais, après quelques hésitations, ce dernier prit son habit et courut au magasin. Loiseau le suivit et arriva sur ses pas. Zéfire étouffait, cependant elle prit la main de son amant, essaya de sourire, et dit : « Ce n'est rien. » Celui-ci ne voulut plus la quitter. Le soir, pendant que Zoé se reposait sur un canapé, Zéfire fit signe à

Nicolas qu'elle voulait avoir la tête posée sur sa poitrine,
qu'elle respirerait mieux... Il s'étendit en arrière sur sa
chaise à moitié penché sur le lit, et soutenant au bord
cette tête blonde, si fraîche encore l'avant-veille. Au bout
de deux heures de cette position fatigante, un grand sou-
pir réveilla Zoé. « Allez vous reposer à votre tour, » dit-
elle à Nicolas. Et, relevant la tête de Zéfire, elle la posa
sur l'oreiller. Zéfire avait rendu le dernier souffle. Nicolas trompé par ses amis sur la gravité du mal, ne l'apprit
que le lendemain. « Et moi je vais mourir aussi ! » dit-il
avec calme. Il était, — selon son expression même, —
consolé par le désespoir.

Cependant il ne fit qu'une grave maladie, mêlée de délire et de léthargie; les premiers mots qu'il prononça
furent : « J'ai donc *achevé* de perdre Mme Parangon. »
C'est que les traits de Zéfire lui avait rappelé ceux de cette
femme adorée, comme elle-même lui avait semblé avoir
quelque ressemblance avec Jeannette Rousseau, son premier amour.

Cette théorie des ressemblances est une des idées favo-
rites de Restif, qui a construit plusieurs de ses romans
sur des suppositions analogues. Ceci est particulier à certains esprits, et indique un amour fondé plutôt sur la
forme extérieure que sur l'âme; c'est, pour ainsi dire,
une idée païenne, et il n'est guère possible d'admettre,
comme Restif le prétend, qu'il n'a jamais aimé que la
même femme... en trois personnes. Les ressemblances
tiennent presque toujours à une même origine de pays ou
de race, ce qui a pu se rencontrer sans doute pour Jeannette Rousseau et pour Mme Parangon. Aussi Restif suppose que Zéfire était, par sa mère, issue des mêmes
contrées. En général, il y a un côté de ses systèmes philosophiques qui se mêle toujours aux récits les plus

véridiques de sa vie. — Il croyait à la division des races comme un Indien, et repoussait, de par ce système, les doctrines d'égalité absolue ; le croisement même de familles étrangères ne lui semblait pas changer ce résultat, car il établissait qu'en général une partie des enfants tenait plus du père, une autre davantage de la mère, quoiqu'il admît bien en Europe un certain détritus de natures bâtardes et mélangées. Ces problèmes bizarres ont amusé beaucoup d'hommes distingués au xviiie siècle ; mais nul ne porta plus loin que lui cet esprit de paradoxe, illuminé parfois d'un éclair de vérité.

Si touchante qu'ait été la mort de Zéfire et la pensée d'expiation qui s'y rapporte, on ne peut s'empêcher de déplorer l'influence fatale qu'eut cette aventure sur les ouvrages et les mœurs de l'écrivain. Comme le sentait si justement Loiseau, l'on ne touche pas impunément à la corruption. *Le Pornographe,* ouvrage à prétentions morales, mais où l'auteur se complaît à exposer des raisonnements d'une moralité souvent contestable, fut le résultat des méditations de Nicolas sur le sort d'une certaine classe de femmes qu'il voulait relever à leurs propres yeux comme aux du monde...

IV.

SARA.

Nous arrivons à une époque féconde en enseignements profonds et en souvenirs douloureux. Nicolas n'est plus le beau danseur d'Auxerre, l'apprenti bien-aimé de Mme Pa-

rangon, l'amoureux de ces onze mille vierges, tant soit
peu martyres la plupàrt, qui se nommaient Jeannette
Rousseau, Marguerite Pâris, Manon Prudhot, Flipote,
Tonton Laclos, Colombe, Edmée Servigné, Delphine Baron
ou Rose Lambelin ; ce n'est plus même l'amant déjà formé
de Mlle Prudhomme et de la belle Mlle Guéant, ni le galant obscur que la blonde Septimanie, comtesse d'Egmont,
avait pu choisir pour suppléer aux froideurs de son noble
époux. — Nous sommes cette fois en 1780 ; Nicolas à
quarante-cinq ans. Il n'est pas vieux encore, mais il n'est
plus jeune déjà ; sa voix s'éraille, sa peau se ride, et des
fils d'argent se mêlent aux mèches de cheveux noirs qui
se laissent voir parfois sous sa perruque négligée. Le riche peut garder longtemps la fraîcheur de ses illusions,
comme ces primeurs et ces fleurs rares qu'on obtient chè-
rement au milieu de l'hiver ; mais le pauvre est bien
forcé de subir enfin la triste réalité que l'imagination avait
dissimulé longtemps. Alors malheur à l'homme assez fou
pour ouvrir son cœur aux promesses menteuses des jeunes femmes ! Jusqu'à trente ans, les chagrins d'amour
glissent sur le cœur qu'ils pressent sans le pénétrer ; après
quarante ans, chaque douleur du moment réveille les
douleurs passées, l'homme arrivé au développement complet de son être souffre doublement de ses affections brisées et de sa dignité outragée.

A l'époque dont nous parlons, Nicolas demeurait rue
de Bièvre, chez Mme Debée-Léeman. Cette dame était une
juive d'Anvers de quarante ans, belle encore, veuve d'un
mari problématique, et vivant avec un M. Florimond, galant
émérite, adorateur ruiné et réduit au rôle de souffre-dou-
leur. A l'époque où Nicolas vint se loger chez Mme Léeman,
il remarqua à peine une jeune fille de quatorze ans, qui
déjà reproduisait sous un type plus frais et plus pur les

attraits passés de la mère. Pendant les quatre années suivantes, il ne songea même à cette enfant que quand il entendait sa mère la gronder ou la battre. Elle était cependant devenue à la fin une grande blonde de dix-huit ans, à la peau blanche et transparente; elle avait dans la taille, dans les poses, dans la démarche, une nonchalance pleine de grâce, et dans le regard une mélancolie si touchante, que, rien qu'à la regarder, Nicolas se sentait souvent les larmes aux yeux. C'était un avertissement de son cœur, qu'il croyait mort, et qui n'était qu'endormi.

Depuis fort longtemps, Nicolas vivait seul, ne parlant à personne, travaillant le jour, et le soir errant à l'aventure le long des rues désertes. Ses amis étaient morts ou dispersés, et il était peu à peu tombé dans cet affaissement profond, dans cette indifférence complète qui suit ordinairement une jeunesse trop agitée. Enfin il était tranquille du moins dans son anéantissement, quand, un dimanche matin, une petite main blanche frappa doucement à la porte de sa chambre. Il ouvrit. C'était Sara.

— Je viens, dit-elle, monsieur Nicolas, vous prier de me prêter quelque livre dont vous ne vous serviez pas; vous en avez beaucoup, et moi j'aime la lecture.

— Choisissez, mademoiselle, dit Nicolas; ensuite vous êtes bien maîtresse de les lire tous les uns après les autres.

Sara paraissait si timide, elle avait si peur d'être importune, sa modestie, sa rougeur, son embarras, étaient si naturels, que Nicolas s'abandonna entièrement au charme. Elle resta peu, et, en sortant, elle présenta son front au baiser paternel de l'écrivain.

Toute la semaine, elle travaillait chez les demoiselles Amei, où sa mère l'avait placée pour apprendre à faire de la dentelle; mais les dimanches elle ne quittait pas là maison. Aussi renouvela-t-elle ses visites, toujours pour emprunter des livres que Nicolas finit par lui donner. Rien n'était pur et touchant comme ces premières entrevues. Nicolas avait bien appris certains bruits qui couraient sur le compte de la jeune fille, mais il les regardait comme des calomnies. Peut-être cette jeune fille avait-elle été compromise par quelque cause provenant de l'avidité de sa mère; puis elle avait l'air si candide, qu'il se serait fait un scrupule d'altérer par un mot, par un geste, même par un regard, la pureté de son innocence; il lui témoignait du respect, de l'estime et un empressement dont il n'osait lui-même s'expliquer la nature. Sara le sentit, ou du moins sa mère le sentit pour elle, car, arrivées à ce point, les visites devinrent plus fréquentes, les conversations plus intimes; elle lui apporta d'abord quelques chansons très bien choisies, de celles qu'on appelait *brunettes*, et lui chanta celle qui avait le plus de rapport avec la situation qu'elle voulait prendre vis-à-vis de lui.

Si les passions sont moins subites à quarante ans, le cœur est beaucoup plus tendre : l'homme a moins de fougue, de violence, d'emportement; mais en revanche il aime avec abnégation et dévouement. L'avenir l'épouvante, et il se cramponne au passé pour tenter de ne pas mourir; il veut recommencer la vie, et plus la femme aimée est jeune, plus aussi les émotions deviennent vives et délicieuses. Qu'on juge avec quel ravissement Nicolas écoutait les vers suivants chantés par la plus jolie bouche avec une expression des plus tendres :

> Mon cœur soupire dès l'aurore.
> Le jour, un rien me fait rougir;
> Le soir, mon cœur soupire encore;
> Je sens du mal et du plaisir!

Je rêve à toi quand je sommeille,
Ton nom m'agite, il me saisit;
Je pense à toi quand je m'éveille,
Ton image partout me suit...

— Vous chantez avec sentiment, dit Nicolas. Auriez-vous le cœur aussi sensible que votre voix est touchante?

— Ah ! monsieur, dit Sara, si vous me connaissiez mieux, vous ne me feriez pas cette question; mais vous m'apprécierez un jour, et vous saurez si je suis constante dans mes sentiments.

— Voilà ce que votre jolie bouche pouvait me dire de plus agréable.

— Mon Dieu, c'est tout naturel. Quand on a aimé une fois, n'est-ce pas pour la vie? et peut-on oublier jamais la personne qu'on a aimée?

— Voilà une bien douce morale.

— C'est celle de la nature.

— Vous avez de l'esprit et de la philosophie, mademoiselle.

— J'ai vu un peu de monde, c'est vrai... Je vous conterai cela quelque jour.

Nicolas fronça le sourcil, mais il se rassura bien vite en entendant la jeune fille ajouter avec un entraînement naïf qu'elle avait été invitée avec sa mère à de très belles tables, notamment dans une maison de campagne à quelques lieues de Paris, chez un magistrat de cour où il venait du beau monde. Peut-être y eût-il plus réfléchi, si le babillage de l'enfant n'avait tout à coup changé d'objet.

— Vous savez, dit-elle, que j'ai été au couvent... Eh bien! j'y ai reçu une éducation si soignée, qu'il m'est venu à l'esprit de faire une pièce de théâtre. Oh! le théâtre, c'est ce qui m'a formée. J'y serais allée plus souvent encore, si ce n'est que maman n'aime pas les bons spectacles; elle s'ennuie à la comédie et elle n'aime que Nicolet et les Grands-Danseurs du roi. Audinot même est trop sérieux pour elle, ou, si vous voulez, trop... »

Sara n'osa prononcer le mot qu'elle avait dans la pensée. Nicolas plus tard jugea qu'elle avait voulu dire « trop décent. »

— Eh bien! reprit-il après un silence, puisque vous aimez le théâtre, il faut y essayer vos dispositions, vos grâces et votre esprit.

— Non, dit-elle, je les réserve pour quelque chose de plus important.

— D'important comme quoi?

— Je les garde pour mériter votre estime.

Le coup avait porté; Nicolas la regarda avec attendrissement et la serra dans ses bras.

Insensiblement les visites se multiplièrent. Mme Léeman y mettait un aveuglement et une complaisance inexplicables chez une mère. Quelques relations s'établirent entre les voisins. Le jour des Rois étant arrivé, Nicolas offrit le gâteau à la famille, — dans laquelle il fallait bien compter M. Florimond. Ce dernier, entièrement dans la dépendance de Mme Léeman, avait une conversation superficielle où régnait une politesse recherchée qu'il affectait de tenir de ses souvenirs d'homme du monde. Au dessert, la fève ne se trouva pas dans le gâteau, et Florimond fut soupçonné par la jeune fille de l'avoir fait disparaître pour se dispenser de payer son avénement à la royauté.

— Quelle apparence? dit Mme Léeman; on sait bien que c'est toujours mon argent qui aurait dansé.

M. Florimond repoussait ces insinuations avec la dignité de l'honneur outragé.

— Je crois plutôt, dit Nicolas, que c'est moi qui aurai

avalé la fève par mégarde; je me regarde donc comme obligé de vous offrir du vin chaud.

La satisfaction de Florimond et l'admiration des deux femmes pour le procédé de Nicolas le payèrent avec usure de son sacrifice.

Le lendemain, Nicolas reçut la visite de Mme Léeman. « J'ai à vous parler, dit-elle, au sujet de ma fille. » Et elle lui raconta qu'elle avait dû la marier à un M. Delarbre, jeune homme qui était venu fréquemment dans la maison, puis avait cessé tout à coup ses visites. Elle demanda à Nicolas si sa fille lui avait parlé de ces relations antérieures, innocentes du reste. « Oui, dit-il, mais comme d'un souvenir entièrement effacé. » La mère répondit que ce parti ne convenait nullement à sa fille; puis, adoucissant sa voix, elle ajouta qu'une nouvelle proposition lui était faite. Un nommé M. de Vesgon, ancien ami de la famille, offrait d'assurer le sort de cette enfant moyennant une donation de vingt mille livres, et cela par un sentiment tout paternel, résultant de l'amitié que cet homme respectable avait autrefois pour le père de Sara... Toutefois cette dernière avait refusé la proposition, et Mme Léeman, sentant son autorité de mère impuissante à vaincre la prévention de la jeune fille, venait prier Nicolas d'agir à son tour par la persuasion que son esprit supérieur était sûr de produire.

Nicolas ne put retenir un mouvement de surprise. Mme Léeman fit valoir le mauvais état de sa santé. « Si ma pauvre enfant venait à me perdre, qu'arriverait-il? ajouta la mère... J'ai de l'expérience, moi, mon bon monsieur Nicolas; le temps passe, la beauté s'en va; Sara se procurerait avec cette somme une petite rente viagère qui, avec le peu que je lui laisserai, pourrait plus tard la faire vivre honorablement... » Nicolas secoua la tête; la mère

le pressa encore en raison de l'amitié qu'il avait pour sa
fille, et lui proposa même de le faire dîner avec M. de Vesgon, afin qu'il pût s'assurer de la pureté des intentions
de ce vieillard.

Nicolas se sentit blessé au cœur et ne put dormir de la
nuit. Le lendemain matin, Sara monta chez lui comme
à l'ordinaire. Il aborda franchement la question des vingt
mille francs, et demanda à la jeune fille si elle croyait
pouvoir les accepter sans compromettre sa réputation.
Sara baissa les yeux, rougit beaucoup, s'assit sur les genoux de Nicolas et se mit à pleurer. Nicolas la pressa de
répondre. — Ah! si j'osais parler, s'écria-t-elle entre deux
soupirs.

— Confie-moi tes peines, ma charmante enfant.

— Si vous saviez combien je suis malheureuse!

— Malheureuse! Pourquoi et depuis quand?

— Je l'ai toujours été... J'ai une mère...

— Je la connais.

Sara paraissait faire un violent effort pour parler.

— Ma mère, dit-elle enfin, a fait mourir ma sœur de
chagrin. Moi, dans ce temps là, je n'étais qu'une enfant
folle, étourdie et riant toujours... J'ai bien changé depuis! Aujourd'hui encore ma mère me fait trembler;
rien qu'à l'entendre marcher, je frissonne de peur!

Et elle lui fit l'histoire d'une époque où elle demeurait
avec sa mère dans une petite rue du Marais, chez un menuisier. C'étaient souvent de nouvelles figures qui se suc-
cédaient dans l'amitié de la veuve, et la petite fille était
reléguée presque toujours dans un grenier, souffrant du
froid, de la faim même... Quand elle criait trop fort, sa
mère arrivait furieuse, la pinçait, lui tordait les mains ou
lui laissait le visage ensanglanté. Un soir, un homme osa
monter jusqu'à ce réduit... et...

— Pauvre enfant! s'écria Nicolas.

— Ah! mon ami! ah! mon père! reprit Sara en se jetant tout en larmes dans les bras de l'écrivain, j'ai juré
depuis longtemps que jamais je ne consentirais à me marier... et que, dans tous les cas, je n'épouserais jamais
un jeune homme...

Nicolas la regarda avec attendrissement.

— Un jeune homme! Et cependant ce jeune Delarbre
qui venait ici il y a quelques mois... si souvent?

— Celui-là, dit Sara en soupirant, oh! celui-là, je puis
bien l'avouer, je l'aimais... autant du moins que l'on
peut aimer à l'âge où j'étais; mais il ne viendra plus...
je lui ai tout dit!

Nicolas pencha la tête dans sa main, réfléchit un instant, puis s'écria rempli de pitié : « Et il t'a quittée! Il
n'a pas compris que la pureté de ton âme... rachetait
mille fois, pauvre victime, l'infâme lâcheté commise envers toi! » En s'arrêtant sur cette idée, Nicolas pensa in-
volontairement à Mme Parangon. Cette fatalité de sa vie
revenait encore une fois, sous une forme nouvelle, retourner un fer vengeur dans son éternelle blessure. Il se
leva, parcourut la chambre avec des gestes désespérés.
Sara, qui ne comprenait pas toutes les causes d'une douleur si vive, courut à lui, le fit rasseoir, et, tâchant de sourire à travers ses larmes, lui dit en l'embrassant : — Eh!
pourquoi tant me plaindre? pourquoi tant de désespoir?
Cela empêchera-t-il l'amitié la plus tendre de durer entre
nous, mon protecteur, mon guide! Pensez-y donc; je ne
suis pas coupable, hélas! et vous n'aurez rien à me pardonner... Ensuite, si Delarbre ne m'avait pas quittée, est-
ce que je serais ici, avec vous... dans vos bras... causant,
pleurant... riant?...

Elle s'était assise de nouveau sur ses genoux, et passait

le bras autour de son cou, ce bras de juive déjà parfait, bien qu'elle n'eût que quinze ans, cette petite main effilée dont les doigts roses traversaient les boucles encore bien fournies de la chevelure de Nicolas,

Le calme rentrait peu à peu dans le cœur de l'écrivain ; l'agitation nerveuse se calmait ; Nicolas reposait ses yeux avec charme sur les traits si réguliers de la pauvre enfant ; il ne put retenir un aveu, longtemps arrêté sur ses lèvres : — Qu'avez-vous? lui dit Sara en le voyant un instant rêveur.

— Je pense à toi, dit-il, charmante enfant! Il faut te le dire enfin, depuis longtemps je t'aime... et je te fuyais toujours, effrayé de ta jeunesse et de ta beauté!

— Toujours, jusqu'au matin où je suis venue te voir moi-même!

— Que voulais-tu que je t'offrisse? Un cœur flétri par la douleur... et par les regrets!

— Que regrettes-tu maintenant? Ton cœur n'est-il point calmé?

— Il bat plus que jamais; tiens! touche ma poitrine.

— Ah! c'est qu'il y a là sans doute...

— Eh! quoi donc?

— De l'amour!... dit faiblement Sara.

Nicolas revint à lui-même ; sa philosophie d'écrivain lui rendit un instant de force.

— Non, dit-il gravement; je n'ai pour toi, mon enfant, qu'une sincère et constante amitié.

— Et moi, si j'avais de l'amour?

— Il cesserait trop tôt.

Sara baissa les yeux.

— Il y a un an, reprit Nicolas, j'avais encore une fois cédé au charme...

— Et pour qui? dit Sara levant vivement la tête.

— Pour une image que je me créais en moi-même, pour une chimère, fugitive comme un rêve, et que je ne songeais même pas à réaliser, pour une de ces impossibilités que j'ai poursuivies toute ma vie, et que je ne sais quel destin a quelquefois rendues possibles!

— Mais quelle était cette image? quel était ce rêve?

— C'était toi.

— Moi, grand Dieu!

— Toi que je voyais courir çà et là dans cette maison; toi qui passais à mes côtés dans l'escalier, dans la rue,... et qui grandissais de plus en plus, qui devenais toujours plus belle, et que je surprenais parfois à causer le soir sur le pas de la porte avec le jeune Delarbre...

Sara rougit et dit : — Mais je vous jure...

— Eh! qu'importe? dit Nicolas avec résolution; n'était-il pas jeune, n'était-il pas beau et digne alors de toi, sans doute?... N'est-ce pas naturel, n'est-ce pas même un doux spectacle pour le cœur de l'homme que l'amour pur de deux êtres beaux et jeunes... Moi je t'aimais d'une autre manière; je t'aimais comme on aime ces étranges visions que l'on voit passer dans les songes, si bien qu'on se réveille épris d'une belle passion, faible souvenir des impressions de la jeunesse... dont on rit un instant après!

— Oh! mon Dieu! on le voit bien, vous êtes un poète!

— Tu l'as dit. Nous ne vivons pas, nous! nous analysons la vie!... Les autres créatures sont nos jouets éternels... et elles s'en vengent bien aussi! Amitié, amour, qu'est cela? Suis-je bien sûr moi-même d'avoir aimé? Les images du jour sont pour moi comme les visions de la nuit! Malheur à qui pénètre dans mon rêve éternel sans être une image impalpable!... Comme le peintre, froid à tout ce qui l'entoure, et qui trace avec calme le spectacle d'une bataille ou d'une tempête; nous ne voyons partout

que des modèles à décrire, des passions à rendre, et tous
ceux qui se mêlent à notre vie sont victimes de notre
égoïsme, comme nous le sommes de notre imagination!

— Vous m'effrayez! s'écria Sara.

— Non, je suis calme, dit Nicolas; c'est de l'expérience, ma chère enfant; j'ai appris à connaître et les
autres et moi-même, et si j'ai l'amertume au cœur, je
n'ai plus du moins l'ironie sur les lèvres... Sais-tu ce que
nous faisons, nous autres, de nos amours?... Nous en
faisons des livres pour gagner notre vie. C'est ce qu'a fait
Rousseau le Génevois... c'est ce que j'ai fait moi-même
dans mon *Paysan perverti*. J'ai raconté l'histoire de mes
amours avec une pauvre femme d'Auxerre qui est morte;
mais, plus discret que Rousseau, je n'ai pas tout dit...
peut-être aussi parce qu'il aurait fallu raconter...

Il s'arrêta. — Oh! faites-moi lire ce livre, s'écria Sara.

— Pas encore!... Mais tiens, tu vas voir maintenant
combien mon amitié est dangereuse... Je t'ai mise déjà
dans mes *Contemporaines!*

— Quel bonheur! s'écria la jeune fille en frappant des
mains; mais comment est-ce possible?

— Puisque tu veux bien me pardonner, charmante fille,
voici le livre. Tu vois bien le nom d'Adeline, c'est celui
que je t'ai donné.

— Oh! quel joli nom! Je n'en veux plus porter d'autre...
Et qui aime-t-elle?

— Chavigny.

— Chavigny?... C'est donc le nom que vous avez
choisi pour vous.

— Non, je l'ai choisi pour le jeune Delarbre, qui alors
venait ici tous les jours. En le voyant si empressé, si
amoureux, si tendre, un souvenir de mes jeunes années
me revint à l'esprit... Je me figurai que j'étais à sa place;

et que c'était moi qui t'aimais. Oh! que j'eusse été plus
tendre et plus enthousiaste encore... Il n'était lui-même
que l'image affaiblie et vague de ma jeunesse, et cependant je ne pouvais le haïr... Je n'espérais rien. Alors
j'exprimai en moi-même, j'exprimai tout seul à sa place
les sentiments que tu m'aurais inspirés. Ce qui n'était
pour lui que de l'amour était pour moi de l'adoration;
j'eusse été jaloux pour lui au besoin... j'aurais tué son
rival!... Je t'aurais épousée, moi, à sa place...

Sara se cacha honteuse dans les bras de Nicolas, puis
elle leva vers lui son visage souriant à travers les pleurs.

— Oh! parle toujours, dit-elle, mais laisse-moi t'admirer dans ton enthousiasme, dans ta bonté, dans ton
génie... Avant ce jour, j'aimais à t'écouter surtout...
Maintenant je te regarde, et je te trouve jeune et beau;
oh! que j'envie celles que tu as aimées!

— Une seule te valait, ma Sara! mais elle n'avait pour
moi que de l'amitié... Elle n'est plus... Reparlons de cet
amour bizarre où je me substituais en pensée à celui qui
me paraissait plus digne de toi que moi-même; tu ne sais
pas jusqu'où allait ma folie... Il y a un endroit où j'aime
à me promener le soir; on y voit les plus beaux couchers
du soleil du monde : c'est l'île Saint-Louis... Eh bien! en
m'appuyant, à travers mes contemplations, sur les pierres
grises du quai, j'y gravai furtivement les initiales du nom
que je t'avais choisi : AD. AD. Cela signifiait pour moi :
Adeline adorée..

— Oh! nous irons ensemble au premier beau jour, et
tu me feras voir ces lettres, dit Sara, et tu me diras tout
ce que tu pensais en les gravant!

— Oui, mon amie, puisque tu le veux... Mais, hélas!
je suis plus vieux d'un an encore, et j'ai tant souffert!

Sara se jeta à son cou riant et pleurant tour à tour,

versant un baume divin sur les blessures du malheureux.

— Tes chagrins aussi seront les miens! dit-elle. Nous parlerons ensemble de cette femme d'Auxerre que tu aimais tant...

— Oh! dit Nicolas, tant de joie... tant de peines... tout cela me brise le cœur! Que Dieu te bénisse, ma fille, mon enfant! Oui, je t'aime... j'ai encore la folie de t'aimer; pardonne-moi...

En ce monent, on entendit dans l'escalier la voix de la veuve Léeman appelant sa fille pour le déjeûner.

— Je suis forcée de descendre, dit Sara; j'ai seulement un mot à vous dire avant de vous quitter.

— Tu me dis *vous* maintenant?

— Non, c'est une distraction... Je voulais te parler d'une de mes amies que tu as pu voir avec moi, car elle travaille chez la même marchande de modes... Mlle Charpentier.

— Je l'ai vue; elle est charmante.

— Et elle est si bonne!... mais, en vérité, je n'ose te dire...

— Quoi donc? parle vite, ma charmante enfant!

— Je crains si fort d'être indiscrète... Mon amie a perdu sa mère, qui, après une longue maladie, ne lui a laissé que des dettes... Que je voudrais être riche pour la pouvoir obliger!... Il ne faudrait, quant à présent, qu'un louis pour la tirer du plus grand embarras!... Elle le rendrait dans six semaines.

— Un louis! rien qu'un louis? s'écria Nicolas, et il alla chercher un gros étui d'où il en tira deux, qu'il mit dans la main blanche de Sara en y ajoutant un baiser.

— Oh! qu'elle sera heureuse! dit Sara, et elle se précipita joyeuse dans l'escalier.

De ce jour, Nicolas renonça à tous ses projets de soli-

tude. La répugnance qu'il avait conçue pour la veuve
Léeman, d'après les aveux de sa fille, céda bientôt devant
le désir de la voir plus souvent; il cultiva l'amitié de
M. Florimond en flattant ses goûts aristocratiques, et celle
de la veuve en s'invitant lui-même chez elle à des soupers qu'il faisait venir de chez le traiteur; il avait soin
même d'y ajouter toujours quelque grosse volaille qui
reparaissait pendant les jours suivants sur la table de l'a-
vare Mme Léeman.

Nous avons dit que c'était seulement les dimanches que
Sara pouvait venir rendre visite à Nicolas. Le reste de la
semaine, elle demeurait dans la maison où elle faisait son
apprentissage. Le lendemain lundi, on entendit un grand
bruit dans l'escalier. « Vous êtes une effrontée, criait
Mme Léeman à sa fille. — Si je ne le suis pas, ce n'est
pas votre faute, répondait cette dernière. — Attends, in-
solente, attends!... » Et Nicolas descendit aux cris de
Sara. « Une fille, monsieur, qui me répond des imperti-
nences! s'écria la mère. — Ma chère Sara, calmez-vous! »
dit Nicolas; mais la jeune fille le reçut assez mal, et cependant s'adoucit un peu en s'habillant pour aller chez
ses maîtresses. Mme Léeman dit à Nicolas, quand elle fut
partie : — N'est-il pas malheureux de n'avoir qu'une enfant et de la voir aller chez les autres? — Pourquoi ne
pas la garder chez vous? — Ah! monsieur, je suis si
pauvre... et puis je ne voudrais rien devoir à mes amis.

Nicolas était alors dans une assez bonne position; ses
premiers romans, surtout *le Paysan perverti* et *les Contemporaines*, lui rapportaient beaucoup plus que son
travail d'imprimeur : — Prenez votre fille chez vous, dit-il
à Mme Léeman, et nous ferons ce que nous pourrons pour
son entretien. — Dans le fait, dit la mère, il y a au second un logement qui va être libre; nous le meublerons

à frais communs. Vous serez son père, et nous ne ferons qu'une seule famille.

A la fin de cette semaine, Sara cessa donc d'aller travailler chez les demoiselles Amei. Bientôt la liaison devint complète, indissoluble. C'étaient des causeries sans fin, des dîners délicieux, souvent à la campagne ou aux barrières, en compagnie de la mère et de Florimond... Toujours pendant ses repas le petit pied de Sara restait posé sur celui de Nicolas; on allait aussi au spectacle avec les billets qu'obtenait l'écrivain par ses relations littéraires, et là toujours la jeune fille, indifférente à l'admiration qu'excitait sa ravissante beauté, laissait l'une de ses mains dans celle de son ami.

Cependant Mᵐᵉ Léeman n'admettait pas qu'on se divertît sans elle, et, lorsque dans la journée il se présentait quelque occasion de sortir pour la jeune fille et pour Nicolas, elle les faisait toujours accompagner par Florimond. Ce dernier, usé par les excès de toutes sortes, était d'une compagnie assez morne, mais n'avait rien d'hostile à l'attachement des deux amants. Il les suivait comme un chien de berger, sans interrompre leurs tendres entretiens. Un jour, Nicolas s'était chargé d'acheter pour la mère des graines et des oignons de fleurs. Elle était, nous l'avons dit, du Brabant et curieuse de tulipes. Sara et lui partirent pour le quai aux Fleurs et furent si longtemps à fixer leur choix, que Florimond, fort ennuyé, se décida à entrer dans un cabaret d'où il les suivait des yeux. Quand il revint, il se tenait à peine sur ses jambes. Sara lui dit de se charger du sac de graines, et, pendant qu'il cherchait à l'affermir sur ses épaules, elle écrivit au crayon un billet pour sa mère, dans lequel elle lui disait que Florimond était tellement gris, que, voulant aller à la promenade, Nicolas et elle s'étaient fait conscience de l'y entraîner. Florimond partit avec ce billet, qu'il ne lut pas.

« Si nous allions au spectacle! » dit gaiement Sara.
Nicolas jeta les yeux sur elle. Elle était fort joliment coif-
fée d'un chapeau à l'anglaise et d'un casaquin de taffetas
à reflets changeants. L'heure du spectacle étant encore
éloignée, ils prirent par le plus long. Nicolas conduisit là
jeune fille le long des quais jusqu'à l'île Saint-Louis, qu'il
affectionnait particulièrement, comme on sait, dans ses
promenades solitaires. La vue en était charmante alors,
parce qu'on y découvrait d'un côté la campagne, et de
l'autre le magnifique aspect des deux bras de la Seine, de
la vieille cathédrale et de l'Hôtel-de-Ville; le Mail et la
Râpée, s'étendant à droite et à gauche, bordés au loin de
guinguettes aux berceaux verdoyants, présentaient aussi
un spectacle fort animé. Nicolas avait encore une pensée :
c'était de faire voir à Sara les pierres du quai sur lesquelles
il avait gravé le chiffre mystique : AD. AD. (Adeline adorée), à l'époque où il venait dans ces lieux mêmes exhaler
les plaintes d'un amour sans espoir. Tout était changé.
Les deux amants gravèrent tour à tour sous ces chiffres à
demi effacés les initiales réelles de leurs noms, et ne quit-
tèrent l'île qu'après avoir vu le soleil descendu derrière
les tours énormes du petit Châtelet. Ils remontèrent par
la place Maubert, la rue Saint-Séverin, la rue Saint-An-
dré-des-Arcs et celle de la Comédie (1), pour arriver à ce
même théâtre encore plein pour Nicolas des souvenirs de
la belle Guéant. Chemin faisant, il racontait avec larmes
cette histoire de sa jeunesse, et Sara s'unissait de tout son
cœur au chagrin de son ami. — Morte! elle est morte!
s'écriait Nicolas. Morte comme cette autre si belle et plus

_____

(1) Nicolas Restif a conservé ces détails minutieux pour marquer plus
vivement son dernier jour de bonheur et d'illusions.

aimante (Mme Parangon), et tout ce que j'aimais est ainsi dans le tombeau!...

— Et moi, est-ce que je ne t'aimerais pas comme elles? disait Sara attendrie.

— Quelque temps peut-être; mais après?

— Mon ami, ne parle plus ainsi... Songe que je suis impressionnable à l'excès; ne mets jamais à l'épreuve cette sensibilité qui n'a fait encore que mon supplice.

— Oh! pardonne, ma fille! c'est que j'ai beaucoup vécu, beaucoup souffert, et toi...

— Moi, je n'ai que souffert, et je serais plus affectée de ce qui viendrait de ta part que de tout ce qui m'est arrivé.

Ils s'étaient placés dans la salle. On jouait justement *la Pupille* de Fagan, où Mlle Guéant avait été si ravissante de sentiment et de grâce. Nicolas, comme tous les esprits pleins d'orgueil, croyait toujours à quelque fatalité qui, relativement à lui seul, prenait la place du hasard. Il ne pouvait s'empêcher cette fois de trouver la pièce détestable, l'actrice déplaisante, et ne remarquait pas que, dans la loge voisine de la sienne, il venait d'entrer une très jolie femme qui avait les plus beaux cheveux cendrés (on commençait alors à ne plus porter la poudre), un bel œil sous un sourcil noir, et des manières pleines de distinction. Sara la lui fit remarquer. « Elle est bien, dit-il, mais comme vous êtes plus belle! » Cette femme, se voyant l'objet de l'admiration de Sara, saisit une occasion pour lui dire quelque chose d'obligeant. Celle-ci répondit avec froideur. Nicolas s'en étonnant, elle lui dit à l'oreille : « Je suis très jalouse. Si j'avais lié conversation avec elle, tu aurais pu lui parler, et tu as trop de mérite pour ne pas lui plaire... » Nicolas répondit plein de joie : « Mais qui pourrait me plaire à moi, si ce n'est Sara? »

Après cette soirée délicieuse, la difficulté étant d'af-
fronter la colère de Mme Léeman, Nicolas eut l'idée la
plus triomphante en pareil cas ; ce fut d'acheter une paire
de pendeloques assez belles chez un bijoutier de la rue de
Bussy. La précaution n'était pas inutile, car en entrant
Nicolas et Sara trouvèrent devant la porte l'infortuné Florimond, que la veuve avait mis dehors en le voyant revenir seul. Dégrisé par la scène d'imprécations qu'il avait
subie, il se livrait au désespoir. Nicolas affronta brave-
ment l'orage, qu'il parvint à calmer en faisant briller entre
ses doigts sa récente acquisition. Tout rentra dans l'ordre
habituel.

La mère était toutefois décidée à ne point admettre
qu'on prît du plaisir en son absence. « Puisque Sara a
besoin de distraction, dit-elle un jour, je la conduirai à
la promenade sur les Grands-Boulevards. » Elles partirent
donc pour s'y rendre par une belle soirée de printemps.
Nicolas, retenu jusqu'à sept heures à son imprimerie, devait les aller rejoindre. Il les retrouva assises sur des
chaises dans une contre-allée, faisant partie de deux ou
trois rangées de femmes élégantes et très remarquées. Un
homme mis avec soin, fort brun, et qui paraissait un
créole, s'était assis près d'elles, et avait déjà noué une
conversation assez soutenue avec la mère. Sara semblait
sérieuse ; — elle sourit en apercevant Nicolas, et lui fit
place près d'elle. Le cavalier ne tarda pas à saluer ses
nouvelles connaissances, et reprit sa promenade.

Deux ou trois jours après, une affaire importante empêcha Nicolas d'aller retrouver les dames à l'heure habituelle. Mme Lécman lui dit en raillant que le cavalier brun
leur avait tenu compagnie. La même circonstance se re-
produisit l'un des jours suivants. Sara prit Nicolas à part
en rentrant et lui dit : « Vous m'abandonnez à des vues

que vous n'ignorez pas... Ah ! mon ami ! » Quelques jours
plus tard, Mme Léeman parla d'une occasion qui se présentait pour marier sa fille à un homme de condition. Ce
fut un coup de poignard pour l'écrivain, qui, comme on
sait, était marié, bien que séparé depuis longtemps de
l'indigne Agnès Lebègue. Il répondit en soupirant que le
bonheur de Sara était pour lui au-dessus de tout, mais
qu'il espérait que le prétendu serait digne d'elle. Le lendemain, comme il était indisposé, il vit se glisser sous sa
porte une lettre ainsi conçue :

« On veut absolument que ta fille sorte aujourd'hui sans
toi, cher bon ami !... Il faut souffrir ce qu'on ne saurait
empêcher. Tâche de guérir ton rhume et de te bien porter... Si tu pouvais me trouver une place près d'une
dame ou seulement de l'ouvrage, j'aurais de la fermeté
pour résister, et je vivrais satisfaite comme on peut l'être
dans ma position. Aime toujours ton amie.

» SARA. »

Dès ce jour, Nicolas alla rendre visite à une dame de
condition qui habitait l'île Saint-Louis, et dont il a parlé
souvent dans ses *Nuits de Paris*. Cette dernière consentit
à recevoir Sara comme demoiselle de compagnie. En rentrant, il rencontra la mère et la fille en voiture. Mme Léeman lui cria qu'elles allaient au Palais-Royal, qu'il n'avait
qu'à les venir rejoindre comme à l'ordinaire. Rassuré sur
les sentiments de Sara par sa lettre, il eut l'imprudence
de ne pas se presser. Quand il arriva, elles étaient parties.

Nicolas retourné à la maison ; point de lumière... Le
cadenas de la porte n'est point ôté. Il monte chez lui, se
consume d'impatience, se promène à grands pas, et sort
de temps en temps pour aller au-devant des deux femmes.

Personne ne vient : minuit sonne ; au dernier coup, ses yeux fondent en larmes... Il se rappelle ce que lui a dit Sara, ce qu'a insinué sa mère. A une heure du matin, n'y pouvant plus tenir, il se met à parcourir les rues. Le hasard le ramène sur les quais déserts de l'île Saint-Louis. Il cherche à la clarté de la lune les pierres où il a inscrit les chiffres amoureux complétés par la main de Sara, et, en les retrouvant, il pousse des gémissements et des cris de désespoir. Un homme ouvre sa croisée et lui demande ce qu'il a : « C'est un père, répond-il, qui a perdu sa fille ! » Il rentre dans sa chambre, avec l'espoir qu'elles ont pu être invitées à un bal. Rien encore. A cinq heures du matin, Nicolas s'assoupit de fatigue ; il voit dans un rêve apparaître Sara, ses belles tresses blondes éparses sur sa poitrine et criant : « Mon ami ! sauve-moi, sauve-moi ! » Il se réveille... le jour est avancé déjà ; personne n'est rentré (1).

Le surlendemain seulement, Nicolas entendit une voiture s'arrêter à la porte. Jusqu'à ce moment, toutes les voitures qui passaient lui avaient fait bondir le cœur... Il se précipite dans l'escalier. Mme Léeman rentrait sans sa fille, accompagnée d'un inconnu, ou plutôt d'une connaissance bien nouvelle, le galant créole des boulevards.

— Où est votre fille ? s'écria brutalement Nicolas.

— Elle est restée à la campagne, chez M. de La Montette, que vous voyez, et qui a bien voulu me ramener ici.

— Et pourquoi laissez-vous votre fille seule chez un homme ?

— Et pourquoi me le demander ?... D'ailleurs Sara n'est

---

(1) Quinze ans après, l'écrivain disait, en racontant cette nuit d'angoisse : « Et alors je n'étais pas encore jaloux ! »

point seule, elle est là-bas avec la famille de monsieur...
et monsieur est avec moi, comme vous voyez!

M. de La Montette s'inclina en observant finement l'é-
trange expression du visage de Nicolas. Il était clair du
reste que la veuve Léeman tenait à ménager ce dernier :
« Est-ce que ma fille ne vous avait pas prévenu de notre
partie de campagne? dit-elle d'un ton radouci.

— Je n'en savais pas un mot!

— Ah! la pécore!... s'écria Mme Léeman. Elle employa
même un terme plus vif en priant aussitôt M. de La Montette d'excuser la sévérité d'une mère comme appréciation de son enfant. « Monsieur était devenu pour ma fille
un second père, ajouta-t-elle en montrant Nicolas, et je
comprends son inquiétude... Mais Sara avait mis un mot
sous votre porte, lui dit-elle encore.

— C'est vrai, c'est vrai, madame, répondit-il en se retirant, je l'avais oublié. »

Nicolas était confondu. S'il s'agissait d'un mariage avec
un homme de considération, sa générosité l'empêchait de
s'y opposer, son cœur même en eût été moins froissé sans
doute; mais la lettre de Sara, qui d'ailleurs ne disait pas
un mot de la partie de campagne, indiquait un danger
d'une autre nature. Pendant qu'il réfléchissait ballotté
dans cette incertitude, la voiture était repartie, car
Mme Léeman n'était revenue chez elle que pour prendre
quelques effets. Courir après une voiture pour savoir où
elle s'arrêterait, Nicolas l'avait tenté jadis avec succès;
mais quelle apparence qu'à plus de quarante ans on pût
renouveler ce tour de force! Il fallut attendre toute la
nuit et tout un jour encore.

Le surlendemain, Sara frappait à la porte de son ami
d'une manière bien connue; il renverse tout pour ouvrir.
Sara lui dit d'un air glacé :

— Eh bien! *qu'est-ce donc?* me voilà!

— Qu'est-ce donc?... mais vous ai-je rien dit, ma pauvre enfant?

— Non, dit Sara embarrassée, mais votre air effaré...

— Mon air n'était pas un reproche... Vous avez *prévu* seulement qu'après une absence de trois jours...

— Vous dinerez avec nous, n'est-ce pas? reprit Sara, qui s'était tenue près de la porte, et que sa mère rappelait dans cet instant.

Nicolas vit bien que tout était fini. « Maintenant, se dit-il, soyons véritablement père, et sachons si cet homme est capable de la rendre heureuse. » Il descendit pour le dîner et y trouva M. de La Montette. C'était un homme de près de quarante ans, que les passions ne semblaient jamais avoir trop inquiété... Nicolas se sentit très inférieur à son rival, et crut encore qu'il ne s'agissait que d'un mariage de raison; la réserve de la jeune fille s'expliquait par là; seulement il eut le chagrin de ne plus sentir le petit pied de Sara s'appuyer sur le sien.

Le dîner se serait terminé fort convenablement, si, vers la fin, la mère, dans un moment d'expansion, ne se fût écriée, en regardant M. de La Montette : « Et dire que nous ne connaissions pas monsieur il y a quinze jours! Si M. Nicolas était venu nous rejoindre avant sept heures, nous avions le projet d'aller au spectacle, et nous n'aurions pas eu le plaisir de rencontrer un cavalier si aimable,... qui est devenu pour nous un véritable ami! » O supplice! pendant que Nicolas se disait : « Et il faut m'avouer encore que c'est ma faute! » Sara se penchait languissamment sur le bras du créole et ne semblait point choquée de l'exclamation triviale de sa mère. Il appela toute sa philosophie à son aide et ne marqua nul étonnement. Après le dîner, on alla se promener au Jardin des

Plantes. La politesse commandait que l'invité prît le bras
de Sara, ce qui obligeait Nicolas d'offrir le sien à la mère ;
mais il songea aussitôt que c'était la corvée habituelle de
Florimond, lequel était parti pour un voyage relatif aux
affaires de la veuve. Nicolas, déjà connu comme écrivain,
craignit les regards, et se contenta de marcher près de
Mme Léeman. Cette dernière, contrariée, dit à sa fille :
« Une jeune personne n'a pas besoin de s'appuyer sur un
bras, je m'en passe bien ! » M. de La Montette dut faire
comme Nicolas ; mais son entretien avec Sara paraissait
fort animé et même fort tendre. A la fin de la soirée,
M. de La Montette invita les deux dames à dîner pour le
lendemain et comprit Nicolas dans cette invitation. C'é-
tait d'un homme bien élevé. Pourtant l'écrivain ressentit
au cœur une douleur mortelle ; son rival avait l'avantage
de ce moment, car, au dire de Sara elle-même, « M. Nicolas avait été bien maussade toute cette soirée-là. »
Le lendemain, M. de La Montette fit les honneurs de sa
villa avec beaucoup de convenance ; sa conversation marquait de l'esprit, du moins il savait compenser par l'usage
du monde ce que Nicolas avait de plus élevé par l'imagination. La journée fut terrible pour ce dernier ; partout
éclatait la supériorité de l'homme de goût et du propriétaire. Plusieurs autres invités se trouvaient réunis dans la
maison, principalement des gens de loi et de finance. Sara
était mal à l'aise, parce que sa mère se livrait parfois à
des observations qui trahissaient une éducation négligée ;
elle sentit le besoin de soutenir presque continuellement
la conversation, et le fit avec un certain esprit de liberté
et de saillie qui prouvait moins de naïveté qu'elle n'en
avait laissé supposer jusque-là. Lorsqu'on se leva, Nicolas
s'alla mettre à une fenêtre et pleura à chaudes larmes en
disant : « Tout est fini ! » Sara, passant près de lui, le

frappa en riant et lui dit : « Que faites-vous là ? vous ne
descendez pas au jardin ? » Il ne se retourna pas, n'osant
montrer son visage décomposé. Sara s'écria brusquement :
« Eh bien! restez... vous êtes bien ennuyeux! »

L'orgueil révolté tarit les pleurs dans les yeux du malheureux. « Il te sied bien, se dit-il, d'aimer encore! Sou-
viens-toi de celles qui ont été par toi malheureuses et
perdues! » Il se remit et descendit au jardin. Sara cueil-
lait des roses avec une joie enfantine et en formait des
bouquets qu'elle distribuait aux dames de la société. M. de
La Montette, voyant venir Nicolas, l'emmena dans une allée et lui parla avec une telle affabilité, qu'il semblait
n'avoir conçu aucune idée d'une rivalité possible entre
eux deux. Ils parlèrent longtemps de la jeune fille; Nicolas ne put s'empêcher de la louer avec enthousiasme.
Toute l'imagination de l'écrivain se déploya dans ce pa-
négyrique; le cœur y joignait aussi tout le feu dont il
brûlait encore. M. de La Montette étonné dit à Nicolas :
« Mais vous l'aimez donc? — Je l'adore! » répondit celui-ci.

— Pourtant sa mère m'avait dit que vous n'aviez pour
cette enfant qu'une amitié toute paternelle... J'aurais
pensé plutôt, d'après les âges, qu'un sentiment assez
tendre pour Mme Lœman, qui est belle encore...

— Moi!... s'écria Nicolas vivement offensé, et, regardant en face M. de La Montette, il se dit : « Mais cet
homme a presque mon âge... Quoi! pour cinq ou six ans
de différence, il me croit incapable d'être son rival près
d'une jeune fille! » Toutefois il se contint, mais l'aigreur
de la jalousie et de l'amour-propre blessé changea entièrement le ton de sa conversation. Tout son ressentiment
éclata dans ce qu'il dit de la mère. Il raconta les amours
du jeune Delarbre, la proposition de vingt mille francs

faite par M. de Vesgon, et qui avait failli être acceptée...
Il fit plus; il trahit sa propre position, les sacrifices qu'il
avait faits, l'amour de Sara tant de fois juré, les rendez-
vous, les parties de spectacle, les lettres écrites... Maintenant, s'écria-t-il enfin, je vois que j'ai été joué, trompé... comme vous allez l'être!

— Trompé! dit M. de La Montette, pourquoi donc?
J'ai de l'expérience, et j'avais compris tout cela.

— Quoi! vous souffririez qu'une mère vous vendît sa
fille?

— Mais non, mon cher, je n'achète pas l'amour.

— Vous voyez donc qu'il vous faut renoncer à elle?

— Pourquoi donc?... si je lui plais mieux que tout
autre!

Au moment où Nicolas, étourdi de cette réponse, allait
rassembler toutes ses forces pour une provocation, le visage frais et souriant de la jeune fille apparaissait entre
les arbres. Insouciante et folâtre, ignorante surtout de ce
qui venait de se dire, elle apportait un paquet de roses
dont elle fit deux parts qu'elle leur offrit. Il faisait déjà
sombre dans cette allée, et elle ne put apercevoir la figure attristée de Nicolas. Ce dernier avait senti tomber
toute sa colère. Sara leur dit à tous les deux des choses
obligeantes, puis disparut comme pour les laisser aux
charmes d'un sérieux entretien de politique ou de philosophie.

— Écoutez, dit La Montette, je ne suis plus à l'âge de
l'enthousiame, et le vôtre m'étonne. Il paraît que cela se
conserve plus longtemps chez les écrivains... Puisque
vous aimez cette jeune fille à ce point, je renoncerai à
mes vœux... Cependant, si elle ne vous aimait pas, vous
m'en avez *dit tant de bien,* que je chercherais d'autant
plus à lui plaire...

Un moment auparavant, Nicolas eût provoqué en duel La Montette, et maintenant il se sentait ridicule ; le sang-froid de son rival l'avait vaincu. Avec cette terreur profonde de la vérité qui est le propre des amants trahis, il n'osa pousser plus loin les choses ; seulement il prétexta des affaires qui l'obligeaient de retourner le soir même à Paris. On parut vivement regretter son départ, et tout le monde sortit pour le reconduire sur la route. Sara marchait près de La Montette avec la même gaîté qu'auparavant ; ce dernier lui dit : « Mais prenez donc le bras de M. Nicolas.. » Cette générosité était le coup le plus sensible pour un rival malheureux. Nicolas tenta de cacher son chagrin, mais il ne put s'empêcher de dire à Sara qu'il avait instruit M. de La Montette des intentions de Mme Léeman et autres particularités peu édifiantes. Alors la jeune fille entra dans une grande colère : « En vérité, monsieur, dit-elle, je suis fâchée de vous avoir connu et d'avoir été affectueuse et bonne avec vous. De quel droit vous mêlez-vous de ce qui me concerne? de quel droit révélez-vous des secrets et déshonorez-vous ma mère?... Au reste, ajouta-t-elle en élevant la voix, je ne sais pourquoi nous allons ainsi ensemble. C'est sans doute pour faire croire que nos relations n'ont pas toujours été innocentes. Osez le dire, monsieur ! »

Nicolas ne voulut même pas répondre. Le rouge sur le front, la mort dans le cœur, il n'eut pas la force d'être généreux en venant en aide au mensonge de la jeune fille. Il salua gauchement la société, et ce ne fut qu'en poursuivant sa route qu'il exhala tour à tour ses plaintes et ses imprécations. Une seule pensée venait tempérer sa douleur, c'était de reconnaître que la Providence l'avait justement frappé.

V.

LES MARIAGES DE NICOLAS.

Les mariages de Nicolas sont les côtés tristes de sa vie ;
c'est le revers obscur de cette médaille éclatante où rayon-
naient tant de beautés au profil gracieux. L'hymen devait
faire expier durement à Nicolas les faveurs si multipliées
de l'amour, et, d'après son système d'une Providence qui
faisait succéder toujours l'expiation à la faute commise,
il n'avait nulle raison de se plaindre des douleurs morales
qui l'accablèrent jusqu'aux derniers jours de sa vie. Il
trouva du reste quelque adoucissement à ses maux dans
cette pensée que l'enfer existait déjà pour lui sur la terre,
et que la mort le renverrait pur et suffisamment éprouvé
dans le sein de l'âme universelle. Cette doctrine, longuement développée dans sa *Morale,* a l'inconvénient de
n'empêcher personne de se livrer au mal, en bravant
dans une heure d'enivrement les conséquences fatales qui
ne doivent se manifester que plus tard. N'est-ce pas là une
singulière application de cet épicuréisme superstitieux que
Cyrano, l'un des élèves de Gassendi, prêtait à Séjan, menacé du tonnerre :

> Il ne tombe jamais en hiver sur la terre :
> J'ai pour six mois encore à me rire des cieux,
> Ensuite je ferai ma paix avec les dieux !

Le premier mariage de Nicolas eut lieu à l'époque de
son premier séjour à Paris, dans des circonstances singulières. Il se promenait au Jardin des Plantes, relevant

depuis peu d'une maladie que lui avait causée le triste
dénoûment de son aventure avec Zéfire. Deux dames an-
glaises vinrent s'asseoir sur un banc où il se reposait.
L'une d'elles s'appelait Macbell, — c'était la tante de l'autre, nommée Henriette Kircher, — une ravissante figure
encadrée d'admirables grappes de cheveux dorés s'échappant de dessous un large chapeau à la Paméla. La conversation s'engage. La tante parle d'un procès qui intéresse
toute la fortune de la jeune personne, et qu'elles vont
perdre, attendu leur qualité d'étrangères. Un seul moyen
se présente pour éviter ce malheur : il faudrait qu'Henriette Kircher épousât un Français, et cela dans les vingt-
quatre heures, car le procès se juge le surlendemain ;
mais comment trouver en si peu de temps un parti convenable? Nicolas, l'homme des impressions et des résolutions subites, se déclare amoureux fou de la jeune miss ;
celle-ci le trouve à son gré, et le lendemain même, devant quatre témoins, domestiques de l'ambassade anglaise,
le mariage se célèbre tour à tour à la paroisse de Nicolas
et à la chapelle anglicane. Le procès fut gagné. De ce
moment, Nicolas vécut avec sa nouvelle famille, épris de
plus en plus des charmes de l'Anglaise, qui paraissait l'a-
dorer. Un lord nommé Taaf était l'unique visiteur reçu
dans la maison. Il avait de longs entretiens avec la tante,
et paraissait contrarié des marques d'affection que se donnaient les époux.

Un matin, Nicolas se réveille ; il s'étonne de ne plus
trouver sa femme auprès de lui, il l'appelle, il se lève ;
l'appartement est en désordre, les armoires sont ouvertes,
tout est vide, ses habits même ont disparu. Voici la lettre
qu'il trouve sur une table :

« Cher époux, on m'enlève à ta tendresse. On me livre

à ce lord que tu as vu... mais sois sûr que, si je puis m'échapper, je reviendrai dans tes bras.

» Ta tendre épouse, HENRIETTE. »

Il serait difficile de peindre la honte et le désespoir de Nicolas. On lui avait enlevé une forte somme qu'il avait en dépôt. Sa seule consolation fut de voir déclarer plus tard la nullité de son mariage, attendu que, comme catholique, il n'avait pu épouser légalement une protestante. Sa vengeance fut d'écrire, avec les éléments de cette aventure, une comédie intitulée *la Prévention nationale.*

Nous avons vu qu'il ne fut pas moins dupe dans son mariage avec Agnès Lebègue. Malheureusement, il le fut plus longtemps. Bien qu'il n'eût pas conservé d'illusions sur le caractère et la conduite de sa femme, il vécut quelque temps avec elle en assez bon accord, lui passant philosophiquement quelques faiblesses, — dont il se vengeait en courtisant les amies d'Agnès Lebègue ou les épouses de ses galants. Le cynisme de ces aveux indique une dépravation morale toute systématique. Un épisode extraordinaire des premières années de son mariage pourrait bien avoir inspiré à Goethe l'idée de son roman des *Affinités électives,* dans lequel on trouve établi une sorte de *chassez-croisez* d'affections entre deux ménages mal assortis, qui, s'isolant du monde, conviennent de réparer l'erreur de leur situation légale. Il est curieux, dans tous les cas, de voir le poète du panthéisme se rencontrer, dans cet immense paradoxe, avec un écrivain auquel il n'a manqué que le génie pour élucider des inspirations où se trouvent tous les éléments de la doctrine hégélienne.

Pour clore tout ce qui se rapporte à la vie amoureuse

de Nicolas, il est bon de parler de son dernier mariage, accompli à soixante ans. — C'est par là que se termine cette longue série de pièces en trois et en cinq actes qu'il a intitulée : *Le Drame de la Vie.* — Nicolas, fatigué des scènes révolutionnaires qui se sont déroulées à Paris sous ses yeux, — par un beau jour de l'automne de 1794, retourne à Courgis, — ce village où il a passé ses premières années, où il a appris le latin chez son frère le curé, où il a servi la messe, où il a aimé Jeannette Rousseau. L'église est vide et dévastée; mais ce n'est pas là ce qui le frappe : peu sympathique aux idées républicaines, il leur a pourtant emprunté la haine du principe chrétien, — ou plutôt il l'a toujours eue. Il se promène en rêvant amèrement aux jours perdus de son printemps. Il pense à Jeannette Rousseau, la seule des femmes qu'il a aimées à laquelle il n'a jamais osé dire un mot. « C'était là le bonheur peut-être! Epouser Jeannette, passer sa vie à Courgis, en brave laboureur, — n'avoir point eu d'aventures, et n'avoir pas fait de romans, telle pouvait être ma vie, telle avait été celle de mon père... Mais qu'a pu devenir Jeannette Rousseau? qui a-t-elle épousé? est-elle vivante encore? »

Il s'informe dans le village... Elle existe; elle est toujours restée fille. Sa vie s'est écoulée d'abord dans le travail des champs, puis à faire l'éducation des jeunes filles dans les châteaux voisins; heureuse ainsi, elle a refusé plusieurs mariages... Nicolas se dirige vers la maison du notaire; une vieille file à la porte : c'est Jeannette; c'est bien cette figure de Minerve, à l'œil noir, souriant à travers les rides; sa taille, quoique légèrement courbée, a conservé la finesse et l'élégance flexible qu'on admirait jadis. Quant à lui-même, il a toujours l'expression tendre du regard se jouant au-dessus des pommettes saillantes.

de ses joues, sa bouche gracieusement découpée, fraîche encore, empreinte de sensualisme, — comme l'avait indiqué Lavater d'après son portrait de 1788, — et ce nez busqué des Restif, qui l'avait fait à Paris surnommer *le hibou;* au-delà de ces sourcils bruns, épais et arqués, se dessine un front osseux, vaste, mais rejeté en arrière, qu'agrandit la perte des cheveux supérieurs. Ce n'est plus le charmant petit homme d'autrefois, comme disaient ses amoureuses; mais le temps a respecté, en apparence au moins, dix ans de sa vie.

— Me reconnaissez-vous, dit-il, mademoiselle... à soixante ans ?

— Monsieur, dit Jeannette, je vous nommerais bien;... mais mes yeux ne vous auraient pas reconnu, car vous étiez enfant lorsque j'avais dix-neuf ans; j'en ai aujourd'hui soixante-trois.

— Je suis ce petit Nicolas Restif, l'enfant de chœur du curé de Courgis...

Et les deux vieilles gens s'embrassèrent en versant des larmes.

Ce fut une effusion pleine de charme et de tristesse. Nicolas racontait avec une mémoire soudainement ravivée son amour trop discret, ses pleurs d'enfant, et ce souvenir immortel qui le suivait au milieu de ses plus grands égarements, image virginale et pure, impuissante, hélas! à le préserver, fuyant toujours, comme Eurydice, que le destin arrache aux bras du poète parjure!... Il songeait avec amertume que le sort l'avait justement puni d'avoir oublié son premier amour pour une passion adultère, — pour cette vertueuse et charmante Mᵐᵉ Parangon, dont le mari s'était vengé en lui faisant épouser Agnès Lebègue, qui pendant quarante ans l'avait abreuvé de chagrins. — La réciprocité! la réciprocité, cette doc-

trine fatale sortie du cerveau du sophiste, lui avait été
appliquée bien durement, et cet homme, qui n'avait cru
qu'au vieux destin des Grecs, se voyait obligé de confesser
la Providence!

« — Oh! n'importe! il est temps encore, reprit-il; je
suis libre aujourd'hui, je sais que vous l'êtes restée;...
vous étiez l'épouse que la nature me destinait : quoique
tard, voulez-vous la devenir? »

Jeannette avait lu, dans un château où elle était gouvernante, plusieurs des écrits de Restif; elle savait qu'il
avait toujours pensé à elle. Ces pages éperdues d'admiration et de regret, qui se retrouvent en effet dans tous les
livres de l'écrivain, — elle les avait amèrement médi-
tées : « Je crois, dit-elle enfin, que vous étiez en effet le
seul époux que le ciel m'eût destiné; aussi je n'en ai
pas voulu d'autre. Puisque nous ne pouvons plus nous
marier pour être heureux, épousons-nous pour mourir
ensemble (1). »

Si l'on en croit l'auteur lui-même, qui a répété dans
trois ouvrages différents la scène que nous venons de
décrire, le mariage se serait accompli devant un curé, et
en secret; à cause de l'époque, — ce qui indiquerait, ou
une exigence de sa dernière épouse, ou un retour tardif
aux idées chrétiennes.

(1) *Le Drame de la Vie*, 5e volume, page 1251. (L'auteur suivait
la pagination dans tous les volumes du même ouvrage.)

DERNIÈRE PARTIE.

I.

LE PREMIER ROMAN DE RESTIF.

L'intérêt des mémoires, des confessions, des autobiographies, des voyages même, tient à ce que la vie
de chaque homme devient ainsi un miroir où chacun
peut s'étudier, dans une partie du moins de ses qualités
ou de ses défauts. C'est pourquoi, dans ce cas, la personnalité n'a rien de choquant, pourvu que l'écrivain ne se
drape pas plus qu'il ne convient dans le manteau de la
gloire ou dans les haillons du vice. Chez saint Augustin,
la confession est sincère. Elle ressemble à celle que les
anciens chrétiens faisaient à la porte d'une église devant
leurs frères assemblés, pour obtenir l'absolution de certaines fautes qui leur fermaient l'entrée du saint lieu.
Chez le bon Laurent Sterne, cela devient une sorte de
confidence bienveillante et presque ironique, qui semble

dire au lecteur : « Vaux-tu mieux que moi. » Rousseau a mêlé ces deux sentiments si distincts, et les a fondus avec la flamme de la passion et du génie ; mais s'il s'est abaissé en public par des confidences qui n'appartenaient qu'à l'oreille de Dieu, s'il a répandu, d'un autre côté, des flots d'ironie destructive sur ceux qui se jugeaient meilleurs que lui-même, il voulait du moins servir la vérité, il croyait attaquer des vices, et ne s'apercevait pas que l'humaine nature s'appuierait de son exemple pour excuser de mauvaises inclinations, sans accepter en revanche les remords, les privations, les tortures morales qu'il s'imposait pour les expier. On peut dire surtout que Rousseau, s'il a présenté dans ses *Confessions* des tableaux séduisants, n'a jamais eu l'intention d'outrager les mœurs. Il écrivait dans une époque dépravée et pour une société privilégiée à laquelle l'épisode des demoiselles Galley, celui de la courtisane de Venise et sa liaison avec Mᵐᵉ de Warens n'offraient même qu'un ragoût bien fade et bien faiblement épicé. Il emmiellait parfois d'un peu de cynisme les bords du vase qu'il croyait avoir rempli d'une généreuse boisson. Quant à Restif, son concurrent rustique et vulgaire, comment chercherions-nous à l'excuser ? Ce n'était pas aux belles dames, aux grands seigneurs blasés, aux financiers, aux gens de robe, aux coquettes, que s'adressaient ses livres ; c'était à ces classes bourgeoises qui, bien qu'étant encore du peuple, en différaient de plus en plus par l'éducation et par l'oubli progressif de ce qu'on appelait alors les préjugés. Si Rousseau disait quelquefois : « Jeune homme, prends et lis ! » d'autres fois il s'écriait en tête d'un ouvrage qui aujourd'hui passe pour fort peu dangereux : « Toute jeune fille qui lira ce livre est perdue ! » La misère et l'orgueil ont empêché Restif d'en faire autant.

Ses livres s'adressaient sous toutes les formes à quiconque savait lire. Les titres excitaient l'attention de tous; des gravures nombreuses, attrayantes dans leur médiocrité même, séduisaient les regards de la foule. Le roman moderne, dans ses combinaisons les plus violentes, n'offre rien de supérieur à ces images d'enlèvement, de viol, de suicide, de duel, d'orgie nocturne, de scènes contrastées, où la vie crapuleuse des halles mêle ses exhalaisons malsaines aux parfums enivrants des boudoirs. Par exemple, voici le vieux Pont-Neuf vu de nuit, et plus haut la Samaritaine; des voleurs cachés sous l'arche Marion évitent la clarté de la lune; un fiacre s'est arrêté sur le pont; une femme qui en sort est précipitée dans l'eau noire, un gentilhomme se penche sur le parapet, un autre s'élance de la portière ouverte. — Qui n'a vu partout cette gravure? Qui ne s'est demandé : « Que signifie cela? » En faut-il plus pour le succès? Les romans de Restif n'ont pas dû leur vogue à ces seuls moyens, dont ses contemporains d'ailleurs ne se faisaient pas faute. Il peignait souvent avec feu, quelquefois avec grâce et avec esprit, les mœurs des classes bourgeoises et populaires. Le peu qu'il savait du monde lui venait de ses fréquentations avec Beaumarchais, La Reynière et la comtesse de Beauharnais, puis encore de certains salons mixtes entre la robe et la noblesse, où il fut reçu quelquefois par curiosité; mais ce sont les mœurs des classes bourgeoises et populaires que peignent principalement ses romans, ses nouvelles, et ces longues séries de contes connus sous le titre des *Contemporaines*, des *Parisiennes*, des *Provinciales*, qui firent les délices de la province et de l'étranger longtemps après que Paris les eut oubliés.

Nous avons jusqu'ici séparé, pour ainsi dire, dans Restif, l'écrivain de l'homme. Il nous reste à montrer cette étrange nature sous un dernier aspect; à raconter cette vie littéraire qui, dans ses écarts et ses bizarreries, reflète le cynisme du xviiie siècle et présage les excentricités du xixe. Ce qu'on connaît de l'homme nous aidera d'ailleurs à mieux apprécier le procédé du conteur. On s'assurera sans peine que tous les romans que Restif a écrits ne sont, avec quelques modifications et les noms changés, que des versions diverses des aventures de sa vie. A l'en croire, toutes ses héroïnes auraient été ses maîtresses; le nombre même en est tel qu'il en a composé un calendrier, et que les trois cent soixante-cinq notices consacrées aux principales remplissent tout un volume. Quelle faculté d'attraction avait donc cet homme qui s'est représenté lui-même comme la nature la plus fortement *électrisée* de son siècle! Nous devons croire qu'il s'est mêlé, dans les dernières années de sa vie, beaucoup d'infatuation et quelque peu d'érétisme maniaque à ces énumérations : préoccupé du nombre des bonnes fortunes de sa jeunesse, il croyait rencontrer partout quelqu'un de ses rejetons. De postérité légale, il n'eut que les enfants d'Agnès Lebègue : deux filles, dont l'existence devint un long sujet de procès, avec sa femme d'abord, et ensuite avec son gendre, nommé Augé, qui paraît avoir été la cause des plus grands chagrins de sa vieillesse.

Ce sont tour à tour les *Mémoires de M. Nicolas*, le *Drame de la Vie* et les *Nuits de Paris* qui nous révéleront sous toutes ses faces la vie littéraire de Restif. Lui-même nous apprend comment il fut conduit à écrire son premier roman.

Le mariage de Restif avec Agnès Lebègue n'avait pas été heureux, comme l'on sait. Après plusieurs infidélités réciproques, ils convinrent cependant de supporter de

leur mieux la vie commune. Le travail assidu d'un simple
ouvrier né pouvait suffire aux habitudes de dissipation
d'une femme coquette. Restif, découragé, travaillait peu
à l'imprimerie royale, où il venait d'entrer, et se laissait
souvent surprendre à lire en cachette les chefs-d'œuvre
des beaux esprits du temps; il arrivait alors que le directeur, Anisson Duperron, lui rabattait une demi-journée
de 25 sols. Sa misère et son avilissement devinrent tels
que, sans la crainte de déshonorer son père, il aurait, il
l'avoue, pris quelque parti *vil et bas*. Cette lutte intérieure, qui rappelait sans cesse à sa pensée les vertus
d'Edme Restif que, dans son pays, on avait surnommé
l'honnête homme, lui fit dès-lors concevoir l'idée d'écrire
le livre intitulé *la Vie de mon père*, qui parut quelques
années plus tard, et qui est peut-être le seul irréprochable
de ses écrits.

Cependant, pour écrire une œuvre de longue haleine,
il fallait plus de force morale et plus de loisir que Restif
n'en avait alors. Une veine plus favorable s'ouvrit pour
lui en 1764; un de ses amis lui fit avoir la place de
prote chez Guillau, rue du Fouarre. C'était une affaire
de 18 livres par semaine, outre une *copie* de tous les ouvrages, ce qui valait 500 livres en plus. Cette bonne
chance dura trois années. Le goût du travail revint avec
une telle amélioration dans l'existence, et ce fut grâce
aux loisirs de cette position que Restif écrivit son premier
ouvrage, *la Famille vertueuse*. Avec une franchise que
n'ont pas tous les écrivains, il avoue qu'il n'a jamais pu
rien imaginer, que ses romans n'ont jamais été, selon lui,
que la mise en œuvre d'événements qui lui étaient arrivés personnellement, ou qu'il avait entendu raconter;
c'est ce qu'il appelait *la base* de son récit. Lorsqu'il manquait de sujets, ou qu'il se trouvait embarrassé pour

quelque épisode, il se créait à lui-même une aventure
romanesque; dont les diverses péripéties, amenées par les
circonstances, lui fournissaient ensuite des ressorts plus
ou moins heureux. On ne peut pousser plus loin le *réalisme* littéraire.

Ainsi, passant un dimanche par la rue Contrescarpe,
Restif remarque une dame accompagnée de ses deux filles
qui se rendait au Palais-Royal. La beauté de l'une de ces
personnes le frappa d'admiration ; il s'attache aux pas de
cette famille, et se fait remarquer à la promenade en
s'asseyant sur le même banc, et par divers moyens analogues. Il suit encore les dames à leur retour; elles demeurent rue Traversière, dans un magasin de soieries. A
partir de ce jour, Restif vient tous les soirs admirer à travers le vitrage la belle Rose Bourgeois, comme il faisait
autrefois pour Zéfire. Le souvenir chéri de cette pauvre
fille lui donne l'idée d'écrire des lettres amoureuses qu'il
glissera par un trou de boulon dans la boutique. Les jours
suivants, il parvient à en introduire une tous les soirs,
et, après avoir fait le coup, il repasse indifféremment;
le père et la mère sont en possession de la lettre que l'on
lit à haute voix comme une plaisanterie, d'autant qu'on
ne sait à laquelle des sœurs s'adresse la déclaration. Cela
dure douze jours; une telle insistance paraît plus sérieuse;
on poursuit en vain le coupable. Enfin, un soir, les voisins le signalent; on l'arrête, et les garçons de boutique
se disposent à le conduire chez le commissaire. La rue
était pleine de monde. Le père, craignant le scandale,
fait entrer Restif dans l'arrière-boutique. « Il ne faut pas
lui faire de mal! » disaient les deux sœurs. On ferme la
porte. « Vous avez écrit ces lettres? dit le père... à laquelle
de mes filles?... — A l'aînée. — Il fallait donc le dire...
Et maintenant, de quel droit cherchez-vous à troubler le

cœur d'une jeune personne et même de deux? — Je l'i-
gnore, un sentiment impérieux... » Il se défend avec chaleur, le père s'attendrit et dit enfin : « Il y a de l'âme
dans vos lettres... Faites-vous connaître; tirez parti de
vos talents, et nous verrons. »

Restif n'osa pas dire qu'il était marié, et garda cette
scène à effet pour son roman, où il employa conscien-
cieusement les lettres écrites à deux fins, la jalousie innocente des deux sœurs, l'arrestation, la scène du père,
dont il fait un Anglais, parce qu'alors Richardson était en
vogue; il y ajouta quelques épisodes de ses propres aventures, et renforça le tout d'un caractère de jésuite qui,
devenu père d'une fille, la marie en Californie, « pays,
dit l'auteur, où l'on est pour le moins aussi stupide qu'au
Paraguay. » Le manuscrit fini, Restif voulut consulter un
aristarque. Il choisit un certain Progrès, romancier et
critique dont le chef-d'œuvre était la *Poëtique de l'opéra
bouffon.* Progrès lui fit couper la moitié du livre. Il fallait encore demander un censeur; on pouvait le choisir.
Restif *obtint* M. Albaret, qui lui donna une approbation
flatteuse. « Cette approbation, dit Restif, m'éleva l'âme. »
Il se hâta de l'envoyer à M. Bourgeois, le marchand de
soieries, en le priant de lui permettre de dédier l'ouvrage
à Mlle Rose; le marchand répondit en déclinant cet honneur dans une lettre fort polie. « Comment, dit l'auteur,
pouvais-je alors imaginer qu'il me serait permis de dédier un roman à une jeune personne aussi belle et d'une
classe de citoyens qui doit rester dans une honorable
obscurité!... » L'ouvrage fut vendu à la veuve Duchesne
15 livres la feuille, ce qui fit plus de 700 francs. Jamais
Restif n'avait eu dans les mains une si forte somme. Il
quitta dès-lors fort imprudemment sa place de prote :
l'axe de sa vie était changé désormais.

Quant à Rose Bourgois, il ne la revit plus ; mais il aurait manqué quelque chose à l'aventure, si le hasard n'y avait ajouté un dernier élément romanesque pour couronner ceux que la volonté de Restif avait créés. Les deux sœurs étaient petites filles d'une nommée Rose Pombelins, dont le père de Restif avait été amoureux. Supposez ce père moins vertueux qu'il ne l'était en réalité, et voici tout un drame de famille d'où peut sortir un dénoûment terrible... En fait de combinaisons étranges, on n'en demanderait pas plus, même aujourd'hui. ·

II.

LES ROMANS PHILOSOPHIQUES DE RESTIF.

La vie littéraire de Restif ne commence réellement qu'en l'année 1766. Nous avons vu que sa jeunesse s'était partagée entre l'amour et le travail peu lucratif d'ouvrier compositeur. En commençant à raconter dans ses *Mémoires* la phase nouvelle qui s'ouvrait dans son existence, il s'écrie : « Je termine ici l'époque honteuse de ma vie, celle de ma nullité, de ma misère et de mon avilissement. » Il attribue le peu de succès de *la Famille vertueuse* à l'audace de l'orthographe, entièrement conforme à la prononciation et réglée par un système qu'il modifia plusieurs fois depuis.

Lucile ou les Progrès de la vertu, qui parut peu de temps après, est le récit des escapades de Mlle Cadette Forterre, fille d'un commissionnaire en vins et l'une des plus charmantes Auxerroises dont Nicolas ait jamais rêvé.

Il signa ce livre *un mousquetaire*, et voulut le dédier à Mlle Hus de la Comédie-Française, qui refusa cet honneur par une lettre fort polie, où elle marquait la crainte que la légèreté du livre ne nuisît à sa réputation. Peut-être Restif espéra-t-il alors, mais en vain, d'être admis à cette fameuse table du financier Bouret, ouverte à la littérature par le goût et la bonne grâce de Mlle Hus, et dont Diderot a donné une si piquante description dans le *Neveu de Rameau*.

Le Pied de Fanchette contient cette préface curieuse : « Si je n'avais eu pour but que de plaire, le tissu de cet ouvrage aurait été différent. Fanchette, sa bonne, un oncle et son fils, avec un hypocrite, suffisaient pour l'intrigue; le premier amant de Fanchette se fût trouvé fils de cet oncle, la marche aurait été plus naturelle et le dénoûment plus vif; mais il fallait dire la vérité. » Ce roman n'est autre chose que l'histoire d'une jolie femme aimée par un vieillard que la séduction d'un pied, le plus charmant du monde, entraîne aux plus vertes folies. On retrouve dans l'ouvrage et dans les notes qui l'accompagnent cette préoccupation constante du pied et de la chaussure des femmes qu'on remarque dans tous les écrits de l'auteur. Cette monomanie ne l'a pas abandonné un seul jour. Dès qu'il avait trouvé un joli pied dans ses promenades, il s'empressait d'aller chercher Binet, son dessinateur, afin qu'il en vînt prendre le croquis. Selon lui, « les femmes qui se chaussent à plat, comme les infâmes petits maîtres *pointus*, se *pataudent* et s'*hommassent* d'une manière horripilante, tandis qu'au contraire les souliers à talons hauts *affinent* la jambe et *sylphisent* tout le corps. » Les mots bizarres, quoique expressifs, qui émaillent cette phrase, donnent une idée de la singulière phraséologie qui se joint aux hardiesses de l'orthographe pour rendre difficile la lecture des premiers ouvrages de Restif. Toutefois le *Pied de Fanchette* commença sa réputation. Il y a de l'originalité et même du style dans ce roman, qui lui rapporta fort peu à cause du grand nombre des contrefaçons, c'est-à-dire à cause même de son succès.

Le Pornographe succéda au *Pied de Fanchette*, et se compose d'un roman par lettres destiné à prouvé l'utilité d'une réforme de certains règlements de police, et d'un projet de règlement appuyé d'appendices et de notes justificatives. L'auteur admet comme nécessaire que, dans les grands centres de population, quelques femmes soient dévouées à garantir et à préserver la moralité des autres. Dans l'Inde, c'étaient les femmes des castes inférieures; en Grèce, c'étaient les esclaves auxquelles était assigné ce but social. L'âge moderne trouverait des classifications analogues dans l'étude des tempéraments ou dans le malheur inné de certaines positions. — Quelque chose de la doctrine de Fourier se rencontre à l'avance dans cette hypothèse; — la *papillonne* est, selon Restif, la loi dominante de certaines organisations. Il s'opère toutefois dans ces natures abaissées des transformations amenées par l'âge ou par les idées morales, ou encore par quelque sentiment imprévu qui épure l'esprit et le cœur. Dans ce cas, toute aide, tout encouragement doivent être donnés à qui veut rentrer dans l'ordre général, dans la société régulière. La tendance principale qui devrait régner dans l'institution particulière des *parthénions*, que Restif voudrait créer, à l'instar des Grecs, — serait même d'amener les esprits à ce résultat. Restif suppose que les natures les plus vicieuses ne se dégradent entièrement qu'en raison du mépris qui pèse sur leur passé, et d'après une situation résultant du malheur de la naissance, des conséquences d'une seule faute, ou d'une complication de misères qu'il est difficile d'apprécier. Le plus grand mérite des règlements qu'il avait conçus était de soustraire, disait-il, les jeunes gens aux tentations extérieures, d'éloigner des familles le spectacle du vice promenant insolemment son luxe d'un jour, de neutraliser enfin pour l'homme un instant égaré la possibilité de maux dont les races sont solidaires.

Cet ouvrage eut un succès européen, et les idées qu'il renferme frappèrent vivement l'esprit philosophique de Joseph II (1), qui appliqua dans ses états les projets de règlements contenus dans la seconde partie du livre. *Le Pornographe* fut suivi de plusieurs ouvrages du même genre, que l'auteur range sous le titre d'*Idées singulières*. Le second volume s'intitule *le Mimographe ou le Théâtre réformé*. Restif insiste dans ce livre sur la nécessité d'admettre la vérité absolue au théâtre, et de renoncer au système conventionnel de la tragédie et de la comédie, dont les règles académiques ont opprimé même des génies tels que Corneille et Molière. On croirait lire les préfaces de Diderot et de Beaumarchais, — qui, plus heureux ou plus habiles, parvinrent à réaliser leurs théories, — tandis que le théâtre de Restif fut toujours repoussé de la scène. On se convaincra de l'excès de réalité qu'il voulait introduire en sachant qu'il proposait, pour augmenter l'utilité, la moralité et la volupté du théâtre, de faire jouer les scènes d'amour par de véritables amants la veille de leur mariage.

_____

(1) Quelques années plus tard, Restif, arrivé à une plus grande réputation, reçut de la part de Joseph II un brevet de baron enfermé dans une tabatière ornée d'un portrait de l'empereur. Il renvoya le brevet, et garda l'image du souverain philosophe.

Jusqu'à son livre du *Paysan perverti*, Restif n'avait presque rien gagné en dehors de son travail d'imprimeur, qui représentait pour lui le gagne-pain, comme les copies de musique pour Jean-Jacques Rousseau. Les libraires payaient rarement leurs billets, la contrefaçon réduisait de beaucoup les bénéfices possibles, et les censeurs arrêtaient souvent des ouvrages tout imprimés, ou les grevaient de frais énormes en faisant substituer des cartons aux passages dangereux. « Au 18 auguste 1790, dit l'auteur, j'étais encore plus pauvre que pendant ma *proterie*. Je mangeais rapidement le profit de ma *Famille vertueuse*; mon *École de la Jeunesse* était refusée par le libraire, mon *Pornographe* par le censeur... Cependant je ne me décourageai pas. Je fis *Lucile* en cinq jours. Je ne pus la vendre que 5 louis à un libraire, qui en tira quinze cents exemplaires au lieu de mille, et qui communiqua les épreuves aux contrefacteurs. Cet homme, suppôt de police, a fait une fortune; il est mort au moment d'en jouir. » On voit, par ce passage, à quel point en était alors la librairie française. Le *Pornographe* et le *Mimographe* avaient rapporté peu de chose à Restif, par suite d'un système d'association peu productif que l'écrivain tenta avec un ouvrier qui lui avançait quelques fonds. *La Fille naturelle* et les *Lettres d'une Fille à son Père*, publiées par Lejay, n'avaient guère eu de plus brillants résultats. Un roman imité de Quévédo, intitulé *le Fin Matois*, avait été payé en billets dépourvus de toute valeur. On voit dans ce roman Restif osciller entre les diverses tendances étrangères qui dominaient les écrivains de son temps, avant de prendre son aplomb définitif dans le *Paysan perverti*.

Restif, ayant reçu quelque argent de son héritage paternel, put faire les frais du *Paysan perverti*, que le li-

brairo Delalain avait refusé d'acheter. La première édition
fut enlevée en six semaines, et la deuxième en vingt jours.
La troisième se vendit plus lentement à cause des contrefaçons; mais le succès hors de France fut tel qu'il s'en
publia jusqu'à quarante-deux éditions en Angleterre seulement. La peinture des mœurs françaises a, de tout temps,
intéressé les étrangers plus que la France même. L'ouvrage fut d'abord attribué à Diderot, ce qui fit naître une
foule de réclamations. On suspendit la vente; cependant,
au moyen d'un présent au censeur Demaroles, Restif obtint main levée sous la condition de faire imprimer quelques *cartons* aux endroits signalés comme dangereux.

La Paysanne pervertie parut trois ans après *le Paysan*,
puis les deux ouvrages furent fondus ensemble sous le
titre du *Paysan-Paysanne.* Ici se dévoloppent nettement
les idées du réformateur mêlées aux combinaisons dramatiques du romancier. Il faut bien, à ce propos, parler
du système général de philosophie et de morale qu'avait
conçu l'auteur, et qu'il développa plus tard dans quelques
livres spéciaux Il en attribue la conception première aux
entretiens qu'il eut, du temps de son apprentissage, avec
le cordelier Gaudet d'Arras. La science de ce dernier sup-
pléait à ce qui manquait de ce côté aux pensées aventu-
reuses du jeune homme, et le système se formait ainsi,
comme l'antique chimère, de deux natures bizarrement
accouplées.

Il semble évident, d'après la vie de Restif de la Bretone, qu'il suivait dans ses idées philosophiques une sorte
de patron tracé, que brodait à plaisir son imagination
fantasque. La logique de son système manque entièrement
dans sa conduite personnelle, et il ne peut que s'écrier à
chaque instant : « Ah ! que je me suis trompé ! ah ! que
j'ai été faible ! ah ! que j'ai été lâche ! » — Voilà le réfor-

mateur. — Pour Gaudet d'Arras, au contraire, dont il a longuement détaillé le type dans le *Paysan perverti,* il n'y a ni vertu, ni vice, ni lâcheté, ni faiblesse. Tout ce que fait l'homme est bien, en tant qu'il agit selon son intérêt ou son plaisir, et ne s'expose ni à la vengeance des lois ni à celle des hommes. Si le mal se produit ensuite, c'est la faute de la société qui ne l'a pas prévu. Cependant Gaudet d'Arras n'est pas cruel, il est même affectueux pour ceux qu'il aime, parce qu'il a besoin de compagnie; sensible aux maux d'autrui par suite d'une espèce de crispation nerveuse que lui fait éprouver le spectacle de la souffrance; mais il pourrait être dur, égoïste, insensible, qu'il ne s'en estimerait pas moins, et n'y verrait qu'un hasard de son organisation, ou plutôt qu'un but mystérieux de cette immortelle nature qui a fait le vautour et la colombe, le loup et la brebis, la mouche et l'araignée. Rien n'est bien, rien n'est mal, mais tout n'est pas indifférent. Le vautour débarrasse la terre des chairs putréfiées, le loup empêche la multiplication de races innombrables d'animaux rongeurs, l'araignée réduit le nombre des insectes nuisibles; tout est ainsi : le fumier infect est un engrais, les poisons sont des médicaments... L'homme, qui a le gouvernement de la terre, doit savoir régler les rapports des êtres et des choses relativement à son intérêt et à celui de sa race. Là, et non dans les religions ou les formes de gouvernement, se trouve le principe des générations futures. Avec une bonne organisation sociale, on se passera fort bien de la vertu : — la bienfaisance et la pitié seront l'affaire des magistrats; — avec une philosophie solide, on annulera de même les peines morales, lesquelles sont le résultat soit de l'éducation religieuse, soit des lectures romanesques.

Rien n'est bien neuf aujourd'hui dans cette doctrine

de 1750, qui remonte aux illustres épicuriens du siècle de Louis XIV directement, et que l'on retrouve tout entière dans le *Système de la Nature*. Nous n'avons voulu que marquer la base sur laquelle s'est fondé tout le système de l'auteur du *Pornographe*. Quant à lui-même, il n'a accepté que sous bénéfice d'inventaire les idées de Gaudet d'Arras. Ce matérialisme absolu lui répugnait, et il s'applaudit d'avoir trouvé dans un autre ami, son camarade d'imprimerie, le bon Loiseau, un caractère tout spiritualiste à opposer aux sentiments épicuriens du cordelier. Toutefois, entre Gaudet et Loiseau, il y avait une moyenne à prendre. Loiseau, quoique philosophe, croyait au Dieu rémunérateur et même à des anges ou esprits, *acolytes divins*, dont le célèbre Dupont de Nemours a voulu depuis prouver l'existence, en dehors de toute tradition religieuse. L'aridité du naturalisme primitif se trouvait ainsi corrigée par certaines tendances mystiques où tombèrent plus tard Pernetty, d'Argens, Delille de Salles, d'Espréménil et Saint-Martin. Si étranges que puissent sembler aujourd'hui ces variations de l'esprit philosophique, elles suivent exactement la même marche que dans l'antiquité romaine, où le néoplatonisme d'Alexandrie succéda à l'école des épicuriens et des stoïciens du siècle d'Auguste.

Quelque faible que puisse être la valeur des idées philosophiques de *monsieur Nicolas*, il était impossible de ne pas les indiquer dans l'appréciation de ses œuvres littéraires, car Restif est de ces auteurs qui n'écrivent pas une ligne, vers ou prose, roman ou drame, sans la nouer par quelque fil à la synthèse universelle. La prétention à l'analyse des caractères et à la critique des mœurs s'était manifestée déjà dans les trois ou quatre romans obscurs qui précédèrent *le Pornographe*; à dater de ce livre, les

tendances réformatrices se multiplièrent chez l'auteur;
grâce au succès qu'il avait obtenu; après *le Mimographe*, voici encore *l'Anthropographe* et *le Gynographe*,
l'homme et la femme réformés, puis *le Thesmographe* et
le Glossographe, concernant les lois et la langue. Les
deux premiers s'éloignent peu des idées de Rousseau. A
l'exemple du philosophe de Genève, Restif ne voit d'autre
remède à la corruption que le séjour des champs et les
travaux à l'agriculture, toutefois il s'abstient de blâmer
les spectacles et les arts. Mais où est le mérite de la philosophie, si elle ne trouve d'autre moyen de moralisation
sociale que l'anéantissement des villes? Faut-il donc supprimer les merveilles de l'industrie, des arts et des sciences, et borner le rôle de l'homme à produire et à consommer les fruits de la terre? Il vaudrait mieux sans
doute chercher à établir des principes de morale pour
tous les états et pour toutes les situations.

III.

LES ŒUVRES CONFIDENTIELLES DE RESTIF.

A côté des romans à prétention philosophique viennent
sans cesse se placer dans la collection de Restif d'autres
romans que nous avons déjà caractérisés, et qui ne sont
que des chapitres d'une même confession : on pourrait
appeler ces récits les *œuvres confidentielles* de Restif.
C'est à ce groupe qu'appartient le livre appelé les *Mémoires de M. Nicolas*, où il raconte sa vie étrange sans
détours et sans voiles; c'est à ce groupe aussi qu'il faut

rattacher quelques parties d'un recueil volumineux de récits et d'esquisses de mœurs, *les Contemporaines*.

Les *Mémoires de M. Nicolas*, c'est-à-dire la vie même de l'auteur, offrent à peu près tous les éléments du sujet déjà traité dans *le Paysan perverti*. L'analyse du roman fera connaître les *Mémoires*. Dans le roman, il s'est représenté lui-même sous le nom d'Edmond, et ses aventures d'Auxerre en forment la première partie : on voit qu'il n'y a pas là de grands frais d'imagination ; l'art se montre dans l'agencement des détails et dans la peinture des caractères. Celui de Gaudet d'Arras est surtout fort saisissant et peut compter comme le prototype de ces personnages sombres qui planent sur une action romanesque et en dirigent fatalement les fils. On a beaucoup abusé depuis de ces héros sataniques et railleurs ; mais Restif a l'avantage d'avoir peint un type véritable, compensé bien tristement par le malheur de l'avoir connu. A voir ainsi la réalité servir à la fable du drame, on pense à ces groupes que certains statuaires composent avec des figures qui ne sont pas le produit de l'étude ou de l'imagination, mais qui ont été moulées sur nature. D'après ce procédé, nous voyons aussi paraître le type adorable de Mme Parangon, puis en opposition celui de Zéfire : il est inutile de répéter toute cette histoire ; mais on peut remarquer que Mme Parangon et Gaudet d'Arras se rencontrent à Paris avec l'auteur, comme son bon et son mauvais génie. C'est cette portion qui constitue en réalité la force et le mérite de ce livre, qui autrement ne serait qu'une ébauche de mémoires personnels. Gaudet d'Arras devient le Mentor *funeste* d'Edmond ; il l'entraîne à travers tous les désordres, toutes les corruptions, tous les crimes de la capitale, et cela sans intérêts, sans haine, et même avec une sorte d'amitié compatissante pour un jeune homme

dont la société lui plaît. D'après sa philosophie longuement développée, il faut, pour être heureux, tout connaître, user de tout, et satisfaire ses passions sans trouble
et sans enthousiasme, puis se tarir le cœur progressive-
ment, pour arriver à cette insensibilité contemplative du
sage, qui devient sa vraie couronne et le prépare aux
douceurs futures de la mort, son unique récompense. En
suivant ce système, Edmond, après avoir mené vie joyeuse,
déshonoré sa bienfaitrice, essayé jusqu'au plus honteux
raffinement du vice, finit par épouser une vieille de
soixante ans, pour avoir sa fortune; elle meurt au bout
de trois mois, et l'on accuse Gaudet d'Arras de l'avoir em-
poisonnée. Cette action ultra-philosophique lui réservait
l'échafaud, mais Gaudet se tue. Edmond est condamné
aux galères. Après de longues années de douleurs et de
remords, il parvient à s'échapper et retourne dans son
village; il est si changé, si souffrant, que personne ne le
reconnaît. Ses parents sont morts de douleur : il s'en va
errer dans le cimetière, cherchant leurs tombes; il y rencontre son frère Pierrot, qui n'a point quitté le village, et
qui a mené doucement son utile existence en cultivant son
champ; il y a là une scène fort touchante et une belle opposition. L'auteur est un peu retombé dans le roman ba-
nal en faisant retrouver ensuite à Edmond sa bienfaitrice,
Mme Parangon, qui lui pardonne, le console, et consent
même à l'épouser; mais, le jour même du mariage, il
est renversé par une voiture qui lui passe sur le corps.

On voit que l'auteur ne s'est pas ménagé en se peignant
sous le personnage d'Edmond. Il est certain qu'il a lui-
même exagéré les traits du personnage pour le rendre
plus saisissant, et qu'il ne se jugeait pas digne de la punition qu'il suppose. Toutefois on reconnaît bien dans
Edmond le fond même du caractère qui se trahit dans

M. Nicolas, c'est-à-dire une sorte de faiblesse présomp-
tueuse qui infirme singulièrement les prétentions philosophiques du disciple de Gaudet d'Arras. Jamais Edmond
ne peut rencontrer la force morale nécessaire pour résister au malheur ou à l'abjection; contraint à chaque instant d'avouer sa faiblesse, il ne s'adresse qu'à la pitié ou
à ce sentiment qui lui fait mille fois répéter : « J'ai voulu
peindre les événements d'une vie naturelle et la laisser à
la postérité comme une anatomie morale; » il se fait un
mérite de sa hardiesse « à tout nommer, à compromettre
les autres, à les immoler avec lui, comme lui, à l'utilité
publique. » Jean-Jacques Rousseau, selon lui, a dit la
vérité, mais il a trop écrit *en auteur.* Il ne le loue que
d'avoir tiré de l'oubli et fait vivre éternellement Mme de
Warens; il fait remarquer à ce propos le rapport qui
existe entre elle et Mme Parangon, s'applaudissant d'avoir
célébré cette dernière et rapporté, sous des noms supposés, ses aventures avec elle dans *le Paysan perverti,* publié en 1775, avant les *Confessions* de Rousseau. « Ne
vous indignez pas contre moi, ajoute-t-il, de ce que je
suis homme et faible; c'est par là qu'il faut me louer,
car, si je n'avais eu que des vertus à vous exposer, où serait l'effort sur moi-même ? Mais j'ai eu le courage de
me *dévêtir* devant vous, d'exposer toutes mes faiblesses,
toutes mes imperfections, mes turpitudes, pour vous faire
comparer vos semblables à vous-mêmes... On croit, ajoute-
t-il, s'instruire par les fables : eh bien! moi, je suis un
grand fabuliste qui instruit les autres à ses dépens; je suis
un animal multiple, quelquefois rusé comme le renard,
quelquefois bouché, lent et stupide comme le baudet,
souvent fier et courageux comme le lion, parfois fugace
et avide comme le loup... » L'aigle, le bouc ou le lièvre
lui fournissent encore des assimilations plus ou moins

modestes ; mais quelle est donc cette singulière philosophie qui, sous prétexte de vivre selon la nature, abaisse l'homme au niveau de la brute, ou plutôt ne l'élève qu'à la qualité d'*animal multiple* ?

Nous arrivons aux *Contemporaines*, un des ouvrages les plus connus de Restif. Beaucoup de ses premiers romans ont été reproduits dans cette immense collection, qui comprend quarante-deux volumes de 1781 à 1785. *Les Contemporaines*, illustrées de cinq cents gravures fort soignées pour la plupart, resteront comme une reproduction curieuse, mais exagérée, des costumes et des mœurs de la fin du xviiie siècle. Elles eurent beaucoup de succès, surtout en province et à l'étranger. Ce fut cette compilation énorme, payée à 48 livres la feuille, qui permit à l'auteur de faire graver les cent vingt figures du *Paysan-Paysanne pervertis*. Comme Dorat, il se ruinait à faire *illustrer* ses œuvres. Le succès de cette collection fit qu'il y ajouta un grand nombre de suites, telles que *les Françaises*, *les Parisiennes*, *les Provinciales*, et jusqu'à une dernière série aux descriptions scabreuses, intitulée le *Palais-Royal*

A cette époque, Agnès Lebègue ne vivait plus avec lui. Retirée à la campagne, elle s'était consacrée à l'éducation de quelques jeunes personnes. Restif charma son isolement par des relations assez suivies avec la fille d'un boulanger, Virginie, qui lui coûta quelque argent et lui causa d'assez grands chagrins en dépensant avec des étudiants les produits de la vente de ses chefs-d'œuvre. De plus, elle le traitait d'avare et finit par l'abandonner pour un caissier de banque. La seule vengeance de l'auteur fut d'écrire *le Quadragénaire*, afin de regagner du moins avec sa triste aventure l'argent qu'elle lui avait coûté. Ce titre indique l'âge où commençait la décadence du sé-

ducteur, mieux prononcée encore cinq ans plus tard,
lorsqu'il eut le malheur de connaître Sara. La tristesse
qu'il éprouva lui donna l'idée de commencer *le Hibou
ou Spectateur nocturne*, se désignant lui-même sous cet
aspect d'oiseau de nuit que lui donnaient de loin cet œil
noir et ce nez aquilin qui gracieux jadis, tournait déjà à
la caricature. Ce livre est l'origine des *Nuits de Paris*.

Lorsque Restif composa *le nouvel Abailard*, il était
épris d'une jolie charcutière appelée Mlle Londo, car il
lui fallait toujours un modèle pour chacun de ses ouvrages. On trouve dans ce livre le germe de sa *Physique*.
La charcutière, ignorante par état, était curieuse d'astro-
nomie non moins que la belle marquise à laquelle Fontenelle adressait ses savants entretiens. De là tout un système cosmogonique à la portée... des jolies charcutières !
A force de creuser ses idées transmondaines, Restif se vit
conduit à écrire *l'Homme volant*, plaidoyer fort ingénieux en faveur de l'aréostation. La machine qui trans-
porte Victorin dans les airs est décrite avec une scrupuleuse
minutie. Il s'est inspiré là probablement du *Voyage* de
Cyrano, qui prévoyait aussi longtemps à l'avance la découverte de Montgolfier.

Enfin parut l'ouvrage intitulé *la Vie de mon père*, qui,
sans obtenir le succès matériel du *Paysan perverti*, fit
grand honneur à Restif de la Bretone auprès du public
sérieux. Il décrit là avec simplicité et avec charme l'existence paisible et les vertus modestes d'un honnête homme
dont il avoue qu'il aurait dû suivre l'exemple. Deux portraits de son père Edme Restif et de sa mère Barbe Bertrô
illustrent cet ouvrage où l'auteur manifeste pour la vertu
et la pureté des mœurs les regrets que l'ange déchu put
concevoir du paradis.

Un livre amer, douloureux, plein de rage et de désesnoir succéda à cette idylle domestique. *La Malédiction paternelle*, livre où se révèle peut-être le triste souvenir de quelque drame de famille, contient l'histoire de *Zéfire*, premier échelon de la décadence morale de l'écrivain. *La Découverte australe* et *l'Andrographe*, ouvrages philosophiques où l'utopie tient une grande place, se rattachent à cette dernière période de la vie littéraire de Restif, pendant laquelle il lui arriva d'écrire quatre-vingt-cinq volumes en six ans. Restif eut le malheur à cette époque de perdre un ami précieux qui l'avait souvent aidé de sa bourse, et qui, comme censeur, le protégeait dans la publication de ses ouvrages. Cet homme, qui s'appelait Mairobert, s'ennuyait de la vie. Résolu à mourir, il eut la bonne idée de *parapher* d'avance plusieurs des ouvrages de Restif. Ce dernier vint les retirer et lui conta ses chagrins de ménage et de fortune. En même temps il enviait le sort de Mairobert, jeune, riche et en grand crédit. « Que de gens, lui répondit ce dernier, que l'on croit heureux et qui sont au désespoir ! » Le surlendemain, Restif apprit que son protecteur s'était coupé les veines dans un bain et s'était achevé d'un coup de pistolet. « Me voilà seul ! s'écrie Restif dans *le Drame de la vie*, après avoir rapporté cette fin douloureuse. O Dieu ! comme le sort me poursuit ! Cet homme allait me donner une existence... Retombons dans le néant ! »

Cependant un autre ami riche, nommé Bultel-Dumont, remplaça pour lui Mairobert. Restif fut introduit par ce dernier patron dans une sorte de société intermédiaire où se rencontraient la haute bourgeoisie, la robe, la littérature et quelque peu de la noblesse. Robé, Rivarol, Goldoni, Caraccioli, — des acteurs, des artistes, — le duc de Gèvres, Préval, Pelletier de Mortefontaine, tel était le côté brillant de cette société, avide de lectures, de phi-

losophies, de paradoxes, de bons mots et d'anecdoctes
piquantes. Les salons de Dumont, de Préval et de Pelletier s'ouvraient tour à tour à ce public d'intimes. Une
des personnes qui produisirent le plus d'impression sur
Restif, encore un peu nouveau dans le monde, fut
Mme Montalembert, qui l'accueillit avec sympathie. —
Que n'ai-je trente ans de moins! s'écria-t-il, et il s'inspira
du type de cette aimable femme pour en faire *la marquise* des *Nuits de Paris,* sorte de providence occulte
qu'il chargeait du sort des malheureux et des souffrants
rencontrés dans ses expéditions nocturnes.

Vers la même époque, Restif fit la connaissance de
Beaumarchais, qui, appréciant son double talent d'écrivain et d'imprimeur, voulut le mettre à la tête de l'imprimerie de Kehl, où se faisait la grande édition de Voltaire;
il refusa et s'en repentit plus tard.

Une autre maison s'ouvrit encore pour l'écrivain que
signalait alors une célébrité croissante, ce fut celle de Gri-
mod de la Reynière fils, jeune homme spirituel, à l'âme
ardente, à la tête un peu faible, qui donnait alors des
réunions littéraires de gens choisis tels que Chénier, les
Trudaine, Mercier, Fontanes, le comte de Narbonne, le
chevalier de Castellane, Puis Larive, Saint-Prix, etc. La
bizarrerie de l'amphitryon éclatait toujours dans l'ordonnance de ses fêtes. Tout Paris s'occupa de deux grandes
fêtes philosophiques que donna la Reynière, dans lesquelles
il avait établi des cérémonies selon le goût antique. L'é-
lément moderne était représenté par une abondance extraordinaire de café. Pour être admis, il fallait s'engager à
boire vingt-deux demi-tasses au déjeûner. L'après-midi
était occupé par des séances d'électricité. On dînait ensuite à une vaste table ronde dans une salle éclairée par
trois cent soixante-six lampions. Un héraut, vêtu d'un

15

costuma de Bayard, précédait, la lance à la main, les quatorze services, conduits par la Reynière lui-même en habit noir. Un cortège de cuisiniers et de pages accompagnait les mets servis dans d'énormes plats d'argent, et de jolies *servantes* en costumes romains, placées près des convives, leur présentaient de longues chevelures pour y essuyer leurs doigts.

IV.

RESTIF COMMUNISTE. — SA VIE PENDANT LA RÉVOLUTION.

On sait maintenant sur la vie étrange de Restif tout ce qu'il faut pour le classer assurément parmi ces écrivains que les Anglais appellent *excentriques*. Aux détails caractéristiques indiqués çà et là dans notre récit, il est bon d'ajouter quelques traits particuliers. Restif était d'une petite taille, mais robuste et quelque peu replet. Dans ses dernières années, on parlait de lui comme d'une sorte de bourru, vêtu négligemment et d'un abord difficile. Le chevalier de Cubières sortait un jour de la Comédie-Française; en chemin, il s'arrêta chez la veuve Duchesne pour acheter la pièce à la mode. Un homme se tenait debout au milieu de la boutique avec un grand chapeau rabattu qui lui couvrait la moitié de la figure. Un manteau de très gros drap noirâtre lui descendait jusqu'à mi-jambe; il était sanglé au milieu du corps, avec quelque prétention sans doute à diminuer son embonpoint. Le chevalier l'examinait curieusement. Cet homme tira de sa poche une petite bougie, l'alluma au comptoir; la mit dans une lanterne, et sortit sans regarder ni saluer personne. Il demeurait alors dans la maison. « Quel est cet original? demanda Cubières. — Eh quoi! vous ne le connaissez pas? lui répondit-on; c'est Restif de la Bretone. » Pénétré d'étonnement à ce nom célèbre, le chevalier revint le lendemain, curieux d'engager des relations amicales avec un écrivain qu'il aimait à lire. Ce dernier ne répondit rien aux compliments que lui fit l'écrivain musqué si chéri dans les salons du temps. Cubières se borna à rire de cette impolitesse. Ayant eu plus tard occasion de rencontrer Restif chez des amis communs, il vit en lui un tout autre homme plein de verve et de cordialité. Il lui rappela leur première entrevue. — Que voulez-vous? dit Restif, je suis l'homme des impressions du moment; j'écrivais alors *le Hibou nocturne*, et, voulant être un hibou véritable, j'avais fait vœu de ne parler à personne.

Il y avait bien aussi quelque affectation dans ce rôle de bourru, renouvelé de Jean-Jacques. Cela excitait la curiosité des gens du monde, et les femmes du plus haut rang se piquaient d'apprivoiser l'ours. Alors il redevenait aimable; mais ses galanteries à brûle-pourpoint, son audace, renouvelée de l'époque où il jouait le rôle d'un Faublas de bas étage, effrayaient parfois les imprudentes forcées d'écouter tout à coup quelque boutade cynique.

Un jour, il reçut une invitation à déjeûner chez M. Senac de Meillan, intendant de Valenciennes, avec quelques bourgeois provinciaux qui désiraient voir l'auteur du *Paysan perverti*. Il y avait là en outre des académiciens d'Amiens et le rédacteur de la *Feuille de Picardie*. Restif se trouva placé entre une Mme Denys, marchande de mousseline rayée, et une autre dame modestement vêtue qu'il prit pour une femme de chambre de grande maison. En

face de lui était un jeune provincial plaisant qu'on appelait *Nicodème*, puis un sourd qui amusait la société en
parlant çà et là de choses qui n'avaient aucun rapport
avec la conversation. Un petit homme propret, affublé
d'un habit en camelot blanc, faisait l'important et traitait
de fariboles les idées politiques et philosophiques qu'é-
mettait le romancier. Une Mme Laval, marchande de den-
telles de Malines, le défendait au contraire et lui *trouvait
du fonds*. On était alors en 1789, de sorte qu'il fut question pendant le repas de la nouvelle constitution du clergé,
de l'extinction des priviléges nobiliaires et des réformes
législatives. Restif, se voyant au milieu de bonnes gens
bien ronds, et qui l'écoutaient en général avec faveur,
développa une foule de systèmes excentriques. Le sourd
les hachait de coq-à-l'âne d'une manière fort incommode,
l'homme en camelot blanc les perçait d'un trait vif ou
d'une apostrophe pleine de gravité. On finit, selon l'usage
d'alors, par des lectures. Mercier lut un fragment de politique, Legrand d'Aussy une dissertation sur les montagnes d'Auvergne. Restif développa son système de physique,
qu'il proclamait plus raisonnable que celui de Buffon,
plus vraisemblable que celui de Newton. On se jeta à son
cou, on proclama le tout sublime. Le surlendemain, l'abbé
Fontenai, qui s'était trouvé aussi au déjeûner, lui apprit
qu'il avait été victime d'un projet de mystification dont
le résultat du reste avait tourné à son honneur. La marchande de mousseline était la duchesse de Luynes, la
marchande de dentelle était la comtesse de Laval, la femme
de chambre était la duchesse de Mailly; le *Nicodème*,
Matthieu de Montmorency; le sourd, l'évêque d'Autun;
l'homme en camelot, l'abbé Sieyès, qui, pour réparer la
sévérité de ses observations, envoya à Restif la collection
de ses écrits. On avait voulu voir le Jean-Jacques des

halles dans toute sa fougue et dans toute sa désinvolture
cynique. On ne trouva en lui qu'un conteur amusant, un
utopiste quelque peu téméraire, un convive assez peu fait
aux usages du monde pour s'écrier que c'était la première fois qu'il mangeait des huîtres, mais prévenant
avec les dames et s'occupant d'elles presque exclusive-
ment. Si en effet quelque chose peut atténuer les torts
nombreux de l'écrivain, son incroyable personnalité et
l'inconséquence continuelle de sa conduite, c'est qu'il a
toujours aimé les femmes pour elle-mêmes avec dévoû-
ment, avec enthousiasme, avec folie. Ses livres seraient
illisibles autrement.

Mais bientôt nous voici en pleine révolution. Le philosophe qui prétendait effacer Newton, le socialiste dont la
hardiesse étonnait l'esprit compassé de Sieyès, n'était pas
un républicain. Il lui arrivait, comme aux principaux
créateurs d'utopies, depuis Fénélon et Saint-Pierre jusqu'à Saint-Simon et Fourier, d'être entièrement indifférent à la forme politique de l'Etat. Le communisme
même, qui formait le fond de sa doctrine, lui paraissait
possible sous l'autorité d'un monarque, de même que
toutes les réformes du *Pornographe* et du *Gynographe*
lui semblaient praticables sous l'autorité paternelle d'un
bon lieutenant de police. Pour lui comme pour les musulmans, le prince personnifiait l'Etat propriétaire universel. En tonnant contre l'*infâme* propriété (c'est le nom
qu'il lui donne mille fois), il admettait la possession personnelle, transmissible à certaines conditions, et jusqu'à
la noblesse, récompense des belles actions, mais qui devait s'éteindre dans les enfants, s'ils n'en renouvelaient
la source par des traits de courage ou de vertu.

Dans le second volume des *Contemporaines*, Restif
donne le plan d'une association d'ouvriers et de commer-

çants qui réduit à rien le capital : — c'est la banque d'é-
change dans toute sa pureté. — Voici un exemple. Vingt
commerçants, ouvriers eux-mêmes, habitent une rue du
quartier Saint-Martin. Chacun d'eux est le représentant
d'une industrie utile. L'argent manque par suite des in-
quiétudes politiques, et cette rue, autrefois si prospère,
est attristée de l'oisiveté forcée de ses habitants. Un bi-
joutier-orfévre qui a voyagé en Allemagne, qui y a vu les
hernutes, conçoit l'idée d'une association analogue des
habitants de la rue : — on s'engagera à ne se servir d'aucune monnaie et à tout acheter ou vendre par échange,
de sorte que le boulanger prenne sa viande chez le bou-
cher, s'habille chez le tailleur et se chausse chez le cordonnier ; tous les associés doivent agir de même. Chacun
peut acquérir ou dépenser plus ou moins, mais les suc-
cessions retournent à la masse, et les enfants naissent avec
une part égale dans les biens de la société ; ils sont élevés
à frais communs, dans la profession de leur père, mais
avec la faculté d'en choisir une autre en cas d'aptitude
différente ; ils recevront du reste une éducation semblable. Les associés se regarderont comme égaux, quoique
quelques-uns puissent être de professions libérales, parce
que l'éducation les mettra au même niveau. Les mariages
auront lieu de préférence entre des personnes de l'association, à moins de cas extraordinaires. Les procès seront
soutenus pour le compte de tous ; les acquisitions profi-
teront à la masse, et l'argent qui reviendra à la société
par suite de ventes faites en dehors d'elle sera consacré à
acheter les matières premières en raison de ce qui sera
nécessaire pour chaque état. — Tel est ce plan, que l'auteur n'avait pas du reste l'idée d'appliquer à la société
entière, car il donne à choisir entre différentes formes
d'association, laissant à l'expérience les conditions de

succès de la plus utile, qui absorberait naturellement les autres. Quant à la vieille société, elle ne serait point dépouillée, seulement elle subirait forcément les chances d'une lutte qu'il lui serait impossible de soutenir longtemps.

Cependant l'écrivain vieillissait, toujours morose de plus en plus, accablé par les pertes d'argent, par les chagrins de son intérieur. Sa seule communication avec le monde était d'aller le soir au café Manoury, où il soutenait parfois à voix haute des discussions politiques et philosophiques. Quelques vieux habitués de ce café, situé sur le quai de l'École, ont encore présents à la mémoire sa vieille houppelande bleue et le manteau crotté dont il s'enveloppait en toute saison. Le plus souvent il s'asseyait dans un coin, et jouait aux échecs jusqu'à onze heures du soir. A ce moment, que la partie fût achevée ou non, il se levait silencieusement et sortait. Où allait-il? *Les Nuits de Paris* nous l'apprennent : il allait errer, quelque temps qu'il fît, le long des quais, surtout autour de la Cité et de l'île Saint-Louis; il s'enfonçait dans les rues fangeuses des quartiers populeux, et ne rentrait qu'après avoir fait une bonne récolte d'observations sur les désordres et les scènes sanglantes dont il avait été le témoin. Souvent il intervenait dans ces drames obscurs, et devenait le don Quichotte de l'innocence persécutée ou de la faiblesse vaincue. Quelquefois il agissait par la persuasion; parfois aussi son autorité était due au soupçon qu'on avait qu'il était chargé d'une mission de police.

Il osait davantage encore en s'informant auprès des portiers ou des valets de ce qui se passait dans chaque maison, en s'introduisant sous tel ou tel déguisement dans l'intérieur des familles, en pénétrant le secret des alcôves, en surprenant les infidélités de la femme, les se-

crets naissants de la fille, qu'il divulguait dans ses écrits
sous des fictions transparentes. De là des procès et des
divorces. Un jour, il faillit être assassiné par un certain
E... dont il avait fait figurer la femme dans ses *Contemporaines*. C'était habituellement le matin qu'il rédigeait
ses observations de la veille. Il ne faisait pas moins d'une
nouvelle avant le déjeûner. Dans les derniers temps de sa
vie, en hiver, il travaillait dans son lit faute de bois, sa
culotte par-dessus son bonnet, de peur des courants d'air.
Il avait aussi des singularités qui variaient à chacun de
ses ouvrages, et qui ne ressemblaient guère aux singularités en manchette d'Haydn et de M. de Buffon. Tantôt il
se condamnait au silence comme à l'époque de sa rencontre avec Cubières, tantôt il laissait croître sa barbe,
et disait à quelqu'un qui le plaisantait : « Elle ne tom-
bera que lorsque j'aurai achevé mon prochain roman,—
Et s'il a plusieurs volumes? — Il en aura quinze. —Vous
ne vous raserez donc que dans quinze ans? — Rassurez-
vous, jeune homme, j'écris un demi-volume par jour. »
Quelle fortune immense il eût faite de notre temps en
luttant de vitesse avec nos plus intrépides coureurs du
feuilleton, et de fougue triviale avec les plus hardis ex-
plorateurs des misères de bas étage! Son écriture se res-
sent du désordre de son imagination; elle est irrégulière,
vagabonde, illisible; les idées se présentent en foule,
pressent la plume, et l'empêchent de former les caractères. C'est ce qui le rendait ennemi des doubles lettres et
des longues syllabes, qu'il remplaçait par des abrévia-
tions. Le plus souvent, comme on sait, il se bornait à
composer à la casse son manuscrit. Il avait fini par acquérir une petite imprimerie où il *casait* lui-même ses
ouvrages, aidé seulement d'un apprenti.
La révolution ne pouvait lui être chère d'aucune ma-

nière, car elle mettait en lumière des hommes politiques
fort peu sensibles à ses plans philanthropiques, plus préoc-
cupés de formules grecques et romaines que de réformes
fondamentales. Babeuf aurait pu seul réaliser son rêve ;
mais, découragé de ses propres plans à cette époque,
Restif ne marqua aucune sympathie pour le parti du tribun communiste. Les assignats avaient englouti toutes ses
économies, qui ne se montaient pas à moins de 74,000 f ,
et la nation n'avait guère songé à remplacer, pour ses
ouvrages, les souscriptions de la cour et des grands seigneurs dont il avait usé abondamment. Toutefois Mercier,
qui n'avait pas cessé d'être son ami, fit obtenir à Restif
une récompense de 2,000 fr. pour un ouvrage utile aux
mœurs, et le proposa même pour candidat à l'Institut na-
tional. Le président répondit dédaigneusement : « Restif
de La Bretone a du génie, mais il n'a point de goût. —
Eh! messieurs, répliqua Mercier, quel est celui de nous
qui a du génie ! »

On rencontre dans les derniers livres de Restif plusieurs
récits des événements de la révolution. Il en rapporte
quelques scènes dialoguées dans le 5e volume du *Drame
de la Vie*. Il est à regretter que ce procédé n'ait pas été
suivi plus complétement. Rien n'est saisissant comme
cette réalité prise sur le fait. Voici, par exemple, une
scène qui se passe le 12 juillet devant le café Manoury :

« UN HOMME, DES FEMMES. — Lambesc! Lambesc!...
on tue aux Tuileries !

UNE MARCHANDE DE BILLETS DE LOTERIE. — Où cou-
rez-vous donc?

UN FUYARD. — Nous remmenons nos femmes.

LA MARCHANDE. — Laissez-les s'enfuir seules, et faites
volte-face.

SON FUTUR. — Allons! allons, rentrez. »

Il n'y a rien de plus que ces cinq lignes; on sent la
vérité brutale : les dragons de Lambesc qui chargent au
loin, les portes qui se ferment, une de ces scènes d'é-
meute si communes à Paris.

Plus loin Restif met en scène Collot-d'Herbois, et le fé-
licite de son *Paysan magistrat*; mais Collot n'est préoccupé que de politique. « Je me suis fait jacobin, dit-il;
pourquoi ne l'êtes-vous pas? — A cause de trois infirmités très gênantes... — C'est une raison. Je vais me livrer
tout entier à la chose publique, et je ne perdrai ni mon
temps ni mes peines. D'abord je veux m'attacher à Robespierre ; c'est un grand homme. — Oui, invariable. »
Collot continue : « J'ai l'usage de la parole, j'ai le geste,
la grâce dans la représentation... J'ai une motion à faire
trembler les rois. Je viens de faire l'*Almanach du père
Gérard*, — excellent titre. Je tâcherai d'avoir le prix
pour l'instruction des campagnes; mon nom se répandra
dans les départements; quelqu'un d'eux me nommera...»

La silhouette de Collot-d'Herbois n'est-elle pas là tout
entière? Mais l'auteur ne s'en est pas tenu toujours à ces
portraits rapides, et, à côté de ces esquisses fugitives, on
trouve des pages qui s'élèvent presqu'à l'intérêt de l'histoire, comme celles qu'il consacre à Mirabeau, et que
cette grande figure semble avoir illuminées de son immense reflet.

V.

UNE VISITE A MIRABEAU.

Le dialogue de Restif et de Mirabeau est un des plus
curieux chapitres des *Mémoires de Nicolas* L'auteur, qui

avait la rage des pseudonymes, se déguise ici sous le nom
de Pierre qu'il a employé déjà dans d'autres ouvrages.

« En approchant de Mirabeau, dit-il, je vis un homme
qui était dans un resserrement de cœur et qui avait besoin de s'épancher. » Restif lui manifesta des doutes sur
la pureté de cette révolution qui avait commencé par des
meurtres :

« Réfléchi par caractère, ajouta-t-il, et courageux par
réflexion, les têtes m'effrayèrent; lorsque je rencontrai le
corps de Bertier traîné par vingt-quatre polissons, je fré-
mis, — je me tâtai pour sentir *si ce n'était pas moi*...
Cependant, à la vue de la Bastille prise et démolie, je
sentis un mouvement de joie... je l'avais redoutée, cette
terrible Bastille!

» Mirabeau en ce moment me serra la main avec transport : Regarde-moi, dit-il; toute l'énergie des Français
réunis n'égale pas celle qui était dans cette tête; mais,
hélas! elle diminue!... C'est moi qui ai fait prendre la
Bastille, tuer Delaunay, Flesselle... C'est moi qui ai voulu
que le roi vînt à Paris le 17 juillet : ce fut moi qui le fis
garder, recevoir, applaudir; c'est moi qui, voyant les esprits se rasseoir, fis arrêter Bertier à Compiègne par un
des miens, qui le fis demander à Paris, qui, la veille de
son arrivée, cherchai un vieux bouc émissaire dans Foulon, son beau-père, que je fis dévouer aux mânes du
despotisme ministériel : ce fut moi qui fis porter sa tête
enfourchée au-devant de son gendre, non pas pour augmenter l'horreur des derniers moments de cet infortuné,
mais pour *mettre de l'énergie* dans l'âme molle et vau-
devillière des Parisiens par cette atrocité... Tu sais que je
réussis, que je fis fuir d'Artois, Condé, tous les plats
courtisans et les impudentes courtisanes, c'est moi qui ai
tout fait, et, si la révolution réussit jusqu'à un certain

point, j'aurai un jour un temple et des autels. N'oublie pas ce que je te dis là... Continue tes questions; j'y répondrai, quand il le faudra.

» — Et Versailles, les 5 et 6 octobre?

» — Versailles! s'écria Mirabeau. (Il se tut d'abord et marcha vite...) Versailles! c'est mon chef-d'œuvre... Mais, va, va !

» — Je t'écoute, et je te jure un inviolable silence!

» — Je ne sais ce que tu veux dire par ton silence *inviolable,* car tu as des termes à toi : on ne viole pas le silence, mais la grammaire !... Apprends que c'est moi qui ai fait venir ici et l'assemblée nationale, et le roi, et la cour. D'Orléans n'a seulement pas été consulté, quoiqu'il payât... Juge combien étaient ridicules les informations de ce vil Châtelet, que j'avais fait nommer juge des crimes de lèse-nation, et qui, s'il n'avait pas été composé de têtes à perruques, aurait pu devenir quelque chose!... Mais l'horrible et nécessaire spectacle de Foulon, de Bertier (c'est ceci qui a *creusé l'effroi*; la Bastille, Delaunay, Flesselle, n'avaient effrayé que la cour), avait bouleversé toute l'infâme oligarchie des prêtres, des robins, des sousrobins, et même de l'officiaille, à la tête de laquelle mon frère voulait se mettre : malheureusement pour lui, quand nos parents le firent, mon père était auteur et ma mère ivre, de sorte qu'il n'a que la soif pour toute énergie... Je sentais depuis longtemps que, tant que nous serions à Versailles, nous ne ferions rien qui vaille, environnés que nous étions de gardes-du-corps et de gardes-suisses, qu'un souris, une caresse pouvait mettre dans le parti de la cour; j'arrangeai mâlement tout cela. Je n'en voulais aux jours de personne; je voulais, après avoir soûlé le peuple d'anarchie, comme pendant les cinq jours d'interrègne des anciens Perses, rétablir le roi, et me faire... maire du

palais... Mais, ayant pris toute la canaille, jusqu'aux dé-
vergondées de la rue Jean Saint-Denis, il arriva quelque
désordre que je sus arrêter par mes émissaires. Quelques-
unes de ces malheureuses menacèrent la reine; je l'appris, et je les fis fusiller adroitement. L'effervescence était
telle, que tout Paris fut ébranlé, tout; honnêtes, déshon-
nêtes, malhonnêtes, catins, femmes mariées, jeunes filles,
gens de courage et lâches ; on vit, dans la gabarre, jusqu'au petit Rochelois Nougaret, qui talonnait le chasseur
Josse, récemment libraire... J'en ai ri de bon cœur; je me
croyais au spectacle de la Grand'-Pinte, et qu'on y donnait la tragédie du *Peccata;* passe-moi cette idée bouf-
fonne, la dernière peut-être que j'aurai ; elle me fut sug-
gérée en voyant dans la troupe une foule de bas auteurs,
Camille Desmoulins à côté de Durosoi, Royou en garçon
tailleur, Geoffroi en cordonnier, l'abbé Poncelin en ra-
moneur, Mallet-du-Pan en écrivain des Charniers, Dus-
sieux et Sautereau en charcutiers, l'abbé Noël et Rivarol
en perruquiers... »

Ici l'énumération devient satirique et attaque la plupart des auteurs du temps ; on cite même une certaine
auteuse, à cheval sur un canon, qui criait : « Ma rose au
premier héros ! — En avez-vous un million? » lui répondit un enthousiaste. Mirabeau se compare lui-même au
frère Jean des Enthomures, et, après le récit bouffon de
cette expédition terrible, se plaint de ses ennemis, qui
ont gagné par de l'or une petite juive, sa maîtresse, appelée Esther Nomit... « Mais je le sais, ajoute-t-il, et je
trompe Dalila et les Philistins. »

Puis la conversation se porte sur l'abolition de la noblesse; sur la nouvelle constitution du clergé, avec des
interruptions et des à parte bizarres, qui rappellent le
dialogue du *Neveu de Rameau.* Mirabeau se livre à de

longues tirades, qu'il interrompt de temps en temps pour
reprendre haleine, en disant à son interlocuteur : « Allons, parle, continue... car, je le sais, tu aimes à pérorer... » Puis, à la première objection, il lui crie : « O
buse!... pauvre homme! je t'ai vu plus de verve autrefois. » Puis il entame une dissertation sur les biens du
clergé, et se plaint du peu de talent que Maury a déployé
à la tribune dans cette question. « Voilà ce que j'aurais
dit à sa place, » s'écrie-t-il, et, se promenant dans sa
chambre comme une lion dans un cage, il prononce tout
le discours qu'aurait dû tenir l'abbé Maury. De temps en
temps il s'interrompt, s'étonnant de ne pas entendre les
applaudissements de l'assemblée, tant il est à son rôle. Il
s'applaudit des mains, il pleure aux arguments qu'il arrache à l'éloquence supposée de son adversaire; puis,
quand l'émotion qu'il s'est produite à lui-même s'est dissipée, il essuie la sueur de son front, relève sa noire chevelure, et dit : « Et, si Maury avait eu le nerf de parler
ainsi, voilà ce que j'aurais répondu... » Nouveau discours qui dure une heure et amène une péroraison qu'il
commence par : « Je me résume, messieurs... » Enfin il
éclate de rire en s'apercevant qu'il vient d'épuiser ses
poumons pour un seul auditeur.

Il revient à la discussion simple, et fait le portrait de
Necker :

«...Un grand homme, parce qu'il a eu par hasard une
grande place... Du reste, plus petit en place que dehors,
comme tous les hommes médiocres... Il était calqué pour
être premier commis; il aurait pu ne pas se déshonorer
dans cette position, où l'on n'est jamais vu qu'à demi-jour. C'est aujourd'hui un piètre sire, incapable d'une
résolution solide, et qui revient par pusillanimité à la
noblesse, qui le hait et le méprise. Il est étonné de ce

qu'il a fait, comme les sots et les petits scélérats... Juge
combien de pareils hommes doivent m'inspirer de mépris, à moi qui marcherais seul contre un million! Eh!
combien dans notre assemblée sont des Mirabeau en apparence, qui eussent été des Necker, s'ils n'avaient pas
été soutenus par une assemblée!...Non, mon ami, je n'en
vois pas un, pas un, qui eût fait seul ce que j'ai fait seul...
Quand j'ai tenu le despotisme ministériel dans mes mains
nerveuses, je l'ai serré à la gorge; je lui ai dit : *Combat
à mort! je t'étouffe, ou tu m'étoufferas!* Je l'ai presque
étouffé... mais il me garde un croc-en-jambe...

» — En vérité, je crois, lui dis-je alors, mon cher Ri-
quetti, que vous feriez un grand ministre!... Puissiez-
vous réussir à mériter dans cette place la seule véritable
gloire, celle de contribuer au bonheur des peuples!...

» — Te voilà donc aussi dans la triviale vertu de nos
philosophistes! Le peuple! le peuple! Le peuple est fait
pour les gens de mérite, qui sont le cerveau du genre
humain : ce n'est que par et pour nous qu'il doit être
heureux. Moïse a été le cerveau juif, Mahomet le cerveau
arabe; Louis XIV, tout petit qu'il fût, a été le cerveau
français pendant quarante ans... C'est moi qui le suis
maintenant. »

Ici Restif pose la question de savoir si la liberté est un
bien pour les individus.

« La liberté, dit Mirabeau, n'est pas un avantage réel
pour les enfants, les imbéciles, les fous,... pour certains
hommes qui ne sont pas fous, mais dont la judiciaire est
fausse, — comme sont tous les scélérats, les timbrés, les
méchants par caractère, — les *trop passionnés,* comme
nous l'avons été quelquefois, ajoute-t-il, les joueurs, les
débauchés, les ivrognes, en un mot les trois quarts des
hommes!... »

« Le *républicisme*, ajoute-t-il, comme le conçoivent Robespierre et quelques autres, est l'anarchisme, un gouvernement inétablissable; mais les chefs qui sont dans l'assemblée nationale sont soutenus par des subalternes, auxquels on ne fait pas assez d'attention : Camille Desmoulins, qui crie, clabaude, a la plus mauvaise tête, parle mal, écrit bien ; un homme plus obscur, Danton, est un fourbe, fripon, égoïste, scélérat dans toute la force du terme, comme certaines gens disent que je le suis; un autre intrigant, qui se remue, s'agite, a une immense activité, l'ex-capucin Chabot; un honnête homme, mais trop exalté, c'est Grangeneuve... Oh! que je plains la nation, si ces fous sont mis en place! Que je plains la nation, si l'on y met des *nullités*, comme nous en avons tant dans notre assemblée actuelle! Une foule de procureurs, d'avocats, des Chapelier, des Sumac, des... des... empestent l'assemblée de l'esprit d'astuce et de chicane... Mon ami, si je cesse d'exister, que ces plumassiers feront de mal!... Si un homme méprisé, comme ce faquin de Robespierre, venait à acquérir quelque prépondérance, vous le verriez devenir grave, couvert, atroce... Moi seul, je pourrais l'arrêter... »

Peu de jours après cette conversation, Mirabeau mourut. « Je ne pus entrer, dit l'écrivain, pendant sa dernière maladie, parce que je n'étais pas connu de ses alentours, surtout du sieur Cabanis... Ah! si Préval avait vécu, Mirabeau vivrait encore! » Préval était un médecin qui avait sauvé Restif de plusieurs maladies dangereuses.

Restif attribue à la mort de Mirabeau la chute suprême de la monarchie. C'est en se voyant privés de ce dernier appui, appui intéressé sans doute, puisque Mirabeau comptait devenir une sorte de *maire du palais*, que Louis XVI et Marie-Antoinette se décidèrent au voyage de

Varennes... « Cet homme était, dit-il ailleurs, le dernier espoir de la patrie, que ses vices mêmes eussent sauvée... tandis que les vertus des sots, tels que Chamillard et d'Ormesson, l'ont perdue. » Et, revenant sur ses propres misères, causées par la dépréciation des assignats, qui lui faisait perdre ses 74,000 fr. d'économies, il se rappelle avec amertume que Mirabeau lui avait dit : « Il faudrait déchirer à coups de nerf de bœuf tout marchand d'argent, et faire brûler vif ou piler dans un mortier tout dépréciateur des assignats. »

VI.

LA VIEILLESSE DU ROMANCIER.

A cette époque, Restif de La Bretone passait une partie de ses journées au Palais-Royal, où s'était établie une sorte de bourse qui devenait le thermomètre de la valeur des assignats. Tous les jours il voyait sa fortune fondre et espérait en vain un retour favorable : — les derniers volumes des *Nuits de Paris* sont pleins d'imprécations contre les agioteurs qui faisaient monter l'or à des prix fabuleux et anéantissaient les richesses en papier de la république ; — puis il allait passer ses soirées au Caveau, car ses ressources ne lui permettaient plus le café Manoury. Lorsque, par une réaction rare, l'assignat avait haussé dans la journée, il emmenait quelques femmes de moyenne vertu souper à la *Grotte flamande*, où l'on se permettait encore quelques orgies à bon marché. Ses chagrins affaiblissaient parfois son esprit, toujours enthousiaste, et dans chaque jolie personne au pied fin et à la chaussure élégante il croyait retrouver une de ses filles, produit des bonnes fortunes si nombreuses de sa jeunesse. Il est probable qu'on abusait souvent de cette monomanie paternelle pour obtenir de lui des cadeaux ou des soupers.

Peu communicatif ou très prudent sur les matières politiques, il ne courut pas de dangers pendant l'époque de la terreur. Les hommes lui importaient peu, et l'ambition des partis lui répugnait. Ce qu'il voyait se passer à cette époque ne répondait nullement à ses rêves. Personne ne songeait au communisme; parmi les jacobins tout au plus, on voulait le partage des biens, c'est-à-dire une autre forme de la propriété, — la propriété morcelée, populaire. — Quant au *panthéisme*, qui donc y pensait, sinon un petit nombre d'illuminés?... On était généralement athée. La fête donnée par Robespierre à l'Être suprême lui parut une tendance bien faible vers une rénovation philosophique; toutefois il eut quelque regret à voir Robespierre renversé par des gens *qui ne le valaient pas.* A partir de ce moment, son homme fut Bonaparte. Dans les écrits mystiques des derniers jours de sa vie, il le représente comme un esprit médiateur, issu de la planète de Syrius, et qui a mission de sauver la France. Pour comprendre cette supposition étrange, il faut se faire une idée du dernier livre de Restif, intitulé *Lettres du Tombeau ou les Posthumes*, qui parut sous le nom de Cazotte.

Les deux premiers volumes de cet ouvrage furent inspirés par une idée charmante de la comtesse de Beauharnais et faits en partie par Cazotte, ainsi que Restif le reconnaît dans ses *Mémoires.* — Un jeune homme nommé Fontlèthe est amoureux de la femme d'un magistrat, ce

personnage est fort âgé, et la femme, victime d'un mariage
de convenance, promet à Fontlèthe qu'il sera éventuelle-
ment son second époux. Le jeune homme se fatigue d'attendre ; dans un moment de découragement, il renonce
à la vie et prend de l'opium. En ce moment on lui apporte un billet de faire-part qui l'instruit de la mort du
magistrat. Désespéré doublement, il court chez son médecin, qui lui donne un contre-poison. Il se croit sauvé :
il épouse bientôt celle qu'il aimait; mais, quelques jours
après le mariage, une langueur inconnue le saisit : il
consulte la faculté. C'est le poison mal combattu qui cause
son mal. On lui annonce, sur ses insistances réitérées,
qu'il n'a plus guère qu'un an à vivre. La mort l'épouvante moins que la pensée de quitter une femme jeune,
honnête, il est vrai, mais qui ne peut manquer de se re-
marier après lui. Il conçoit alors un projet singulier, c'est
de s'éloigner de sa femme et de faire en sorte qu'elle ignore
le moment où il mourra. Il demande au ministre une
mission pour l'Italie et part pour Florence, sous prétexte
de services importants à rendre à l'état. Il prolonge son
séjour sous divers motifs, et, dans l'année qui lui reste,
écrit une série de lettres qui devront être adressées à sa
femme de différents points de la terre et à diverses époques, comme si l'état l'eût envoyé de pays en pays sans
qu'il pût refuser ses services. Ces lettres, confiées à des
amis sûrs, se succèdent, en effet, pendant plusieurs années,
apportant la consolation à cette veuve *sans le savoir*. Le
correspondant posthume n'a eu qu'une pensée, c'est de
prouver à sa femme, un peu adonnée aux idées matérialistes du temps, que l'âme survit au corps et retrouve
dans d'autres régions toutes les personnes aimées. Ce cadre est fort beau sans doute; seulement Restif, qui, en
réalité, est une sorte de spiritualiste païen, tire de la doc-

trine des Indous et des Égyptiens la plupart de ses arguments. Tantôt l'âme repasse dans un autre corps après
mille ans, comme chez les anciens; tantôt elle s'élève dans
les astres et y découvre des paradis innombrables, comme
dans Swedenborg; tantôt elle s'éthérise et passe à l'état
d'ange ailé, comme dans Dupont de Nemours ; mais après
toutes ces hypothèses, le véritable système se démasque,
et on arrive à une cosmogonie complète, qui présente la
plupart des suppositions du système de Fourier. Un personnage nommé Multipliandre a trouvé le secret d'isoler
son âme de son corps et de visiter les astres sans perdre
la possibilité de rentrer à volonté dans sa *guenille* humaine. Il s'établit, sur un sommet des Alpes, dans une
grotte couverte par les neiges, et, s'étant enduit de substances conservatrices et placé dans un coffre bien défendu
contre les ours, il arrive à cet état d'extase et d'insensibilité où certains santons indiens se réduisent, dit-on,
pendant des mois entiers. Là commence la description des
planètes, des soleils et des cométo-planètes, avec une hardiesse d'hypothèses qu'on ne nous a pas épargnée depuis. Il est fort curieux de pénétrer dans cet univers for-
mulé, après tout, d'après quelques bases scientifiques, où
nous trouvons la lune sans atmosphère, Mars habité par
des poissons à trompe et le soleil par des hommes d'une
telle taille que le voyageur ne trouve à causer là qu'avec
un ciron qui se promène sur l'habit d'un individu *solaire* :
cet insecte n'a qu'une lieue de haut et son intelligence,
quoique fort supérieure, se rapproche de celle des hommes.
Il explique que l'être suprême n'est qu'un immense soleil
central, cerveau du monde, duquel émanent tous les soleils; chacun d'eux vivant et raisonnant et donnant le jour
à des cométo-planètes; c'est-à-dire les secouant dans l'espace, à peu près comme l'*aster* de nos jardins secoue ses

graines. Quand les cométo-planètes sont ce qu'on appelle
aujourd'hui des *nébuleuses*, elles nagent dans l'éther
comme des poissons dans l'eau, s'accouplent et pro-
duisent des astroïdes plus petites. En mourant, elles se
fixent et deviennent satellites ou planètes. Dans cet état,
elles ne subsistent plus que quelques milliards d'années,
et c'est de leur décomposition successive que naissent les
végétaux, les animaux et les hommes. Les espèces dégé-
nèrent à mesure que la corruption s'avance; la planète
se pourrit tout-à-fait ou se dessèche, et finit par être la
proie d'un soleil qui la consume pour en reproduire les
éléments sous les formes nouvelles. Le ciron solaire n'en
sait pas davantage, et l'auteur avoue qu'il peut s'être
trompé sur bien des points; mais combien ces données
sont déjà supérieures à l'intelligence des hommes! Multipliandre finit par trouver le secret de créer une race
d'hommes ailés et d'en repeupler la terre. Du reste, la
plupart des hypothèses de ce livre sont présentées sous la
forme caustique de *Micromégas* et de *Gulliver* : c'est
ce qui en fait supporter la lecture.

Jamais écrivain ne posséda peut-être à un aussi haut
degré que Restif les qualités précieuses de l'imagination.
Cependant sa vie ne fut qu'un long duel contre l'indifférence. Un cœur chaud, une plume pittoresque, une volonté de fer, tout cela fut insuffisant à former un bon écrivain. — Il a vécu avec la force de plusieurs hommes; il a
écrit avec la patience et la résolution de plusieurs auteurs.
Diderot lui-même plus correct, Beaumarchais plus habile,
ont-ils chacun la moitié de cette verve emportée et fré-
missante, qui ne produit pas toujours des chefs-d'œuvre,
mais sans laquelle les chefs-d'œuvre n'existent pas? —
Son style, chacun le connaît par l'une ou l'autre de ces
œuvres qu'on n'avoue guère avoir lues, mais où l'on a par-

fois jeté les yeux. Une ligne qui serait digne des classi-
ques. apparaît tout à coup au milieu du fumier comme
les joyaux d'Ennius. On connaît déjà celle-ci : « Les
mœurs sont un collier de perles ; ôtez le nœud, tout défile. » Veut-il peindre un homme d'un trait, le voici :
« Mirabeau servait les patriotes comme Santeuil louait les
saints ; avec un mauvais cœur. » Quand le mot lui manque, il le crée, heureusement quelquefois. C'est ainsi qu'il
parlera d'un sourire *cythéréïque*, de la *mignonnesse* d'une
femme... « Je *chimérais*, dit-il, en attendant le bonheur. »

Pour trouver dans le passé un pendant à Restif de la
Bretone, il faudrait remonter jusqu'à Cyrano de Bergerac
pour l'extravagance des hypothèses, jusqu'à Furetière pour
ces facéties d'analyse morale et de langage où il se complaît, jusqu'à d'Aubigné pour cette audace d'immoralité
gauloise qu'il ne sut point supporter, — car, très capable
souvent d'afféterie et de recherche prétentieuse, il appliquait d'autres fois le mot propre à des détails qu'il eut
mieux valu cacher. — Comme Voltaire, à l'école duquel
il s'honorait d'appartenir, il haïssait les critiques, les
feuillistes, et les attaquait souvent en termes peu mesu-
rés. Il les appelle soit des malhonnêtes gens, soit des *polissons cruels* ; Laharpe est pour lui un *stupide animal*
qu'il faudrait traîner *dans le ruisseau* ; Fréron, un *faquin* ; Geoffroi, un pédant. De Marsy, éditeur de l'*Almanach des Muses*, est une simple *brute* qui a lu *le Paysan
perverti* sans en être touché. — Ceci n'approche pas encore des *aménités littéraires* du vieillard de Ferney,
mais Restif n'avait pas le crédit qu'il fallait pour hausser
le ton à ce point. Toutefois sa susceptibilité vis-à-vis de
critiques qui avaient été même bienveillants pour quelques-uns de ses écrits finit par amener à son égard la

conspiration du silence. Il demeura le seul à annoncer
ses livres, comme depuis longtemps il était le seul à les
imprimer, et comme il finit plus tard à être le seul à les
vendre. Les libraires l'aimaient peu, parce qu'une fois
introduit dans leurs maisons, il racontait l'histoire galante
de leurs femmes, s'éprenait de leurs filles, en faisait le
portrait minutieux et parlait de leurs aventures. Ce n'était
pas toujours un voile suffisant pour la curiosité que l'a-
nagramme des noms qu'il employait volontiers. Mérigot
devenait Torigém; Vente, Etnev; Costard, Dratsoc, ainsi
de suite... si bien qu'il ne faut pas s'étonner de trouver
sur ses derniers livres cette simple désignation : « Imprimé
à la maison, et se vend chez Marion Restif, rue de la Bû-
cherie, n° 27. » Ceci explique en partie le peu de succès
de ses derniers ouvrages et la résolution qu'il prit de faire
paraître le plus remarquable d'entre eux, les *Lettres du
Tombeau*, sous le nom de Cazotte, qui du reste avait
coopéré au plan de cette œuvre toute empreinte d'*illuminisme*.

On a dit à tort que Restif était mort dans la misère. La
chute des assignats lui avait fait perdre ses économies; le
peu qu'il tirait de ses livres pendant la révolution le réduisait souvent à une gêne rendue plus pénible par ses
charges de famille; mais quelques amis, Mercier, Carnot
et Mme de Beauharnais, le relevèrent dans ses moments les
plus critiques, et, lorsque l'état devint plus tranquille,
on lui procura une place de 4,000 francs, qu'il remplit
jusqu'à sa mort arrivée en 1806.

Cubières Palmezeaux publia, en 1811, un ouvrage posthume de Restif intitulé : *Histoire des Compagnes de
Maria*. Le premier volume est consacré en entier à une
appréciation littéraire qui, dans beaucoup de points, est
spirituelle et bien sentie. Cubières cite un trait qui prou-

vera que Restif, bien que communiste, n'était pas un
ennemi de la monarchie. Il avait à la convention nationale
un ami qu'il aimait et estimait depuis longtemps. Le jour
de la condamnation de Louis XVI, Restif alla, avec un
pistolet dans sa poche, attendre son ami sous les porti-
ques, et lui dit, quand il le vit sortir de l'assemblée :
« Avez-vous voté la mort du roi? — Non, je ne l'ai pas
votée. — Tant mieux pour vous, reprit l'écrivain, car je
vous aurais brûlé la cervelle. »

L'œuvre complète de Restif de la Bretone s'élève à plus
de deux cents volumes. Nous n'avons pas compris dans
notre énumération quelques romans-pamphlets tels que
la Femme infidèle et *Ingénue Saxancourt*, dirigés l'un
contre sa femme Agnès Lebègue, l'autre contre son gendre
Augé. Cette rage de vouloir constamment prendre le public pour arbitre et pour juge de ses dissentions domestiques était devenue, dans les derniers temps de la vie du
romancier, une véritable maladie, de celles que les médecins rangent parmi les variétés de l'hypocondrie. On
conçoit qu'une injustice aveugle a pu résulter de cette
disposition. Du reste, sa femme elle-même le comprit
ainsi, car, dans une lettre adressée à Palmezeaux, qui lui
demandait des renseignements sur le caractère de son
mari, on ne trouve que des éloges sur sa bienfaisance et
sur cette sympathie pour l'humanité en général, qui, ainsi
que chez la plupart des réformateurs, ne se répandait pas
toujours sur ses amis et sur ses proches.

Nous avons donné, avec trop de développement peut-
être, le récit d'une existence dont l'intérêt ne réside sans
doute que dans l'appréciation des causes morales qui ont
amené nos révolutions. Les grands bouleversements de la
nature font monter à la surface du sol des matières in-

connues, des résidus obscurs, des combinaisons mons-
trueuses ou avortées. La raison s'en étonne, la curiosité
s'en repaît avidement, l'hypothèse audacieuse y trouve les
germes d'un monde. Il serait insensé d'établir sur ce qui
n'est que décomposition efflorescente et maladive, ou
mélange stérile de substances hétérogènes, une base trom-
peuse, où les générations croiraient pouvoir poser un
pied ferme. L'intelligence serait alors pareille à ces lumières qui voltigent sur les marécages, et semblent éclairer la surface verte d'une immense prairie, qui ne re-
couvre cependant qu'une bourbe infecte et stagnante. Le
génie véritable aime à s'appuyer sur un terrain plus solide, et ne contemple un instant les vagues images de la
brume que pour les éclairer de sa lueur et les dissiper
peu à peu des vifs rayons de son éclat.

Notre siècle n'a pas encore rencontré l'homme supérieur par l'esprit comme par le cœur, qui, saisissant les
vrais rapports des choses, rendrait le calme aux forces
en lutte et ramènerait l'harmonie dans les imaginations
troublées. Nous sommes toujours en proie aux sophistes
vulgaires, qui ne font que développer sous mille formes
des idées dont ils n'ont pas même, on le voit, inventé les
données premières. Il en est de même de cette école si
nombreuse aujourd'hui d'observateurs et d'analystes en
sous-ordre qui n'étudient l'esprit humain que par ses côtés infimes ou souffrants, et se complaisent aux recherches d'une pathologie suspecte, où les anomalies hideuses
de la décomposition et de la maladie sont cultivées avec
cet amour et cette admiration qu'un naturaliste consacre
aux variétés les plus séduisantes des créations régulières.

L'exemple de la vie privée et de la carrière littéraire
de Restif démontrerait au besoin que le génie n'existe
pas plus sans le goût que le caractère sans la moralité,

14

Les aveux qu'il fait des regrets et des malheurs constants qui ont suivi ses fautes nous ont paru compenser la légèreté de certains détails. Il y avait là une leçon qu'il fallait donner tout entière, et dont une réserve plus grande aurait peut-être affaibli la portée.

CAZOTTE.

I.

L'auteur du *Diablé amoureux* appartient à cette classe
d'écrivains qu'après l'Allemagne et l'Angleterre nous ap-
pelons humoristiques, et qui ne se sont guère produits
dans notre littérature que sous un vernis d'imitation
étrangère. L'esprit net et sensé du lecteur français se
prête difficilement aux caprices d'une imagination rêveuse, à moins que cette dernière n'agisse dans les limites
traditionnelles et convenues des contes de fées et des pan-
tomimes d'opéra. L'allégorie nous plaît, la fable nous
amuse; nos bibliothèques sont pleines de ces jeux d'esprit destinés d'abord aux enfants, puis aux femmes, et
que les hommes ne dédaignent pas quand ils ont du loisir. Ceux du xviiiᵉ siècle en avaient beaucoup, et jamais

les fictions et les fables n'eurent plus de succès qu'alors. Les plus graves écrivains, Montesquieu, Diderot, Voltaire, berçaient et endormaient, par des contes charmants, cette société que leurs principes allaient détruire de fond en comble. L'auteur de l'Esprit des lois écrivait le Temple Gnide; le fondateur de l'Encyclopédie charmait les ruelles avec l'Oiseau blanc et les Bijoux indiscrets; l'auteur du Dictionnaire philosophique brodait la Princesse de Babylone et Zadig des merveilleuses fantaisies de l'Orient. Tout cela, c'était de l'invention, c'était de l'esprit, et rien de plus, sinon du plus fin et du plus charmant.

Mais le poète qui croit à sa fable, le narrateur qui croit à sa légende, l'inventeur qui prend au sérieux le rêve éclos de sa pensée, voilà ce qu'on ne s'attendait guère à rencontrer en plein xviiie siècle, à cette époque où les abbés poètes s'inspiraient de la mythologie, et où certains poètes laïques faisaient de la fable avec les mystères chrétiens.

On eût bien étonné le public de ce temps-là en lui apprenant qu'il y avait en France un conteur spirituel et naïf à la fois qui continuait les Mille et une Nuits, cette grande œuvre non terminée que M. Galland s'était fatigué de traduire, et cela comme si les conteurs arabes eux-mêmes les lui avaient dictées; que ce n'était pas seulement un pastiche adroit, mais une œuvre originale et sérieuse écrite par un homme tout pénétré lui-même de l'esprit et des croyances de l'Orient. La plupart de ces récits, il est vrai, Cazotte les avait rêvés au pied des palmiers, le long des grands mornes de Saint-Pierre; loin de l'Asie sans doute, mais sous son éclatant soleil. Ainsi le plus grand nombre des ouvrages de cet écrivain singulier a réussi sans profit pour sa gloire, et c'est au *Diable amoureux* seul et à quelques poèmes et chansons qu'il a

dû la renommée dont s'illustrèrent encore les malheurs
de sa vieillesse. La fin de sa vie a donné surtout le secret
des idées mystérieuses qui présidèrent à l'invention de
presque tous ses ouvrages, et qui leur ajoutent une valeur singulière que nous essayerons d'apprécier.

Un certain vague règne sur les premières années de
Jacques Cazotte. Né à Dijon en 1720, il avait fait ses études chez les jésuites, comme la plupart des beaux esprits
de ce temps-là. Un de ses frères, grand vicaire de M. de
Choiseul, évêque de Châlons, le fit venir à Paris et le
plaça dans l'administration de la marine, où il obtint
vers 1747 le grade de commissaire. Dès cette époque, il
s'occupait un peu de littérature, de poésie surtout. Le salon de Raucourt, son compatriote, réunissait des littéra-
teurs et des artistes, et il s'en fit connaître en lisant quelques fables et quelques chansons, premières ébauches
d'un talent qui devait dans la suite faire plus d'honneur
à la prose qu'à la poésie.

De ce moment, une partie de sa vie dut se passer à la
Martinique, où l'appelait un poste de contrôleur des Iles-
sous-le-Vent. Il y vécut plusieurs années obscur, mais
considéré et aimé de tous, et épousa Mlle Élisabeth Roignan, fille du premier juge de la Martinique. Un congé
lui permit de revenir pour quelque temps à Paris, où il
publia encore quelques poésies. Deux chansons, qui devinrent bientôt célèbres, datent de cette époque, et pa-
raissent résulter du goût qui s'était répandu de rajeunir
l'ancienne romance ou ballade française, à l'imitation du
sieur de la Monnoye. Ce fut un des premiers essais de
cette couleur romantique ou romanesque dont notre littérature devait user et abuser plus tard, et il est remarquable de voir s'y dessiner déjà, à travers mainte incor-
rection, le talent aventureux de Cazotte.

La première est intitulée la Veillée de la bonne femme,
et commence ainsi :

> Tout au beau milieu des Ardennes,
> Est un château sur le haut d'un rocher,
> Où fantômes sont par centaines.
> Les voyageurs n'osent en approcher :
>   Dessus ses tours
>   Sont nichés les vautours,
>   Ces oiseaux de malheur.
> Hélas! ma bonne, hélas! que j'ai grand' peur!

On reconnaît déjà tout-à-fait le genre de la ballade,
telle que la conçoivent les poètes du Nord, et l'on voit
surtout que c'est là du fantastique sérieux ; nous voici
bien loin de la poésie musquée de Bernis et de Dorat. La
simplicité du style n'exclut pas un certain ton de poésie
ferme et colorée qui se montre dans quelques vers :

> Tout à l'entour de ses murailles,
> On croit ouïr les loups-garous hurler,
> On entend traîner des ferrailles,
> On voit des feux, on voit du sang couler,
>   Tout à la fois,
>   De très sinistres voix
>   Qui vous glacent le cœur.
> Hélas! ma bonne, hélas! que j'ai grand' peur!

Sire Enguerrand, brave chevalier qui revient d'Espagne, veut loger en passant dans ce terrible château. On
lui fait de grands récits des esprits qui l'habitent; mais il
en rit, se fait débotter, servir à souper, et fait mettre des
draps à un lit. A minuit commence le tapage annoncé par
les bonnes gens. Des bruits terribles font trembler les
murailles, une nuée infernale flambe sur les lambris; en
même temps, un grand vent souffle et les battants des
portes s'ouvrent *avec rumeur*.

Un damné, en proie aux démons, traverse la salle en jetant des cris de désespoir.

> Sa bouche était toute écumeuse,
> Le plomb fondu lui découlait des yeux...
>
> Une ombre toute échevelée
> Va lui plongeant un poignard dans le cœur,
> Avec une épaisse fumée
> Le sang en sort si noir qu'il fait horreur.
> Hélas! ma bonne, hélas! que j'ai grand' peur!

Enguerrand demande à ces tristes personnages le motif de leurs tourments.

Seigneur, répond la femme armée d'un poignard, je suis née dans ce château, j'étais la fille du comte Anselme. Ce monstre que vous voyez, et que le ciel m'oblige à torturer, était aumônier de mon père et s'éprit de moi pour mon malheur. Il oublia les devoirs de son état, et, ne pouvant me séduire, il invoqua le diable et se donna à lui pour en obtenir une faveur.

Tous les matins j'allais au bois prendre le frais et me baigner dans l'eau pure d'un ruisseau.

> Là, tout auprès de la fontaine,
> Certaine rose aux yeux faisait plaisir;
> Fraîche, brillante, éclose à peine,
> Tout paraissait induire à la cueillir :
> Il vous semblait,
> Las! qu'elle répandait
> La plus aimable odeur.
> Hélas! ma bonne, hélas! que j'ai grand' peur!
>
> J'en veux orner ma chevelure
> Pour ajouter plus d'éclat à mon teint;
> Je ne sais quoi contre nature
> Me repoussait quand j'y portais la main.

> Mon cœur battait
> Et en battant disait :
> — Le diable est sous la fleur!...
> Hélas! ma bonne, hélas! que j'ai grand' peur!

Cette rose, enchantée par le diable, livre la belle aux mauvais desseins de l'aumônier. Mais bientôt, reprenant ses sens, elle le menace de le dénoncer à son père, et le malheureux la fait taire d'un coup de poignard.

Cependant, on entend de loin la voix du comte qui cherche sa fille. Le diable alors s'approche du coupable sous la forme d'un bouc et lui dit : Monte, mon cher ami; ne crains rien, mon fidèle serviteur.

> Il monte, et, sans qu'il s'en étonne,
> Il sent sous lui le diable détaler;
> Sur son chemin l'air s'empoisonne,
> Et le terrain sous lui semble brûler.
> En un instant
> Il le plonge vivant
> Au séjour de douleur!
> Hélas! ma bonne, hélas! que j'ai grand' peur!

Le dénoûment de l'aventure est que sire Enguerrand, témoin de cette scène infernale, fait par hasard un signe de croix, ce qui dissipe l'apparition. Quant à la moralité, elle se borne à engager les femmes à se défier de leur vanité, et les hommes à se défier du diable.

Cette imitation des vieilles légendes catholiques, qui serait fort dédaignée aujourd'hui, était alors d'un effet assez neuf en littérature; nos écrivains avaient longtemps obéi à ce précepte de Boileau, qui dit que la foi des chrétiens ne doit pas emprunter d'ornements à la poésie; et, en effet, toute religion qui tombe dans le domaine des poètes se dénature bientôt, et perd son pouvoir sur les âmes. Mais Cazotte, plus superstitieux que croyant, se préoccupait fort peu d'orthodoxie. D'ailleurs, le petit poême dont nous venons de parler n'avait nulle prétention, et ne peut nous servir qu'à signaler les premières tendances de l'auteur du *Diable amoureux* vers une sorte de poésie fantastique, devenue vulgaire après lui.

On prétend que cette romance fut composée par Cazotte pour Mme Poissonnier, son amie d'enfance, nourrice du duc de Bourgogne, et qui lui avait demandé des chansons qu'elle pût chanter pour endormir l'enfant royal. Sans doute il aurait pu choisir quelque sujet moins triste et moins chargé de visions mortuaires; mais on verra que cet écrivain avait la triste destinée de pressentir tous les malheurs.

Une autre romance du même temps, intitulé « les Prouesses inimitables d'Ollivier, marquis d'Edesse, » obtint aussi une grande vogue. C'est une imitation des anciens fabliaux chevaleresques, traitée encore dans le style populaire.

> La fille du comte de Tours,
> Hélas! des maux d'enfants l'ont pris;
> Le comte, qui sait ses amours,
> Sa fureur ne peut retenir :
> Qu'on cherche mon page Ollivier,
> Qu'on le mette en quatre quartiers...
> — Commère, il faut chauffer le lit;
> N'entends-tu pas sonner minuit?

Plus de trente couplets sont consacrés ensuite aux exploits du page Ollivier, qui, poursuivi par le comte sur terre et sur mer, lui sauve la vie plusieurs fois, lui disant à chaque rencontre :

« — C'est moi qui suis votre page! et maintenant me ferez-vous mettre en quartiers ?

» — Ote-toi de devant mes yeux! » lui répond toujours
l'obstiné vieillard, que rien ne peut fléchir, et Ollivier se
décide enfin à s'exiler de la France pour faire la guerre
en terre sainte.

Un jour, ayant perdu tout espoir, il veut mettre fin à
ses peines; un ermite du Liban le recueille chez lui, le
console, et lui fait voir dans un verre d'eau, sorte de miroir magique, tout ce qui se passe dans le château de
Tours; comment sa maîtresse languit dans un cachot,
« parmi la fange et les crapauds; » comment son enfant
a été perdu dans les bois, où il est allaité par une biche,
et comment encore Richard, le duc des Bretons, a déclaré
la guerre au comte de Tours et l'assiége dans son château.
Ollivier repasse généreusement en Europe pour aller secourir le père de sa maîtresse, et arrive à l'instant où la
place va capituler.

> Voyez quels coups ils vont donnant
> Par la fureur trop animés,
> Les assiégés aux assiégeants,
> Les assiégeants aux assiégés :
> Las! la famine est au château,
> Il le faudra rendre bientôt.
> — Commère, il faut chauffer le lit;
> N'entends-tu pas sonner minuit?
>
> Tout à coup, comme un tourbillon,
> Voici venir mon Ollivier;
> De sa lance il fait deux tronçons
> Pour pouvoir à deux mains frapper.
> A ces coups-ci, mes chers Bretons,
> Vous faut marcher à reculons!...
> — Commère, il faut chauffer le lit;
> N'entends-tu pas sonner minuit?

On voit que cette poésie simple ne manque pas d'un

certain éclat; mais ce qui frappa le plus alors les connaisseurs, ce fut le fond romanesque du sujet, où Moncrif, le célèbre historiographe des Chats, crut voir l'étoffe d'un poëme.

Cazotte n'était encore que l'auteur modeste de quelques fables et chansons; le suffrage de l'académicien Moncrif fit travailler son imagination, et, à son retour à la Martinique, il traita le sujet d'Ollivier sous la forme du poëme en prose, entremêlant ses récits chevaleresques de situations comiques et d'aventures de féerie à la manière des Italiens. Cet ouvrage n'a pas une grande valeur littéraire, mais la lecture en est amusante et le style fort soutenu.

On peut rapporter au même temps la composition du *Lord impromptu*, nouvelle anglaise écrite dans le genre intime, et qui présente des détails pleins d'intérêt.

Il ne faut pas croire, du reste, que l'auteur de ces fantaisies ne prit point au sérieux sa position administrative; nous avons sous les yeux un travail manuscrit qu'il adressa à M. de Choiseul pendant son ministère, et dans lequel il trace noblement les devoirs du commissaire de marine, et propose certaines améliorations dans le service avec une sollicitude qui fut sans doute appréciée. On peut ajouter qu'à l'époque où les Anglais attaquèrent la colonie, en 1749, Cazotte déploya une grande activité et même des connaissances stratégiques dans l'armement du fort Saint-Pierre. L'attaque fut repoussée, malgré la descente qu'opérèrent les Anglais.

Cependant la mort du frère de Cazotte le rappela une seconde fois en France comme héritier de tous ses biens, et il ne tarda pas à solliciter sa retraite : elle lui fut accordée dans les termes les plus honorables et avec le titre de commissaire général de la marine.

II.

Il ramenait en France sa femme Élisabeth, et commença par s'établir dans la maison de son frère à Pierry, près d'Epernay. Décidés à ne point retourner à la Martinique, Cazotte et sa femme avaient vendu tous leurs biens au père Lavalette, supérieur de la mission des jésuites, homme instruit avec lequel il avait entretenu, pendant son séjour aux colonies, des relations agréables. Celui-ci s'était acquitté en lettres de change sur la compagnie des jésuites à Paris.

Il y en avait pour cinquante mille écus; il les présente, la compagnie les laisse protester. Les supérieurs prétendirent que le père Lavalette s'était livré à des spéculations dangereuses et qu'ils ne pouvaient reconnaître. Cazotte, qui avait engagé là tout le plus clair de son avoir, se vit réduit à plaider contre ses anciens professeurs, et ce procès, dont souffrit son cœur religieux et monarchique, fut l'origine de tous ceux qui fondirent ensuite sur la société de Jésus et en amenèrent la ruine.

Ainsi commençaient les fatalités de cette existence singulière. Il n'est pas douteux que dès lors ses convictions religieuses plièrent de certains côtés. Le succès du poëme d'Ollivier l'encourageait à continuer d'écrire, il fit paraître le *Diable amoureux*.

Cet ouvrage est célèbre à divers titres; il brille entre ceux de Cazotte par le charme et la perfection des détails; mais il les surpasse tous par l'originalité de la conception. En France, à l'étranger surtout, ce livre a fait école et a inspiré bien des productions analogues.

Le phénomène d'une telle œuvre littéraire n'est pas indépendant du milieu social où il se produit; l'*Ane d'or* d'Apulée, livre également empreint de mysticisme et de poésie, nous donne dans l'antiquité le modèle de ces sortes de créations. Apulée, l'initié du culte d'Isis, l'illuminé païen, à moitié sceptique, à moitié crédule, cherchant sous les débris des mythologies qui s'écroulent les traces de superstitions antérieures ou persistantes, expliquant la fable par le symbole, et le prodige par une vague définition des forces occultes de la nature, puis un instant après, se raillant lui-même de sa crédulité, ou jetant çà et là quelque trait ironique qui déconcerte le lecteur prêt à le prendre au sérieux, c'est bien le chef de cette famille d'écrivains qui parmi nous peut encore compter glorieusement l'auteur de *Smarra*, ce rêve de l'antiquité, cette poétique réalisation des phénomènes les plus frappants du cauchemar.

Beaucoup de personnes n'ont vu dans le *Diable amoureux* qu'une sorte de conte bleu, pareil à beaucoup d'autres du même temps et digne de prendre place dans le Cabinet des fées. Tout au plus l'eussent-elles rangé dans la classe des contes allégoriques de Voltaire; c'est justement comme si l'on comparait l'œuvre mystique d'Apulée aux facéties mythologiques de Lucien. L'*Ane d'or* servit longtemps de thème aux théories symboliques des philosophes alexandrins; les chrétiens eux-mêmes respectaient ce livre, et saint Augustin le cite avec déférence comme l'expression poétisée d'un symbole religieux : le *Diable amoureux* aurait quelque droit aux mêmes éloges, et marque un progrès singulier dans le talent et la manière de l'auteur.

Ainsi cet homme, qui fut d'abord un poète gracieux de l'école de Marot et de La Fontaine, puis un conteur

15

naïf, épris tantôt de la couleur des vieux fabliaux français, tantôt du vif chatoiement de la fable orientale mise à la mode par le succès des Mille et une Nuits; suivant, après tout, les goûts de son siècle plus que sa propre fantaisie, le voilà qui s'est laissé aller au plus terrible danger de la vie littéraire, celui de prendre au sérieux ses propres inventions. Ce fut, il est vrai, le malheur et la gloire des plus grands auteurs de cette époque; ils écrivaient avec leur sang, avec leurs larmes; ils trahissaient sans pitié, au profit d'un public vulgaire, les mystères de leur esprit et de leur cœur; ils jouaient leur rôle au sérieux, comme ces comédiens antiques qui tachaient la scène d'un sang véritable pour les plaisirs du peuple-roi. Mais qui se serait attendu, dans ce siècle d'incrédulité où le clergé lui-même a si peu défendu ses croyances, à rencontrer un poète que l'amour du merveilleux purement allégorique entraîne peu à peu au mysticisme le plus sincère et le plus ardent?

Les livres traitant de la cabale et des sciences occultes inondaient alors les bibliothèques; les plus bizarres spéculations du moyen âge ressuscitaient sous une forme spirituelle et légère, propre à concilier à ces idées rajeunies la faveur d'un public frivole, à demi-impie, à demi-crédule, comme celui des derniers âges de la Grèce et de Rome. L'abbé de Villars, Dom Pernetty, le marquis d'Argens, popularisaient les mystères de l'*OEdipus Ægyptiacus* et les savantes rêveries des néoplatoniciens de Florence. Pic de la Mirandole et Marsile Ficin renaissaient tout empreints de l'esprit musqué du XVIIIᵉ siècle, dans le *Comte de Gabalis*, les *Lettres Cabalistiques* et autres productions de philosophie transcendante à la portée des salons. Aussi ne parlait-on plus que d'esprits élémentaires, de sympathies occultes, de charmes, de possessions, de migration des âmes, d'alchimie et de magnétisme surtout. L'héroïne du *Diable amoureux* n'est autre qu'un de ces lutins bizarres que l'on peut voir décrits à l'article *Incube* ou *Succube* dans le Monde Enchanté de Bekker.

Le rôle un peu noir que l'auteur fait jouer en définitive à la charmante Biondetta, suffirait à indiquer qu'il n'était pas encore initié, à cette époque, aux mystères des cabalistes ou des illuminés, lesquels ont toujours soigneusement distingué les esprits élémentaires, sylphes, gnomes, ondius ou salamandres, des noirs suppôts de Belzébuth. Pourtant l'on raconte que peu de temps après la publication du *Diable amoureux*, Cazotte reçut la visite d'un mystérieux personnage au maintien grave, aux traits amaigris par l'étude, et dont un manteau brun drapait la stature imposante.

Il demanda à lui parler en particulier, et quand on les eut laissés seuls, l'étranger aborda Cazotte avec quelques signes bizarres, tels que les initiés en emploient pour se reconnaître entr'eux.

Cazotte, étonné, lui demanda s'il était muet, et le pria d'expliquer mieux ce qu'il avait à dire. Mais l'autre changea seulement la direction de ses signes et se livra à des démonstrations plus énigmatiques encore.

Cazotte ne put cacher son impatience. « Pardon, monsieur, lui dit l'étranger, mais je vous croyais des nôtres et dans les plus hauts grades.

— Je ne sais ce que vous voulez dire, répondit Cazotte.

— Et sans cela, où donc auriez-vous puisé les pensées qui dominent dans votre *Diable amoureux?*

— Dans mon esprit, s'il vous plaît.

— Quoi! ces évocations dans les ruines, ces mystères de la cabale, ce pouvoir occulte d'un homme sur les esprits de l'air, ces théories si frappantes sur le pouvoir des

nombres, sur la volonté, sur les fatalités de l'existence,
vous auriez imaginé toutes ces choses?

— J'ai lu beaucoup, mais sans doctrine, sans méthode
particulière.

— Et vous n'êtes pas même franc-maçon?

— Pas même cela.

— Eh bien, Monsieur, soit par pénétration, soit par
hasard, vous avez pénétré des secrets qui ne sont acces-
sibles qu'aux initiés de premier ordre, et peut-être serait-
il prudent désormais de vous abstenir de pareilles révélations.

— Quoi! j'aurais fait cela? s'écria Cazotte effrayé; moi
qui ne songeais qu'à divertir le public et à prouver seulement qu'il fallait prendre garde au diable.

— Et qui vous dit que notre science ait quelque rapport avec cet esprit des ténèbres? Telle est pourtant la
conclusion de votre dangereux ouvrage. Je vous ai pris
pour un frère infidèle qui trahissait nos secrets par un
motif que j'étais curieux de connaître... Et, puisque vous
n'êtes en effet qu'un profane ignorant de notre but suprême, je vous instruirai, je vous ferai pénétrer plus
avant dans les mystères de ce monde des esprits qui nous
presse de toutes parts, et qui par l'intuition seule s'est
déjà révélé à vous. »

Cette conversation se prolongea longtemps; les biogra-
phes varient sur les termes, mais tous s'accordent à signaler la subite révolution qui se fit dès lors dans les idées
de Cazotte, adepte sans le savoir d'une doctrine dont il
ignorait qu'il existât encore des représentants. Il avoua
qu'il s'était montré sévère, dans son *Diable amoureux*,
pour les cabalistes, dont il ne concevait qu'une idée fort
vague, et que leurs pratiques n'étaient peut-être pas aussi
condamnables qu'il l'avait supposé. Il s'accusa même

d'avoir un peu calomnié ces innocents esprits qui peuplent et animent la région moyenne de l'air, en leur assimilant la personnalité douteuse d'un lutin femelle qui répond au nom de Belzébuth.

« Songez, lui dit l'initié, que le père Kircher, l'abbé de Villars et bien d'autres casuistes ont démontré depuis longtemps la parfaite innocence de ces esprits au point de vue chrétien. Les Capitulaires de Charlemagne en faisaient mention comme d'êtres appartenant à la hiérarchie céleste ; Platon et Socrate, les plus sages des Grecs, Origène, Eusèbe et saint Augustin, ces flambeaux de l'Eglise, s'accordaient à distinguer le pouvoir des esprits élémentaires de celui des fils de l'abîme... » Il n'en fallait pas tant pour convaincre Cazotte, qui, comme on le verra, devait plus tard appliquer ces idées, non plus à ses livres, mais à sa vie, et qui s'en montra convaincu jusqu'à ses derniers moments.

Cazotte dut être d'autant plus porté à réparer la faute qui lui était signalée, que ce n'était pas peu de chose alors que d'encourir la haine des illuminés, nombreux, puissants, et divisés en une foule de sectes, sociétés et loges maçonniques, qui se correspondaient d'un bout à l'autre du royaume. Cazotte, accusé d'avoir révélé aux profanes les mystères de l'initiation, s'exposait au même sort qu'avait subi l'abbé de Villars, qui, dans le *Comte de Gabalis,* s'était permis de livrer à la curiosité publique, sous une forme à demi-sérieuse, toute la doctrine des *rose-croix* sur le monde des esprits. Cet ecclésiastique fut trouvé un jour assassiné sur la route de Lyon, et l'on ne put accuser que les sylphes ou les gnomes de cette expédition. Cazotte opposa d'ailleurs d'autant moins de résistance aux conseils de l'initié qu'il était naturellement très porté à ces sortes d'idées. Le vague que des études faites sans méthode répandaient dans sa pensée, le fatiguait lui-même, et il avait besoin de se rattacher à une doctrine complète. Celle des Martinistes, au nombre desquels il se fit recevoir, avait été introduite en France par Martinez Pasqualis, et renouvelait simplement l'institution des rites cabalistiques du xie siècle, dernier écho de la formule des gnostiques, où quelque chose de la métaphysique juive se mêle aux théories obscures des philosophes alexandrins.

L'école de Lyon, à laquelle appartenait dès lors Cazotte, professait, d'après Martinez, que l'intelligence et la volonté sont les seules forces actives de la nature, d'où il suit que, pour en modifier les phénomènes, il suffit de commander fortement et de vouloir. Elle ajoutait que, par la contemplation de ses propres idées et l'abstraction de tout ce qui tient au monde extérieur et au corps, l'homme pouvait s'élever à la notion parfaite de l'essence universelle et à cette domination des *esprits* dont le secret était contenu dans la *Triple contrainte de l'enfer*, conjuration toute-puissante à l'usage des cabalistes du moyen âge.

Martinez, qui avait couvert la France de loges maçonniques selon son rite, était allé mourir à Saint-Domingue; la doctrine ne put se conserver pure, et se modifia bientôt en admettant les idées de Swedemborg et de Jacob Boehm, qu'on eut de la peine à réunir dans le même symbole. Le célèbre Saint-Martin, l'un des néophytes les plus ardents et les plus jeunes, se rattacha particulièrement aux principes de ce dernier. À cette époque, l'école de Lyon s'était fondue déjà dans la Société des Philalèthes, où Saint-Martin refusa d'entrer, disant qu'ils s'occupaient plus de la science des *âmes*, d'après Swedemborg, que de celle des *esprits*, d'après Martinez.

Plus tard, parlant de son séjour parmi les illuminés de

Lyon, cet illustre théosophe disait : « Dans l'école où j'ai passé il y a vingt-cinq ans, les *communications* de tout genre étaient fréquentes ; j'en ai eu ma part comme beaucoup d'autres. Les manifestations du signe du *Réparateur* y étaient visibles : j'y avais été préparé par des initiations. Mais, ajoute-t-il, le danger de ces initiations est de livrer l'homme à des *esprits violents*; et je ne puis répondre que les formes qui se communiquaient à moi ne fussent pas des formes d'emprunt. »

Le danger que redoutait Saint-Martin fut précisément celui où se livra Cazotte, et qui causa peut-être les plus grands malheurs de sa vie. Longtemps encore ses croyances furent douces et tolérantes, ses visions riantes et claires ; ce fut dans ces quelques années qu'il composa de nouveaux contes arabes qui, longtemps confondus avec les Mille et une Nuits, dont ils formaient la suite, n'ont pas valu à leur auteur toute la gloire qu'il en devait retirer. Les principaux sont la Dame inconnue, le Chevalier, l'Ingrat puni, le Pouvoir du Destin, Simoustapha, le Calife voleur, qui a fourni le sujet du Calife de Bagdad, l'Amant des étoiles et le Magicien ou *Maugraby*, ouvrage plein de charme descriptif et d'intérêt.

Ce qui domine dans ces compositions, c'est la grâce et l'esprit des détails ; quant à la richesse de l'invention, elle ne le cède pas aux contes orientaux eux-mêmes, ce qui s'explique en partie d'ailleurs par le fait que plusieurs sujets originaux avaient été communiqués à l'auteur par un moine arabe nommé dom Chavis.

La théorie des esprits élémentaires, si chère à toute imagination mystique, s'applique également, comme on sait, aux croyances de l'Orient, et les pâles fantômes, perçus dans les brumes du Nord au prix de l'hallucination

et du vertige, semblent se teindre là-bas des feux et des
couleurs d'une atmosphère splendide et d'une nature enchantée. Dans son conte du Chevalier, qui est un véritable
poème, Cazotte réalise surtout le mélange de l'invention
romanesque et d'une distinction des bons ou des mauvais
esprits, savamment renouvelée des cabalistes de l'Orient.
Les génies lumineux, soumis à Salomon, livrent force
combats à ceux de la suite d'*Eblis;* les talismans, les
conjurations, les anneaux constellés, les miroirs magiques, tout cet enchevêtrement merveilleux des fatalistes
arabes s'y noue et s'y dénoue avec ordre et clarté. Le
héros a quelques traits de l'Initié égyptien du roman de
Séthos, qui, alors, obtenait un succès prodigieux. Le passage où il traverse, à travers mille dangers, la montagne
de Caf, palais éternel de Salomon, roi des génies, est la
version asiatique des épreuves d'*Isis;* ainsi, la préoccupation des mêmes idées apparaît encore sous les formes les
plus diverses.

Ce n'est pas à dire qu'un grand nombre des ouvrages
de Cazotte n'appartienne à la littérature ordinaire. Il eut
quelque réputation comme fabuliste, et dans la dédicace
qu'il fit de son volume de fables à l'Académie de Dijon,
il eut soin de rappeler le souvenir d'un de ses aïeux, qui,
du temps de Marot et de Ronsard, avait contribué aux
progrès de la poésie française. A l'époque où Voltaire pu-
bliait son poème intitulé la *Guerre de Genève,* Cazotte
eut l'idée plaisante d'ajouter aux premiers chants du poème
inachevé un septième chant écrit dans le même style, et
que l'on crut de Voltaire lui-même.

Nous n'avons pas parlé de ses chansons qui portent
l'empreinte d'un esprit tout particulier. Rappellerons-nous
la plus connue, intitulée : O mai! joli mois de mai :

Pour le premier jour de mai,
Soyez bien réveillée !
— Je vous apporte un bouquet,
Tout de giroflée ;
Un bouquet cueilli tout frais,
Tout plein de rosée.

Tout continue sur ce ton. C'est une délicieuse peinture d'éventail, qui se déploie avec les grâces naïves et maniérées tout à la fois du bon vieux temps.

Pourquoi ne citerions-nous pas encore la charmante ronde : « *Toujours vous aimer* ; » et surtout la villanelle si gaie dont voici quelques couplets :

Que de maux soufferts,
Vivant dans vos fers, Thérèse !
Que de maux soufferts,
Vivant dans vos fers !

Si vers les genoux
Mes bas ont des trous, Thérèse,
A vos pieds je les fis tous,
Ainsi qu'on se prenne à vous !
Si vers les genoux, etc.

Et mes cinq cents francs
Que j'avais comptant, Thérèse ?
Il n'en reste pas six blancs ;
Et qui me rendra mon temps ?
Et mes cinq cents francs, etc.

Vous avez vingt ans,
Et mille agréments, Thérèse ;
Mais aucun de vos amants
Ne vous dira dans vingt ans,
Vous avez vingt ans, etc.

Nous avons dit que l'Opéra-Comique devait à Cazotte

le sujet du Calife de Bagdad ; son Diable amoureux fut représenté aussi sous cette forme, avec le titre de l'Infante
de Zamora. Ce fut à ce sujet sans doute qu'un de ses
beaux-frères, qui était venu passer quelques jours à sa
campagne de Pierry, lui reprochait de ne point tenter le
théâtre, et lui vantait les opéras bouffons comme des ouvrages d'une grande difficulté : « Donnez-moi un mot, dit
Cazotte, et demain j'aurai fait une pièce de ce genre à
laquelle il ne manquera rien. » Le beau-frère voit entrer
un paysan avec des sabots : « Eh bien! *sabots*, s'écria-t-il,
faites une pièce sur ce mot-là. » Cazotte demanda à rester
seul; mais un personnage singulier, qui justement faisait
partie ce soir-là de la réunion, s'offrit à faire la musique à
mesure que Cazotte écrirait l'opéra. C'était Rameau, le neveu du grand musicien dont Diderot a raconté la vie fantasque dans ce dialogue qui est un chef-d'œuvre, et la seule
satire moderne qu'on puisse opposer à celles de Pétrone.

L'opéra fut fait dans la nuit, adressé à Paris, et représenté bientôt à la Comédie-Italienne, après avoir été re-
touché par Marsollier et Duni, qui y daignèrent mettre
leur nom. Cazotte n'obtint pour droits d'auteur que ses
entrées, et le neveu de Rameau, ce génie incompris, demeura obscur comme par le passé. C'était bien d'ailleurs
le musicien qu'il fallait à Cazotte, qui a dû sans doute bien
des idées étranges à ce bizarre compagnon.

Le portrait qu'il en fait dans sa préface de la seconde
Raméide, poème héroï comique, composé en l'honneur
de son ami, mérite d'être conservé, autant comme morceau de style que comme note utile à compléter la piquante
analyse morale et littéraire de Diderot.

« C'est l'homme le plus plaisant par nature que j'aie
connu ; il s'appelait Rameau, était neveu du célèbre musicien, avait été mon camarade au collége, et avait pris pour

moi une amitié qui ne s'est jamais démentie, ni de sa part,
ni de la mienne. Ce personnage, l'homme le plus extraordinaire de notre temps, était né avec un talent naturel de
plus d'un genre, que le défaut d'assiette de son esprit ne
lui permit jamais de cultiver. Je ne puis comparer son
genre de plaisanterie qu'à celui que déploie le docteur
Sterne dans son Voyage sentimental. Les saillies de Rameau étaient des saillies d'instinct d'un genre si particulier, qu'il est nécessaire de les peindre pour essayer de les
rendre. Ce n'était point de bons mots, c'étaient des traits qui
semblaient partir de la plus profonde connaissance du cœur
humain. Sa physionomie, qui était vraiment burlesque,
ajoutait un piquant extraordinaire à ses saillies, d'autant
moins attendues de sa part, que, d'habitude, il ne faisait
que déraisonner. Ce personnage, né musicien, autant et
plus peut-être que son oncle, ne put jamais s'enfoncer dans
les profondeurs de l'art; mais il était né plein de chant et
avait l'étrange facilité d'en trouver, impromptu, de l'agréable et de l'expressif, sur quelques paroles qu'on voulût
lui donner ; seulement il eût fallu qu'un véritable artiste
eût arrangé et corrigé ses phrases et composé ses parti-
tions. Il était de figure aussi horriblement que plaisamment
laid, très souvent ennuyeux, parce que son génie l'inspirait
rarement ; mais si sa verve le servait, il faisait rire jusqu'aux
larmes. Il vécut pauvre, ne pouvant suivre aucune profession. Sa pauvreté absolue lui faisait honneur dans mon esprit. Il n'était pas absolument sans fortune, mais il eût
fallu dépouiller son père du bien de sa mère, et il se refusa
à l'idée de réduire à la misère l'auteur de ses jours, qui
s'était remarié et avait des enfants. Il a donné, dans plusieurs autres occasions, des preuves de la bonté de son
cœur. Cet homme singulier vécut passionné pour la gloire,
qu'il ne pouvait acquérir dans aucun genre... Il est mort

dans une maison religieuse, où sa famille l'avait placé, après quatre ans de retraite qu'il avait prise en gré, et ayant gagné le cœur de tous ceux qui d'abord n'avaient été que ses geoliers. »

Les lettres de Cazotte sur la musique, dont plusieurs sont des réponses à la lettre de J.-J. Rousseau sur l'Opéra, se rapportent à cette légère incursion dans le domaine lyrique. Là plupart de ces écrits sont anonymes, et ont été recueillis depuis comme pièces diplomatiques de la guerre de l'Opéra. Quelques-unes sont certaines, d'autres douteuses. Nous serions bien étonné s'il fallait ranger parmi ces dernières le « Petit prophète de Bœhmischbroda, » fantaisie attribuée à Grimm, qui compléterait au besoin l'analogie marquée de Cazotte et d'Hoffmann.

C'était encore la belle époque de la vie de Cazotte; voici le portrait qu'a donné Charles Nodier de cet homme célèbre, qu'il avait vu dans sa jeunesse :

« A une extrême bienveillance, qui se peignait dans sa belle et heureuse physionomie, à une douceur tendre que ses yeux bleus encore fort animés exprimaient de la manière la plus séduisante, M. Cazotte joignait le précieux talent de raconter mieux qu'homme du monde des histoires, tout à la fois étranges et naïves, qui tenaient de la réalité la plus commune par l'exactitude des circonstances et de la féerie par le merveilleux. Il avait reçu de la nature un don particulier pour voir les choses sous leur aspect fantastique, et l'on sait si j'étais organisé de manière à jouir avec délices de ce genre d'illusion. Aussi, quand un pas grave se faisait entendre à intervalles égaux sur les dalles de l'autre chambre; quand sa porte s'ouvrait avec une lenteur méthodique, et laissait percer la lumière d'un fallot porté par un vieux domestique moins ingambe que le maître, et que M. Cazotte appelait gaie-

ment son *pays*; quand M. Cazotte paraissait lui-même
avec son chapeau triangulaire, sa longue redingote de camelot vert bordée d'un petit galon, ses souliers à bouts
carrés fermés très avant sur le pied par une forte agrafe
d'argent, et sa haute canne à pomme d'or, je ne man-
quais jamais de courir à lui avec les témoignages d'une
joie folle, qui était encore augmentée par ses caresses. »

Charles Nodier met ensuite dans sa bouche un de ces
récits mystérieux qu'il se plaisait à faire dans le monde,
et qu'on écoutait avidement. Il s'agit de la longévité de
Marion Delorme, qu'il disait avoir vue quelques jours
avant sa mort, âgée de près d'un siècle et demi, ainsi que
semblent le constater d'ailleurs son acte de baptême et
son acte mortuaire conservés à Besançon. En admettant
cette question fort controversée de l'âge de Marion Delorme, Cazotte pouvait l'avoir vue étant âgé de vingt et
un ans. C'est ainsi qu'il disait pouvoir transmettre des
détails inconnus sur la mort de Henri IV, à laquelle Marion
Delorme avait pu assister.

Mais le monde était plein alors de ces causeurs amis du
merveilleux; le comte de Saint-Germain et *Cagliostro*
tournaient toutes les cervelles, et Cazotte n'avait peut-
être de plus que son génie littéraire et la réserve d'une
honnête sincérité. Si pourtant nous devons ajouter foi à
la prophétie célèbre rapportée dans les mémoires de La
Harpe, il aurait joué seulement le rôle fatal de Cassandre,
et n'aurait pas eu tort, comme on le lui reprochait, *d'être
toujours sur le trépied*.

III.

Il me semble, dit La Harpe, que c'était hier, et c'était cependant au commencement de 1788. Nous étions à table chez un de nos confrères à l'Académie, grand seigneur et homme d'esprit; la compagnie était nombreuse et de tout état, gens de robe, gens de cour, gens de lettres, académiciens, etc. On avait fait grande chère comme de coutume. Au dessert, les vins de Malvoisie et de Constance ajoutaient à la gaieté de la bonne compagnie cette sorte de liberté qui n'en gardait pas toujours le ton : on en était venu alors dans le monde au point où tout est permis pour faire rire.

Chamfort nous avait lu de ses contes impies et libertins, et les grandes dames avaient écouté sans avoir même recours à l'éventail. De là un déluge de plaisanteries sur la religion : et d'applaudir. Un convive se lève, et tenant son verre plein : « Oui, messieurs, s'écrie-t-il, je suis aussi *sûr qu'il n'y a pas de Dieu*, que je suis sûr qu'Homère est un sot. » En effet, il était sûr de l'un comme de l'autre; et l'on avait parlé d'Homère et de Dieu, et il y avait là des convives qui avaient dit du bien de l'un et de l'autre.

La conversation devient plus sérieuse; on se répand en admiration sur la *révolution qu'avait faite Voltaire*, et l'on convient que c'est là le premier titre de sa gloire : « Il a donné le ton à son siècle, et s'est fait lire dans l'antichambre comme dans le salon. »

Un des convives nous raconta, en pouffant de rire,

que son coiffeur lui avait dit, tout en le poudrant :
« *Voyez-vous, Monsieur, quoique je ne sois qu'un mi-*
sérable carabin, je n'ai pas plus de religion qu'un
autre. »

On en conclut que la révolution ne tardera pas à se
consommer ; qu'il faut absolument que la *superstition et*
le fanatisme fassent place à la philosophie, et l'on en
est à calculer la probabilité de l'époque, et quels seront
ceux de la société qui verront le *règne de la raison*. Les
plus vieux se plaignent de ne pouvoir s'en flatter ; les
jeunes se réjouissent d'en avoir une espérance très vraisemblable ; et l'on félicitait surtout l'Académie d'avoir
préparé le grand œuvre, et d'avoir été le chef-lieu, le
centre, le *mobile de la liberté de penser.*

Un seul des convives n'avait point pris part à toute la
joie de cette conversation, et avait même laissé tomber
tout doucement quelques plaisanteries sur notre bel enthousiasme : c'était *Cazotte*, homme aimable et original, mais malheureusement infatué des rêveries des *illu-*
minés. Son héroïsme l'a depuis rendu à jamais illustre.

Il prend la parole, et du ton le plus sérieux : « Messieurs, dit-il, soyez satisfaits ; vous verrez tous *cette*
grande et sublime révolution que vous désirez tant.
Vous savez que je suis un peu prophète ; je vous répète,
vous la verrez. »

On lui répond par le refrain connu : « *Faut pas être*
grand sorcier pour ça. »—Soit, mais peut-être faut-il
l'être un peu plus pour ce qui me reste à vous dire.
Savez-vous ce qui arrivera de cette *révolution*, ce qui en
arrivera pour vous, tant que vous êtes ici, et ce qui en
sera la suite immédiate, l'effet bien prouvé, la conséquence bien reconnue?

« Ah! voyons, dit Condorcet avec son air sournois et

niais; un philosophe n'est pas fâché de rencontrer un prophète.

« — Vous, *monsieur de Condorcet, vous expirerez
étendu sur le pavé d'un cachot*, vous mourrez du poison que vous aurez pris pour vous dérober au bourreau ;
du poison que le bonheur de ce temps-là vous forcera
de porter toujours sur vous. »

Grand étonnement d'abord ; mais on se rappelle que le
bon Cazotte est sujet à rêver tout éveillé, et l'on rit de
plus belle.

« M. Cazotte, le conte que vous faites ici n'est pas si
plaisant que votre *Diable amoureux;* mais quel diable
vous a mis dans la tête ce *cachot*, ce *poison* et ces *bour-
reaux ?* Qu'est-ce que tout cela peut avoir de commun
avec la *philosophie et le règne de la raison?*

— C'est précisément ce que je vous dis : c'est au nom
de la philosophie, de l'humanité, de la liberté, c'est sous
le règne de la raison qu'il vous arrivera de finir ainsi, et
ce sera bien le règne de la raison, car alors *elle aura
des temples*, et même il n'y aura plus dans toute la
France, en ce temps-là, que des *temples de la Raison.*

— Par ma foi, dit Champfort avec le rire du sar-
casme, vous ne serez pas un des prêtres de ces tem-
ples-là.

— Je l'espère ; mais vous, *monsieur de Chamfort*,
qui en serez un, et très digne de l'être, *vous vous
couperez les veines* de vingt-deux coups de rasoir, et
pourtant vous n'en mourrez que quelques mois après. »

On se regarde et on rit encore. « Vous, *monsieur Vicq-
d'Azir*, vous ne vous ouvrirez pas les veines vous-même ;
mais, après vous les avoir fait ouvrir six fois dans un
jour, après un accès de goutte, pour être plus sûr de votre
fait, vous mourrez dans la nuit. Vous, *monsieur de Ni-*

colaï, vous mourrez sur l'échafaud ; *vous, monsieur
Bailly*, sur l'échafaud...

— Ah! Dieu soit béni ! dit Roucher, il paraît que Monsieur n'en veut qu'à l'Académie ; il vient d'en faire une
terrible exécution ; et moi, grâce au ciel...

— Vous ! vous mourrez aussi sur l'échafaud.

— Oh ! c'est une gageure, s'écrie-t-on de toute part,
il a juré de tout exterminer.

— Non, ce n'est pas moi qui l'ai juré.

— Mais nous serons donc subjugués par les Turcs et
les Tartares ? et encore ?...

— Point du tout, je vous l'ai dit : vous serez alors
gouvernés par la seule *philosophie*, par la seule *raison*.
Ceux qui vous traiteront ainsi seront tous des *philosophes*,
auront à tout moment dans la bouche toutes les mêmes
phrases que vous débitez depuis une heure, répéteront
toutes vos maximes, citeront tout comme vous les vers
de Diderot et de la *Pucelle*... »

On se disait à l'oreille : « Vous voyez bien qu'*il est
fou* (car il gardait le plus grand sérieux). Est-ce que
vous ne voyez pas qu'il plaisante ? et vous savez qu'il
entre toujours du merveilleux dans ses plaisanteries. »

— Oui, reprit Champfort ; mais son merveilleux n'est
pas gai ; il est trop patibulaire. Et quand tout cela se pas-
sera-t-il ?

— *Six ans ne se passeront pas que tout ce que je
vous dis ne soit accompli...*

— Voilà bien des miracles (et cette fois c'était moi-
même qui parlais) ; et vous ne m'y mettez pour rien ?

— Vous y serez pour un miracle tout au moins aussi
extraordinaire : vous serez alors chrétien. Grandes excla-
mations. Ah ! reprit Champfort, je suis rassuré ; si nous
ne devons périr que quand La Harpe sera chrétien, nous
sommes immortels.

— Pour ça, dit alors madame la duchesse de Grammont, nous sommes bien heureuses, nous autres femmes, de n'être pour rien dans les *révolutions*. Quand je dis pour rien, ce n'est pas que nous ne nous en mêlions toujours un peu; mais il est reçu qu'on ne s'en prend pas à nous, et notre sexe...

— *Votre sexe, Mesdames, ne vous en défendra pas cette fois;* et vous aurez beau ne vous mêler de rien, vous serez traitées tout comme les hommes, sans aucune différence quelconque.

— Mais qu'est-ce que vous nous dites donc là, monsieur Cazotte? C'est la fin du monde que vous nous prêchez.

— Je n'en sais rien; mais ce que je sais, c'est que vous, madame la duchesse, *vous serez conduite à l'échafaud*, vous et beaucoup d'autres dames avec vous, dans la charrette du bourreau, et les mains derrière le dos.

— Ah! j'espère que, dans ce cas-là, j'aurai du moins un carrosse drapé de noir.

— Non, madame; de plus grandes dames que vous iront comme vous en charrette, et les mains liées comme vous.

— De plus grandes dames! quoi! *les princesses du sang?*

— *De plus grandes dames encore...* » Ici un mouvement très sensible se fit dans toute la compagnie, et la figure du maître se rembrunit. On commençait à trouver que la plaisanterie était forte.

Madame de Grammont, pour dissiper le nuage, n'insista pas sur cette dernière réponse, et se contenta de dire, du ton le plus léger : « *Vous verrez qu'il ne me laissera pas seulement un confesseur!*

— *Non, madame, vous n'en aurez pas, ni personne.*
Le dernier supplicié, qui en aura un par grâce, sera...»
Il s'arrêta un moment. « Eh bien ! quel est donc l'heureux mortel qui aura cette prérogative ? — C'est la seule
qui lui restera : et ce sera *le roi de France.* »
Le maître de la maison se leva brusquement, et tout le
monde avec lui. Il alla vers M. Cazotte, et lui dit, avec
un ton pénétré : « Mon cher monsieur Cazotte, c'est assez
faire durer cette facétie lugubre ; vous la poussez trop
loin, et jusqu'à compromettre la société où vous êtes, et
vous-même. » Cazotte ne répondit rien, et se disposait à
se retirer, quand madame de Grammont, qui voulait toujours éviter le sérieux et ramener la gaîté, s'avança vers lui :
— Monsieur le prophète, qui nous dites à tous notre
bonne aventure, vous ne dites rien de la vôtre. »
Il fut quelque temps en silence et les yeux baissés :
« Madame, avez-vous lu le siége de Jérusalem, dans
Josèphe ?
— Oh ! sans doute ; qu'est-ce qui n'a pas lu ça ? Mais
faites comme si je ne l'avais pas lu.
— Eh bien ! madame, pendant ce siége, un homme
fit sept jours de suite le tour des remparts, à la vue des
assiégeants et des assiégés , criant incessamment d'une
voix sinistre et sonnante : *Malheur à Jérusalem ! Malheur*
à moi-même ! Et dans le moment une pierre énorme,
lancée par les machines ennemies, l'atteignit et le mit
en pièces. »
Après cette réponse, M. Cazotte fit sa révérence et sortit.

Tout en n'accordant à ce document qu'une confiance relative, et en nous rapportant à la sage opinion de Charles
Nodier, qui dit qu'à l'époque où a eu lieu cette scène,
il n'était peut-être pas difficile de prévoir que la révolu-

tion qui venait choisirait ses victimes dans la plus haute
société d'alors, et dévorerait ensuite ceux-là mêmes qui
l'auraient créée, nous allons rapporter un singulier passage qui se trouve dans le poëme d'Ollivier, publié justement trente ans avant 95, et dans lequel on remarqua
une préoccupation de têtes coupées qui peut bien passer,
mais plus vaguement, pour une hallucination prophétique.

« Il y a environ quatre ans que nous fûmes attirés l'un
et l'autre par des enchantements dans le palais de la fée
Bagasse. Cette dangereuse sorcière, voyant avec chagrin
le progrès des armes chrétiennes en Asie, voulut les arrêter en tendant des pièges aux chevaliers défenseurs de
la foi. Elle construisit non loin d'ici un palais superbe.
Nous mîmes malheureusement le pied sur les avenues :
alors, entraînés par un charme, quand nous croyions ne
l'être que par la beauté des lieux, nous parvînmes jusque
dans un péristyle qui était à l'entrée du palais; mais nous
y étions à peine, que le marbre sur lequel nous mar-
chions, solide en apparence, s'écarte et fond sous nos
pas : une chute imprévue nous précipite sous le mouvement d'une roue armée de fers tranchants qui séparent
en un clin d'œil toutes les parties de notre corps les unes
des autres; et ce qu'il y eut de plus étonnant, c'est que
la mort ne suivit pas une aussi étrange dissolution.

» Entraînées par leur propre poids, les parties de notre
corps tombèrent dans une fosse profonde, et s'y confon-
dirent dans une multitude de membres entassés. Nos têtes
roulèrent comme des boules. Ce mouvement extraordinaire ayant achevé d'étourdir le peu de raison qu'une aventure aussi surnaturelle m'avait laissée, je n'ouvris les yeux
qu'au bout de quelque temps, et je vis que ma tête était
rangée sur des gradins à côté et vis-à-vis de huit cents

autres têtes des deux sexes, de tout âge et de tout coloris.
Elles avaient conservé l'action des yeux et de la langue,
et surtout un mouvement dans les mâchoires qui les faisait bâiller presque continuellement. Je n'entendais que
ces mots, assez mal articulés : — Ah! quels ennuis! cela
est désespérant.

, » Je ne pus résister à l'impression que faisait sur moi
la condition générale, et me mis à bâiller comme les autres.

— Encore une bâilleuse de plus, dit une grosse tête
de femme, placée vis-à-vis de la mienne; on n'y saurait
tenir, j'en mourrai; et elle se remit à bâiller de plus belle.

— Au moins cette bouche-ci a de la fraîcheur, dit
une autre tête, et voilà des dents d'émail. Puis, m'a-
dressant la parole : — Madame, peut-on savoir le nom
de l'aimable compagne d'infortune que nous a donnée la
fée Bagasse ?

— J'envisageai la tête qui m'adressait la parole : c'é-
tait celle d'un homme. Elle n'avait point de traits, mais
un air de vivacité et d'assurance, et quelque chose d'af-
fecté dans la prononciation.

— Je voulus répondre : — Seigneur, j'ai un frère...
Je n'eus pas le temps d'en dire davantage. — Ah! ciel!
s'écria la tête femelle qui m'avait apostrophé la première, voici encore une conteuse et une histoire; nous
n'avons pas été assez assommés de récits. Bâillez, madame, et laissez là votre frère. Qui est-ce qui n'a pas de
frère? Sans ceux que j'ai, je régnerais paisiblement et ne
serais pas où je me trouve.

— Seigneur, dit la grosse tête apostrophée, vous vous
faites connaître bien tôt pour ce que vous êtes, pour la
plus mauvaise tête...

— Ah! interrompit l'autre, si j'avais seulement mes
membres...

— Et moi, dit l'adversaire, si j'avais seulement mes mains... Et d'ailleurs, me disait-il, vous pouvez vous apercevoir que ce qu'il dit ne saurait passer le nœud de la gorge.

— Mais, disais-je, ces disputes-ci vont trop loin...

— Eh! non, laissez-nous faire; ne vaut-il pas mieux se quereller que de bâiller? A quoi peuvent s'occuper des gens qui n'ont que des oreilles et des yeux, qui vivent ensemble face à face depuis un siècle, qui n'ont nulle relation ni n'en peuvent former d'agréables, à qui la médisance même est interdite, faute de savoir de qui parler pour se faire entendre, qui...

» Il en eût dit davantage; mais voilà que tout à coup il nous prend une violente envie d'éternuer tous ensemble; un instant après, une voix rauque, partant on ne sait d'où, nous ordonne de chercher nos membres épars; en même temps nos têtes roulent vers l'endroit où ils étaient entassés. »

N'est-il pas singulier de rencontrer dans un poëme héroï-comique de la ljeunesse de l'auteur, cette sanglante rêverie de têtes coupées, de membres séparés du corps, étrange association d'idées qui réunit des courtisans, des guerriers, des femmes, des petits-maîtres, dissertant et plaisantant sur des détails de supplice comme le feront plus tard à la Conciergerie ces seigneurs, ces femmes, ces poètes, contemporains de Cazotte, dans le cercle desquels il viendra à son tour apporter sa tête, en tâchant de sourire et de plaisanter comme les autres des fantaisies de cette fée sanglante, qu'il n'avait pas prévu devoir s'appeler un jour la Révolution!

IV.

Nous venons d'anticiper sur les événements : parvenu aux deux tiers à peine de la vie de notre écrivain, nous avons laissé entrevoir une scène de ses derniers jours ; à l'exemple de l'illuminé lui-même, nous avons uni d'un trait l'avenir et le passé.

Il entrait dans notre plan , du reste, d'apprécier tour à tour Cazotte comme littérateur et comme philosophe mystique ; mais si la plupart de ses livres portent l'empreinte de ses préoccupations relatives à la science des cabalistes, il faut dire que l'intention dogmatique y manque généralement ; Cazotte ne paraît pas avoir pris part aux travaux collectifs des illuminés Martinistes, mais s'être fait seulement d'après leurs idées une règle de conduite particulière et personnelle. On aurait tort d'ailleurs de confondre cette secte avec les institutions maçonniques de l'époque, bien qu'il y eût entr'elles certains rapports de forme extérieure ; les Martinistes admettaient la chute des anges, le péché originel, le Verbe réparateur, et ne s'éloignaient sur aucun point essentiel des dogmes de l'Eglise.

Saint-Martin, le plus illustre d'entr'eux, est un spiritualiste chrétien à la manière de Malebranche. Nous avons dit plus haut qu'il avait déploré l'intervention d'*esprits violents* dans le sein de la secte lyonnaise. De quelque manière qu'il faille entendre cette expression, il est évident que la société prit dès lors une tendance politique qui éloigna d'elle plusieurs de ses membres. Peut-être a-t-on exagéré l'influence des illuminés tant en Allemagne qu'en France, mais on ne peut nier qu'ils n'aient eu une grande action sur la révolution française et dans le sens de son mouvement. Les sympathies monarchiques de Cazotte l'écartèrent de cette direction et l'empêchèrent de soutenir de son talent une doctrine qui tournait autrement qu'il n'avait pensé.

Il est triste de voir cet homme, si bien doué comme écrivain et comme philosophe, passer les dernières années de sa vie dans le dégoût de la vie littéraire et dans le pressentiment d'orages politiques qu'il se sentait impuissant à conjurer. Les fleurs de son imagination se sont flétries; cet esprit d'un tour si clair et si français, qui donnait une forme heureuse à ses inventions les plus singulières, n'apparaît que rarement dans la correspondance politique qui fut la cause de son procès et de sa mort. S'il est vrai qu'il ait été donné à quelques âmes de prévoir les événements sinistres, il faut y reconnaître plutôt une faculté malheureuse qu'un don céleste, puisque, pareille à la Cassandre antique, elles ne peuvent ni persuader les autres ni se préserver elles-mêmes.

Les dernières années de Cazotte dans sa terre de Pierry en Champagne présentent cependant encore quelques tableaux de bonheur et de tranquillité dans la vie de famille. Retiré du monde littéraire, qu'il ne fréquentait plus que pendant de courts voyages à Paris, échappé au tourbillon plus animé que jamais des sectes philosophiques et mystiques de toutes sortes, père d'une fille charmante et de deux fils pleins d'enthousiasme et de cœur comme lui, le bon Cazotte semblait avoir réuni autour de lui toutes les conditions d'un avenir tranquille; mais les récits des personnes qui l'ont connu à cette époque le montrent toujours assombri des nuages qu'il pressent au-delà d'un horizon tranquille.

Un gentilhomme, nommé de Plas, lui avait demandé la main de sa fille Elisabeth; ces deux jeunes gens s'aimaient depuis longtemps, mais Cazotte retardait sa réponse définitive et leur permettait seulement d'espérer. Un auteur gracieux et plein de charme, Anna-Marie, a raconté quelques détails d'une visite faite à Pierry par Mme d'Argèle, amie de cette famille. Elle peint l'élégant salon au rez-de-chaussée, embaumé des parfums d'une plante des colonies rapportée par Mme Cazotte, et qui recevait du séjour de cette excellente personne un caractère particulier d'élégance et d'étrangeté. Une femme de couleur travaillant près d'elle, des oiseaux d'Amérique, des curiosités rangées sur les meubles, témoignaient, ainsi que sa mise et sa coiffure, d'un tendre souvenir pour sa première patrie. « Elle avait été parfaitement jolie et l'était encore, quoiqu'elle eût alors de grands enfants. Il y avait en elle cette grâce négligée et un peu nonchalante des créoles, avec un léger accent donnant à son langage un ton tout à la fois d'enfance et de caresse qui la rendait très attrayante. Un petit chien bichon était couché sur un carreau près d'elle; on l'appelait *Biondetta*, comme la petite épagneule du *Diable amoureux*. »

Une femme âgée, grande et majestueuse, la marquise de la Croix, veuve d'un grand seigneur espagnol, faisait partie de la famille et y exerçait une influence due au rapport de ses idées et de ses convictions avec celles de Cazotte. C'était depuis longues années l'une des adeptes de Saint-Martin, et l'illuminisme l'unissait aussi à Cazotte de ces liens tout intellectuels que la doctrine regardait comme une sorte d'anticipation de la vie future. Ce second mariage mystique, dont l'âge de ces deux personnes écartait toute idée d'inconvenance, était moins pour Mme Cazotte un sujet de chagrin, que d'inquiétude con-

çue au point de vue d'une raison tout humaine, touchant
l'agitation de ces nobles esprits. Les trois enfants, au contraire, partageaient sincèrement les idées de leur père et
de sa vieille amie.

Nous nous sommes déjà prononcé sur cette question ;
mais, pourtant, faudrait-il accepter toujours les leçons de
ce bon sens vulgaire qui marche dans la vie sans s'inquiéter des sombres mystères de l'avenir et de la mort ?
La destinée la plus heureuse tient-elle à cette imprévoyance
qui reste surprise et désarmée devant l'événement funeste,
et qui n'a plus que des pleurs et des cris à opposer aux
coups tardifs du malheur ? Mⁿᵉ Cazotte est de toutes ces
personnes celle qui devait le plus souffrir ; pour les autres, la vie ne pouvait plus être qu'un combat, dont les
chances étaient douteuses, mais la récompense assurée.

Il n'est pas inutile, pour compléter l'analyse des théories que l'on retrouvera plus loin dans quelques fragments
de la correspondance qui fut le sujet du procès de Cazotte, d'emprunter encore quelques opinions de ce dernier au récit d'Anna-Marie :

« Nous vivons tous, disait-il, parmi les esprits de nos
pères ; le monde invisible nous presse de tous côtés... il
y a là sans cesse des amis de notre pensée qui s'appro-
chent familièrement de nous. Ma fille a ses anges gardiens ; nous avons tous les nôtres. Chacune de nos idées,
bonnes ou mauvaises, met en mouvement quelque esprit
qui leur correspond, comme chacun des mouvements de
notre corps ébranle la colonne d'air que nous supportons.
Tout est plein, tout est vivant dans ce monde, où, depuis
le péché, des voiles obscurcissent la matière... Et moi,
par une initiation que je n'ai point cherchée et que souvent je déplore, je les ai soulevées comme le vent soulève
d'épais brouillards. Je vois le bien, le mal, les bons et les

mauvais; quelquefois la confusion des êtres est telle à mes regards, que je ne sais pas toujours distinguer au premier moment ceux qui vivent dans leur chair de ceux qui en ont dépouillé les apparences grossières...

» Oui, ajoutait-il, il y a des âmes qui sont restées si matérielles, leur forme leur a été si chère, si adhérente, qu'elles ont emporté dans l'autre monde une sorte d'opacité. Celles-là ressemblent longtemps à des vivants.

» Enfin, que vous dirai-je? soit infirmité de mes yeux, ou similitude réelle, il y a des moments où je m'y trompe tout-à-fait. Ce matin, pendant la prière où nous étions réunis tous ensemble sous les regards du Tout-Puissant, la chambre était si pléine de vivants et de morts de tous les temps et de tous les pays, que je ne pouvais plus distinguer entre la vie et la mort; c'était une étrange confusion, et pourtant un magnifique spectacle! »

Mme d'Argèle fut témoin du départ du jeune Scévole Cazotte qui allait prendre du service dans les gardes du roi; les temps difficiles approchaient, et son père n'ignorait pas qu'il le dévouait à un danger.

La marquise de la Croix se joignit à Cazotte pour lui donner ce qu'ils appelaient *leurs pouvoirs mystiques*, et l'on verra plus tard comment il leur rendit compte de cette mission. Cette femme enthousiaste fit sur le front du jeune homme, sur ses lèvres et sur son cœur, trois signes mystérieux accompagnés d'une invocation secrète, et consacra ainsi l'avenir de celui qu'elle appelait *le fils de son intelligence.*

Scévole Cazotte, non moins exalté dans ses convictions monarchiques que dans son mysticisme, fut du nombre de ceux qui, au retour de Varennes, réussirent à protéger du moins la vie de la famille royale contre la fureur des républicains. Un instant même, au milieu de la foule,

le dauphin fut enlevé à ses parents, et Scévole Cazotte
parvint à le reprendre et le rapporta à la reine, qui le
remercia en pleurant. La lettre suivante, qu'il écrivit à
son père, est postérieure à cet événement :

« Mon cher papa, le 14 juillet est passé, le roi est rentré chez lui sain et sauf. Je me suis acquitté de mon mieux
de la mission dont vous m'aviez chargé. Vous saurez peut-
être si elle a eu tout l'effet que vous en attendiez. Ven-
dredi, je me suis approché de la sainte table; et, en sortant de l'église, je me suis rendu à l'autel de la patrie,
où j'ai fait, vers les quatre côtés, les commandements
nécessaires pour mettre le Champ-de-Mars entier sous la
protection des anges du Seigneur.

» J'ai gagné la voiture, contre laquelle j'étais appuyé
quand le roi est remonté; Mme Elisabeth m'a même alors
jeté un coup d'œil qui a reporté toutes mes pensées vers
le ciel; sous la protection d'un de mes camarades, j'ai
accompagné la voiture en dedans de la ligne; et le roi
m'a appelé et m'a dit : Cazotte, c'est vous que j'ai trouvé
à Epernay, et à qui j'ai parlé? et je lui ai répondu : Oui,
sire; à la descente de la voiture j'y étais... Et je me suis
retiré quand je les ai vus dans leurs appartements.

» Le Champ-de-Mars était couvert d'hommes. Si j'étais
digne que mes commandements et mes prières fussent
exécutés, il y aurait furieusement de pervers de liés. Au
retour tous criaient Vive le roi! sur le passage. Les gardes
nationaux s'en donnaient de tout leur cœur, et la marche
était un triomphe. Le jour a été beau, et le commandeur
a dit que, pour le dernier jour que Dieu laissait au diable, il le lui avait laissé couleur de rose. Adieu, joignez
vos prières pour donner de l'efficacité aux miennes. Ne
lâchons pas prise. J'embrasse maman Zabeth (Elisabeth).
Mon respect à Mme la marquise. (La marquise de Croix.) »

A quelqu'opinion qu'on appartienne, on doit être touché du dévouement de cette famille, dût-on sourire des faibles moyens sur lesquels se reposaient des convictions si ardentes. Les illusions des belles âmes sont respectables, sous quelque forme qu'elles se présentent; mais qui oserait déclarer qu'il y ait pure illusion dans cette pensée que le monde serait gouverné par des influences supérieures et mystérieuses sur lesquelles la foi de l'homme peut agir? La philosophie a le droit de dédaigner cette hypothèse, mais toute religion est forcée à l'admettre, et les sectes politiques en ont fait une arme de tous les partis. Ceci explique l'isolement de Cazotte de ses anciens frères les illuminés. On sait combien l'esprit républicain avait usé du mysticisme dans la révolution d'Angleterre; la tendance des Martinistes était pareille; mais, entraînés dans le mouvement opéré par les philosophes, ils dissimulèrent avec soin le côté religieux de leur doctrine, qui, à cette époque, n'avait aucune chance de popularité.

Personne n'ignore l'importance que prirent les illuminés dans les mouvements révolutionnaires. Leurs sectes, organisées sous la loi du secret et se correspondant en France, en Allemagne et en Italie, influaient particulièrement sur de grands personnages plus ou moins instruits de leur but réel. Joseph II et Frédéric-Guillaume agirent maintes fois sous leur inspiration. On sait que ce dernier, s'étant mis à la tête de la coalition des souverains, avait pénétré en France et n'était plus qu'à trente lieues de Paris, lorsque les illuminés, dans une de leurs séances secrètes, évoquèrent l'esprit du grand Frédéric son oncle, qui lui défendit d'aller plus loin. C'est, dit-on, par suite de cette apparition (qui fut expliquée depuis de diverses manières), que ce monarque se retira subitement du territoire français, et conclut plus tard un traité de paix avec la République, qui, dans tous les cas, a pu devoir son salut à l'accord des illuminés français et allemands.

V.

La correspondance de Cazotte nous montre tour à tour ses regrets de la marche qu'avaient suivie ses anciens frères, et le tableau de ses tentatives isolées contre une ère politique dans laquelle il croyait voir le règne fatal de l'*Antechrist*, tandis que les illuminés saluaient l'arrivée du *Réparateur* invisible. Les démons de l'un étaient pour les autres des esprits divins et des vengeurs. En se rendant compte de cette situation, on comprendra mieux certains passages des lettres de Cazotte, et la singulière circonstance qui fit prononcer plus tard sa sentence par la bouche même d'un illuminé martiniste.

La correspondance dont nous allons citer de courts fragments était adressée, en 1791, à son ami Ponteau, secrétaire de la liste civile :

« Si Dieu ne suscite pas un homme qui fasse finir tout cela merveilleusement, nous sommes exposés aux plus grands malheurs. Vous connaissez mon système : « Le » bien et le mal sur la terre ont toujours été l'ouvrage » des hommes, à qui ce globe a été abandonné par les » lois éternelles. » Ainsi nous n'aurons jamais à nous prendre qu'à nous-mêmes de tout le mal qui aura été fait. Le soleil darde continuellement ses rayons plus ou moins obliques sur la terre, voilà l'image de la Providence à notre égard ; de temps en temps, nous accusons cet astre de manquer de chaleur, quand notre position, les amas de vapeurs ou l'effet des vents nous mettent dans le cas de ne pas éprouver la continuelle influence de ses rayons. Or donc, si quelque thaumaturge ne vient à notre secours, voici tout ce qu'il nous est permis d'espérer.

» Je souhaite que vous puissiez entendre mon commentaire sur le grimoire de Cagliostro. Vous pouvez, du reste, me demander des éclaircissements; je les enverrai les moins obscurs qu'il me sera possible. »

La doctrine des théosophes apparaît dans le passage souligné; en voici un autre qui se rapporte à ses anciennes relations avec les illuminés.

« Je reçois deux lettres de connaissances intimes que j'avais parmi mes confrères les Martinistes; ils sont démagogues comme Bret; gens de nom, braves gens jusqu'ici; le démon est maître d'eux. A l'égard de Bret en son acharnement au magnétisme, je lui ai attiré la maladie; les Jansénistes affiliés aux convulsionnaires par état sont dans le même cas; c'est bien celui de leur appliquer à tous la phrase : Hors de l'Eglise point de *salut*, pas même de sens commun.

» Je vous ai prévenu que nous étions huit en tout dans la France, absolument inconnus les uns des autres, qui élevions, mais sans cesse, comme Moïse, les yeux, la voix, les bras vers le ciel, pour la décision d'un combat dans lequel les éléments eux-mêmes sont mis en jeu. Nous croyons voir arriver un événement figuré dans l'Apocalypse et faisant une grande époque. Tranquillisez-vous, ce n'est pas la fin du monde : cela la rejette à mille ans par delà. Il n'est pas encore temps de dire aux montagnes : *Tombez sur nous*; mais, en attendant le mieux possible, ce va être le cri des jacobins; car il y a des coupables de plus d'une robe. »

Son système sur la nécessité de l'action humaine pour établir la communication entre le ciel et la terre est clai-

rement énoncé ici. Aussi en-appelle-t-il souvent, dans sa
correspondance, au courage du roi Louis XVI, qui lui
paraît toujours se reposer trop sur la Providence. Ses re-
commandations à ce sujet ont souvent quelque chose
du sectaire protestant plutôt que du catholique pur :

« Il faut que le roi vienne au secours de la garde nationale, qu'il se montre, qu'il dise : Je veux, j'ordonne,
et d'un ton ferme. Il est assuré d'être obéi, et de n'être
pas pris pour la poule mouillée que les démocrates dé-
peignent à me faire souffrir dans toutes les parties de
mon corps.

» Qu'il se porte rapidement avec vingt-cinq gardes, à
cheval comme lui, au lieu de là fermentation : tout sera
forcé de plier et de se prosterner devant lui. Le plus fort
du travail est fait, mon ami; le roi s'est résigné et mis
entre les mains de son Créateur; jugez à quel degré de
puissance cela le porte, puisque Achab, pourri de vices,
pour s'être humilié devant Dieu par un seul acte d'un
moment, obtint la victoire sur ses ennemis. Achab avait
le cœur faux, l'âme dépravée; et mon roi a l'âme la plus
franche qui soit sortie des mains de Dieu; et l'auguste,
la céleste Elisabeth a sur le front l'égide qui pend au bras
de la véritable sagesse... Ne craignez rien de Lafayette :
il est lié comme ses complices. Il est, comme sa cabale,
livré aux esprits de terreur et de confusion; il ne saurait
prendre un parti qui lui réussisse, *et le mieux pour lui
est d'être mis aux mains de ses ennemis par ceux en
qui il croit pouvoir placer sa confiance.* Ne disconti-
nuons pas cependant d'élever les bras vers le ciel; son-
geons à l'attitude du prophète tandis qu'Israël combattait.

» Il faut que l'homme agisse ici, puisque c'est le lieu
de son action; le bien et le mal ne peuvent y être faits
que par lui. Puisque presque toutes les églises sont fer-

mées, ou par l'interdiction ou par la profanation, que toutes nos maisons deviennent des oratoires. Le moment est bien décisif pour nous : ou Satan continuera de régner sur la terre comme il fait, jusqu'à ce qu'il se présente des hommes pour lui faire tête comme David à Goliath; ou le règne de Jésus-Christ, si avantageux pour nous, et tant prédit par les prophètes, s'y établira. Voilà la crise dans laquelle nous sommes, mon ami, et dont je dois vous avoir parlé confusément. Nous pouvons, faute de foi, d'amour et de zèle, laisser échapper l'occasion, mais nous la tenons. Au reste Dieu ne fait rien sans nous, qui sommes les rois de la terre; c'est à nous à amener le moment prescrit par ses décrets. Ne souffrons pas que notre ennemi, qui, sans nous, ne peut rien, continue de tout faire, et par nous. »

En général, il se fait peu d'illusion sur le triomphe de sa cause; ses lettres sont remplies de conseils qu'il eût peut-être été bon de suivre; mais le découragement finit par le gagner en présence de tant de faiblesse; et il en arrive à douter de lui-même et de sa science :

« Je suis bien aise que ma dernière lettre ait pu vous faire quelque plaisir. Vous n'êtes pas *initiés!* applaudissez-vous-en. Rappelez-vous le mot : *Et scientia eorum perdet eos.* Si je ne suis pas sans danger, moi que la grâce divine a retiré du piége, jugez du risque de ceux qui restent... la connaissance des choses occultes est une mer orageuse d'où l'on n'aperçoit pas le rivage. »

Est-ce à dire qu'il eût abandonné alors les pratiques qui lui semblaient pouvoir agir sur les esprits funestes ? On a vu seulement qu'il espérait les vaincre avec leurs armes. Dans un passage de sa correspondance il parle d'une prophétesse Broussole, qui, ainsi que la célèbre Catherine Théot, obtenait les communications des puissances rebelles en faveur des jacobins ; il espère avoir agi contre elle avec quelque succès. Au nombre de ces prêtresses de la propagande, il cite encore ailleurs la marquise Durfé, « la doyenne des Médées françaises, dont le salon regorgeait d'empiriques et de gens qui galopaient après les sciences occultes... » Il lui reproche particulièrement d'avoir élevé et disposé au mal le ministre Duchatelet.

On ne peut croire que ces lettres, surprises aux Tuileries dans la journée sanglante du 10 août, eussent suffi pour faire condamner un vieillard en proie à d'innocentes rêveries mystiques, si quelques passages de la correspondance n'eussent fait soupçonner des conjurations plus matérielles. Fouquier-Tinville, dans son acte d'accusation, signala certaines expressions des lettres comme indiquant une coopération au complot dit des *chevaliers du poignard*, déconcerté dans les journées du 10 et du 12 août ; une lettre plus explicite encore indiquait les moyens de faire évader le roi, prisonnier depuis le retour de Varennes, et traçait l'itinéraire de sa fuite ; Cazotte offrait sa propre maison comme asile momentané :

« Le roi s'avancera jusqu'à la plaine d'Ay ; là il sera à vingt-huit lieues de Givet ; à quarante lieues de Metz. Il peut se loger lui-même à Ay, où il y a trente maisons pour ses gardes et ses équipages. Je voudrais qu'il préférât Pierry, où il trouverait également vingt-cinq à trente maisons, dans l'une desquelles il y a vingt lits de maîtres et de l'espace, chez moi seul, pour coucher une garde de deux cents hommes, écuries pour trente à quarante chevaux, un vide pour établir un petit camp dans les murs. Mais il faut qu'un plus habile et plus désintéressé que moi calcule l'avantage de ces deux positions. »

Pourquoi faut-il que l'esprit de parti ait empêché d'ap-

précier, dans ce passage, la touchante sollicitude d'un
homme presque octogénaire qui s'estime *peu désinté-*
ressé d'offrir au roi proscrit le sang de sa famille,
sa maison pour asile, et son jardin pour champ de
bataille? N'aurait-on pas dû ranger de tels complots
parmi les autres illusions d'un esprit affaibli par l'âge?
La lettre qu'il écrivit à son beau-père, M. Roignan, gref-
fier du conseil de la Martinique, pour l'engager à organi-
ser une résistance contre six mille républicains envoyés
pour s'emparer de la colonie, est comme un ressouvenir
du bel enthousiasme qu'il avait déployé dans sa jeunesse
pour la défense de l'île contre les Anglais : il indique les
moyens à prendre, les points à fortifier, les ressources
que lui inspirait sa vieille expérience maritime. On comprend après tout qu'une pièce pareille ait été jugée fort
coupable par le gouvernement révolutionnaire; mais il
est fâcheux que l'on ne l'ait pas rapprochée de l'écrit suivant daté de la même époque, et qui aurait montré qu'il
ne fallait guères tenir plus de compte des *rêveries* que
des rêves de l'infortuné vieillard.

MON SONGE DE LA NUIT DU SAMEDI AU DIMANCHE DE DEVANT LA SAINT-JEAN.

1791.

J'étais dans un capharnaum depuis longtemps et sans
m'en douter, quoique un petit chien que j'ai vu courir
sur un toit, et sauter d'une distance d'une poutre couverte en ardoises sur une autre, eût dû me donner du
soupçon.

J'entre dans un appartement; j'y trouve une jeune demoiselle seule; on me la donne intérieurement pour une

parente du comte de Dampierre; elle paraît me reconnaître et me salue. Je m'aperçois bientôt qu'elle a des
vertiges; elle semble dire des douceurs à un objet qui
est vis-à-vis elle; je vois qu'elle est en vision avec un
esprit; et soudain j'ordonne, en faisant le signe de la
croix sur le front de la demoiselle, à l'esprit de paraître.

Je vois une figure de quatorze à quinze ans, point
laide, mais dans la parure, la mine et l'attitude d'un po-
lisson; je le lie, et il se récrie sur ce que je fais. Paraît
une autre femme pareillement obsédée; je fais pour elle
la même chose. Les deux esprits quittent leurs effets, me
font face et faisaient les insolents, quand, d'une porte
qui s'ouvre, sort un homme gros et court, de l'habille-
ment et de la figure d'un guichetier : il tire de sa poche
deux petites menottes qui s'attachent comme d'elles-mêmes
aux mains des deux captifs que j'ai faits. Je les mets sous
la puissance de Jésus-Christ. Je ne sais quelle raison me
fait passer pour un moment de cette pièce dans une autre,
mais j'y rentre bien vite pour demander mes prisonniers;
ils sont assis sur un banc dans une espèce d'alcôve; ils se
lèvent à mon approche, et six personnages vêtus en archers des pauvres s'en emparent. Je sors après eux; une
espèce d'aumônier marchait à côté de moi. Je vais, disait-
il, chez M. le marquis tel; c'est un bon homme; j'emploie mes moments libres à le visiter. Je crois que je
prenais la détermination de le suivre, quand je me suis
aperçu que mes deux souliers étaient en pantoufles; je
voulais m'arrêter et poser les pieds quelque part pour relever les quartiers de ma chaussure, quand un gros homme
est venu m'attaquer au milieu d'une grande cour remplie
de monde; je lui mis la main sur le front, et l'ai lié au
nom de la sainte Trinité et par celui de Jésus, sous l'appui duquel je l'ai mis.

De Jésus-Christ ! s'est écriée la foule qui m'entourait.
Oui, ai-je dit, et je vous y mets tous après vous avoir
liés. On faisait de grands murmures sur ce propos.

Arrive une voiture comme un coche; un homme m'appelle par mon nom, de la portière : Mais, sire Cazotte,
vous parlez de Jésus-Christ; pouvons-nous tomber sous
la puissance de Jésus-Christ? Alors j'ai repris la parole,
et j'ai parlé avec assez d'étendue de Jésus-Christ et de
sa miséricorde sur les pécheurs. Que vous êtes heureux!
ai-je ajouté : vous allez changer de fers. De fers! s'est
écrié un homme enfermé dans la voiture, sur la bosse de
laquelle j'étais monté; est-ce qu'on ne pouvait nous donner un moment de relâche?

Allez, a dit quelqu'un, vous êtes heureux, vous allez
changer de maître, et quel maître! Le premier homme
qui m'avait parlé, disait : J'avais quelque idée comme
cela.

Je tournais le dos au coche et avançais dans cette cour
d'une prodigieuse étendue; on n'y était éclairé que par
des étoiles. J'ai observé le ciel, il était d'un bel azur
pâle et très étoilé : pendant que je le comparais dans ma
mémoire à d'autres cieux que j'avais vus dans le capharnaum, il a été troublé par une horrible tempête; un af-
freux coup de tonnerre l'a mis tout en feu; le carreau
tombé à cent pas de moi est venu se roulant vers moi;
il en est sorti un esprit sous la forme d'un oiseau de la
grosseur d'un coq blanc, et la forme du corps plus allon-
gée, plus bas sur pattes, le bec plus émoussé. J'ai couru
sur l'oiseau en faisant des signes de croix; et, me sentant rempli d'une force plus qu'ordinaire, il est venu
tomber à mes pieds. Je voulais lui mettre sur la tête...
Un homme de la taille du baron de Loi, aussi joli qu'il
était jeune, vêtu en gris et argent, m'a fait face, et dit

de ne pas le fouler aux pieds. Il a tiré de sa poche une paire de ciseaux enfermée dans un étui garni de diamants, en me faisant entendre que je devais m'en servir pour couper le cou de la bête. Je prenais les ciseaux quand j'ai été éveillé par le chant en chœur de la foule qui était dans le capharnaum : c'était un chant plein, sans accord, dont les paroles non rimées étaient : Chantons notre heureuse délivrance.

Réveillé, je me suis mis en prière ; mais, me tenant en défiance contre ce songe-ci, comme contre tant d'autres par lesquels je puis soupçonner Satan de vouloir me remplir d'orgueil, je continuai mes prières à Dieu par l'intercession de la sainte Vierge, et sans relâche, pour obtenir de lui de connaître sa volonté sur moi, et cependant je lierai sur la terre ce qu'il me paraîtra à propos de lier pour la plus grande gloire de Dieu et le besoin de ses créatures.

———

Quelque jugement que puissent porter les esprits sérieux sur cette trop fidèle peinture de certaines hallucinations du rêve, si décousues que soient forcément les impressions d'un pareil récit, il y a, dans cette série de visions bizarres, quelque chose de terrible et de mystérieux. Il ne faut voir aussi, dans ce soin de recueillir un songe en partie dépourvu de sens, que les préoccupations d'un mystique qui lie à l'action du monde extérieur les phénomènes du sommeil. Rien dans la masse d'écrits qu'on a conservés de cette époque de la vie de Cazotte n'indique un affaiblissement quelconque dans ses facultés intellectuelles. Ses révélations, toujours empreintes de ses opinions monarchiques, tendent à présenter dans tout ce qui se passe alors des rapports avec les vagues prédictions de l'Apoca-

lypse. C'est ce que l'école de Swedemborg appelle la
science des correspondances. Quelques phrases de l'introduction méritent d'être remarquées :

« Je voulais, en offrant ce tableau fidèle, donner une
grande leçon à ces milliers d'individus dont la pusillanimité doute toujours, parce qu'il leur faudrait un effort
pour croire. Ils ne marquent dans le cercle de la vie
quelques instants plus ou moins rapides, que comme le
cadran, qui ne sait pas quel ressort lui fait indiquer l'espace des heures ou le système planétaire.

» Quel homme, au milieu d'une anxiété douloureuse,
fatigué d'interroger tous les êtres qui vivent ou végètent
autour de lui, sans pouvoir en trouver un seul qui lui
réponde de manière à lui rendre, sinon le bonheur, au
moins le repos, n'a pas levé ses yeux mouillés de larmes
vers la voûte des cieux?

» Il semble qu'alors la douce espérance vient remplir
pour lui l'espace immense qui sépare ce globe sublunaire
du séjour où repose sur sa base inébranlable le trône de
l'Éternel. Ce n'est plus seulement à ses yeux que luisent
les feux parsemés sur ce voile d'azur, qui embrase l'horizon d'un pôle à l'autre : ces feux célestes passent dans
son âme; le don de la pensée devient celui du génie. Il
entre en conversation avec l'Éternel lui-même ; la nature
semble se taire pour ne point troubler cet entretien sublime.

» Dieu révélant à l'homme les secrets de sa sagesse suprême et les mystères auxquels il soumet la créature
trop souvent ingrate, pour la forcer à se rejeter dans son
sein paternel, quelle idée majestueuse, consolante surtout! Car pour l'homme vraiment sensible, une affection
tendre vaut mieux que l'élan même du génie; pour lui,
les jouissances de la gloire, celles même de l'orgueil fi-

nissent toujours où commencent les douleurs de ce qu'il aime. »

La journée du 10 août vint mettre fin aux illusions des amis de la monarchie. Le peuple pénétra dans les Tuileries, après avoir mis à mort les Suisses et un assez grand nombre de gentilshommes dévoués au roi ; l'un des fils de Cazotte combattait parmi ces derniers, l'autre servait dans les armées de l'émigration. On cherchait partout des preuves de la conspiration royaliste dite des *chevaliers du poignard* ; en saisissant les papiers de Laporte, intendant de la liste civile, on y découvrit toute la correspondance de Cazotte avec son ami Ponteau ; aussitôt il fut décrété d'accusation et arrêté dans sa maison de Pierry.

« Reconnaissez-vous ces lettres? lui dit le commissaire de l'assemblée législative.

— Elles sont de moi en effet.

— Et c'est moi qui les ai écrites sous la dictée de mon père, s'écria sa fille Elisabeth, jalouse de partager ses dangers et sa prison. »

Elle fut arrêtée avec son père, et tous deux, conduits à Paris dans la voiture de Cazotte, furent enfermés à l'Abbaye dans les derniers jours du mois d'août. Mme Cazotte implora en vain de son côté la faveur d'accompagner son mari et sa fille.

Les malheureux réunis dans cette prison jouissaient encore de quelque liberté intérieure. Il leur était permis de se réunir à certaines heures, et souvent l'ancienne chapelle où se rassemblaient les prisonniers présentait le tableau des brillantes réunions du monde. Ces illusions réveillées amenèrent des imprudences; on faisait des discours, on chantait, on paraissait aux fenêtres, et des rumeurs populaires accusaient les prisonniers du 10 août de se réjouir des progrès de l'armée du duc de Brunswick et d'en attendre leur délivrance. On se plaignait des lenteurs du tribunal extraordinaire, créé à regret par l'assemblée législative sur les menaces de la commune; on croyait à un complot formé dans les prisons pour en enfoncer les portes à l'approche des étrangers, se répandre dans la ville et faire une Saint-Barthélemi des républicains.

. La nouvelle de la prise de Longwy et le bruit prématuré de celle de Verdun, achevèrent d'exaspérer les masses. Le danger de la patrie fut proclamé, et les sections se réunirent au Champ-de-Mars. Cependant, des bandes furieuses se portaient aux prisons et établissaient aux guichets extérieurs une sorte de tribunal de sang destiné à suppléer à l'autre.

A l'Abbaye, les prisonniers étaient réunis dans la chapelle, livrés à leurs conversations ordinaires, quand le cri des guichetiers : « Faites remonter les femmes! » retentit inopinément. Trois coups de canon et un roulement de tambour ajoutèrent à l'épouvante, et les hommes étant restés seuls, deux prêtres, d'entre les prisonniers, parurent dans une tribune de la chapelle et annoncèrent à tous le sort qui leur était réservé.

Un silence funèbre régna dans cette triste assemblée; dix hommes du peuple, précédés par les guichetiers, entrèrent dans la chapelle, firent ranger les prisonniers le long du mur, et en comptèrent cinquante-trois.

De ce moment, on fit l'appel des noms de quart d'heure en quart d'heure : ce temps suffisant à peu près aux jugements du tribunal improvisé à l'entrée de la prison.

Quelques-uns furent épargnés, parmi eux le vénérable abbé Sicard; la plupart étaient frappés au sortir du guichet par les meurtriers fanatiques qui avaient accepté cette triste tâche. Vers minuit, on cria le nom de Jacques Cazotte.

Le vieillard se présenta avec fermeté devant le sanglant

tribunal, qui siégeait dans une petite salle précédant le guichet, et que présidait le terrible Maillard. En ce moment, quelques forcenés demandaient qu'on fît aussi comparaître les femmes, et on les fit en effet descendre une à une dans la chapelle; mais les membres du tribunal repoussèrent cet horrible vœu, et Maillard ayant donné l'ordre au guichetier Lavaquerie de les faire remonter, feuilleta l'écrou de la prison et appela Cazotte à haute voix. A ce nom, la fille du prisonnier qui remontait avec les autres femmes, se précipita au bas de l'escalier et traversa la foule au moment où Maillard prononçait le mot terrible : à la Force! qui voulait dire à la mort!

La porte extérieure s'ouvrait, la cour entourée de longs cloîtres, où l'on continuait à égorger, était pleine de monde et retentissait encore du cri des mourants; la courageuse Elisabeth s'élança entre les deux tueurs qui déjà avaient mis la main sur son père, et qui s'appelaient, dit-on, Michel et Sauvage, et leur demanda, ainsi qu'au peuple, la grâce de son père.

Son apparition inattendue, ses paroles touchantes, l'âge du condamné, presque octogénaire, et dont le crime politique n'était pas facile à définir et à constater, l'effet sublime de ces deux nobles figures, touchante image de l'héroïsme filial, émurent des instincts généreux dans une partie de la foule. On cria grâce de toutes parts. Maillard hésitait encore. Michel versa un verre de vin et dit à Elisabeth : « Ecoutez, citoyenne, pour prouver au citoyen Maillard que vous n'êtes pas une aristocrate, buvez cela au salut de la nation et au triomphe de la république. »

La courageuse fille but sans hésiter; les Marseillais lui firent place, et la foule applaudissant s'ouvrit pour laisser passer le père et la fille; on les reconduisit jusqu'à leur demeure.

On a cherché dans le songe de Cazotte cité plus haut, et dans l'heureuse délivrance chantée par la foule au dénouement de la scène, quelques rapports vagues de lieux et de détails avec la scène que nous venons de décrire ; il serait puéril de les relever ; un pressentiment plus évident lui apprit que le beau dévouement de sa fille ne pouvait le soustraire à sa destinée.

Le lendemain du jour où il avait été ramené en triomphe par le peuple, plusieurs de ses amis vinrent le féliciter. Un d'eux, M. de Saint-Charles, lui dit en l'abordant : « Vous voilà sauvé ! — Pas pour longtemps, répondit Cazotte en souriant tristement... Un moment avant votre arrivée, j'ai eu une vision. J'ai cru voir un gendarme qui venait me chercher de la part de Pétion ; j'ai été obligé de le suivre ; j'ai paru devant le maire de Paris, qui m'a fait conduire à la Conciergerie, et de là au tribunal révolutionnaire. Mon heure est venue. »

M. de Saint-Charles le quitta croyant que sa raison avait souffert des terribles épreuves par lesquelles il avait passé. Un avocat, nommé Julien, offrit à Cazotte sa maison pour asile et les moyens d'échapper aux recherches ; mais le vieillard était résolu à ne point combattre la destinée. Le 11 septembre, il vit entrer chez lui l'homme de sa vision, un gendarme portant un ordre signé Pétion, Pâris et Sergent ; on le conduisit à la mairie, et de là à la Conciergerie, où ses amis ne purent le voir. Elisabeth obtint, à force de prières, la permission de servir son père, et demeura dans sa prison jusqu'au dernier jour. Mais ses efforts pour intéresser les juges n'eurent pas le même succès qu'auprès du peuple, et Cazotte, sur le réquisitoire de Fouquier-Tinville, fut condamné à mort après vingt-sept heures d'interrogatoire.

Avant le prononcé de l'arrêt, l'on fit mettre au secret

sa fille, dont on craignait les derniers efforts et l'influence sur l'auditoire ; le plaidoyer du citoyen Julienne fit sentir en vain ce qu'avait de sacré cette victime échappée à la justice du peuple ; le tribunal paraissait obéir à une conviction inébranlable.

La plus étrange circonstance de ce procès fut le discours du président Lavau, ancien membre, comme Cazotte, de la société des illuminés.

« Faible jouet de la vieillesse! dit-il, toi, dont le cœur ne fut pas assez grand pour sentir le prix d'une liberté sainte, mais qui as prouvé, par ta sécurité dans les débats, que tu savais sacrifier jusqu'à ton existence pour le soutien de ton opinion, écoute les dernières paroles de tes juges! puissent-elles verser dans ton âme le baume précieux des consolations! puissent-elles, en te déterminant à plaindre le sort de ceux qui viennent de te condamner, t'inspirer cette stoïcité qui doit présider à tes derniers instants, et te pénétrer du respect que la loi nous impose à nous-mêmes!... Tes pairs t'ont entendu, tes pairs t'ont condamné; mais au moins, leur jugement fut pur comme leur conscience; au moins, aucun intérêt personnel ne vint troubler leur décision. Va, reprends ton courage, rassemble tes forces; envisage sans crainte le trépas; songe qu'il n'a pas droit de t'étonner : ce n'est pas un instant qui doit effrayer un homme tel que toi. Mais, avant de te séparer de la vie, regarde l'attitude imposante de la France, dans le sein de laquelle tu ne craignais pas d'appeler à grands cris l'ennemi; vois ton ancienne patrie opposer aux attaques de ses vils détracteurs autant de courage que tu lui as supposé de lâcheté. Si la loi eût pu prévoir qu'elle aurait à prononcer contre un coupable de ta sorte, par considération pour tes vieux ans, elle ne t'eût pas imposé d'autre peine; mais rassure-

toi; si elle est sévère quand elle poursuit, quand elle a
prononcé, le glaive tombe bientôt de ses mains; elle gé-
mit sur la perte même de ceux qui voulaient la déchirer.
Regarde-la verser des larmes sur ces cheveux blancs
qu'elle a cru devoir respecter jusqu'au moment de ta
condamnation ; que ce spectacle porte en toi le repentir ;
qu'il t'engage, vieillard malheureux, à profiter du moment qui te sépare encore de la mort, pour effacer jusqu'aux moindres traces de tes complots, par un regret
justement senti ! Encore un mot : tu fus homme, chrétien,
philosophe, *initié*, sache mourir en homme, sache mourir en chrétien ; c'est tout ce que ton pays peut encore
attendre de toi. »

Ce discours, dont le fond inusité et mystérieux frappa
de stupeur l'assemblée, ne fit aucune impression sur Cazotte, qui, au passage où le président tentait de recourir
à la persuasion, leva les yeux au ciel et fit un signe d'i-
nébranlable foi dans ses convictions. Il dit ensuite à ceux
qui l'entouraient « qu'il savait qu'il méritait la mort; que
la loi était sévère, mais qu'il la trouvait juste (1). » Lorsqu'on lui coupa les cheveux, il recommanda de les couper le plus près possible, et chargea son confesseur de
les remettre à sa fille, encore consignée dans une des
chambres de la prison.

Avant de marcher au supplice, il écrivit quelques mots
à sa femme et à ses enfants ; puis, monté sur l'échafaud,
il s'écria d'une voix très haute : « Je meurs comme j'ai
vécu, fidèle à Dieu et à mon roi. » L'exécution eut lieu
le 25 septembre, à sept heures du soir, sur la place du
Carrousel.

(1) M. Scévole Cazotte nous écrit pour protester contre cette phrase
qui fait partie d'un récit du temps. Il affirme que son père n'a pu prononcer de telles paroles.

Elisabeth Cazotte, fiancée depuis longtemps par son père au chevalier de Plas, officier au régiment de Poitou, épousa, huit ans après, ce jeune homme, qui avait suivi le parti de l'émigration. La destinée de cette héroïne ne devait pas être plus heureuse qu'auparavant : elle périt de l'opération césarienne en donnant le jour à un enfant et en s'écriant qu'on la coupât en morceaux s'il le fallait pour le sauver. L'enfant ne vécut que peu d'instants. Il reste encore cependant plusieurs personnes de la famille de Cazotte. Son fils Scévole, échappé comme par miracle au massacre du 10 août, existe à Paris, et conserve pieusement la tradition des croyances et des vertus paternelles.

CAGLIOSTRO.

(XVIIIᵉ siècle.)

I.

DU MYSTICISME RÉVOLUTIONNAIRE.

Lorsque le catholicisme triompha décidément du paganisme dans toute l'Europe, et construisit dès-lors l'édifice féodal qui subsista jusqu'au XVᵉ siècle, — c'est-à-dire pendant l'espace de mille ans, — il ne put comprimer et détruire partout l'esprit des coutumes anciennes, ni les idées philosophiques qui avaient transformé le principe païen à l'époque de la réaction polythéiste opérée par l'empereur Julien.

Ce n'était pas assez d'avoir renversé le dernier asile de la philosophie grecque et des croyances antérieures, — en détruisant le *Sérapéon* d'Alexandrie, en dispersant et en persécutant les néoplatoniciens, qui avaient remplacé

le culte extérieur des dieux par une doctrine spiritualiste dérivée des mystères d'Éleusis et des initiations
égyptiennes, — il fallait encore que l'Église poursuivit
sa victoire dans toutes les localités imprégnées des superstitions antiques, — et la persécution ne fut pas si
puissante que le temps et l'oubli pour ce résultat difficile.

A ne nous occuper que de la France seulement, nous
reconnaîtrons que le culte païen survécut longtemps aux
conversions officielles opérées par le changement de
religion des rois mérovingiens. Le respect des peuples
pour certains endroits consacrés, pour les ruines des
temples et pour les débris mêmes des statues, obligea les
prêtres chrétiens à bâtir la plupart des églises sur l'emplacement des anciens édifices païens. Partout où l'on
négligea cette précaution, et notamment dans les lieux
solitaires, le culte ancien continua, — comme au mont
Saint-Bernard, où, au siècle dernier, on honorait encore
le dieu *Jou* sur la place de l'ancien temple de *Jupiter.*
Bien que l'ancienne déesse des Parisiens, Isis, eût été
remplacée par sainte Geneviève, comme protectrice et
patronne, — on vit encore, au XIᵉ siècle, une image
d'Isis, conservée par mégarde sous le porche de Saint-
Germain-des-Prés, honorée pieusement par des femmes
de mariniers, — ce qui obligea l'archevêque de Paris à
la faire réduire en poudre et jeter dans la Seine. Une
statue de la même divinité se voyait encore à Quenpilly,
en Bretagne, il y a quelques années, et recevait les hommages de la population. Dans une partie de l'Alsace et de
la Franche-Comté, on a conservé un culte pour les *Mères,*
— dont les figures en bas-reliefs se trouvent sur plusieurs
monuments, et qui ne sont autres que les *grandes déesses*
Cybèle, Cérès et Vesta.

Il serait trop long de relever les diverses superstitions qui ont pris mille formes, selon les temps. Il s'est trouvé, au XVIIIᵉ siècle, des ecclésiastiques, tels que l'abbé de Villars, le père Bougeant, dom Pernetty et autres, qui ont soutenu que les dieux de l'antiquité n'étaient pas des démons, comme l'avaient prétendu des casuistes trop sévères, et n'étaient pas même damnés. Ils les rangeaient dans la classe des *esprits élémentaires*, lesquels n'ayant pas pris part à la grande lutte qui eut lieu primitivement entre les anges et les démons n'avaient dû être ni maudits ni anéantis par la justice divine, et avaient pu jouir d'un certain pouvoir sur les éléments et sur les hommes jusqu'à l'arrivée du Christ. L'abbé de Villars en donnait pour preuves les miracles que la Bible elle-même reconnaît avoir été produits par les dieux ammonéens, philistins ou autres en faveur de leurs peuples, et les prophéties souvent accomplies des *esprits de Typhon*. Il rangeait parmi ces dernières les oracles des Sibylles favorables au Christ et les derniers oracles de l'Apollon de Delphes, qui furent cités par les Pères de l'Église comme preuves de la mission du Fils de l'homme.

D'après ce système, toute l'antique hiérarchie des divinités païennes aurait trouvé sa place dans les mille attributions que le catholicisme attribuait aux fonctions inférieures à accomplir dans la matière et dans l'espace, et seraient devenues ce qu'on a appelé les esprits ou les génies, lesquels se divisent en quatre classes, d'après le nombre des éléments : les Sylphes pour l'air, les Salamandres pour le feu, les Ondins pour l'eau et les Gnômes pour la terre.

Sur cette question de détail seule, il s'est élevé entre l'abbé de Villars et le père Bougeant, jésuite, une scission qui a occupé longtemps les beaux esprits du siècle der-

nier. Le dernier niait vivement la transformation des
dieux antiques en génies élémentaires, et prétendait que
n'ayant pu être détruits, en qualité de purs esprits, ils
avaient été destinés à fournir des âmes aux animaux, lesquelles se renouvelaient en passant d'un corps à l'autre,
selon les affinités. Dans ce système, les dieux animaient
les bêtes utiles et bienfaisantes, et les démons les bêtes
féroces ou impures. Là-dessus le bon père Bougeant citait
l'opinion des Égyptiens quant aux dieux, et celle de
l'Évangile quant aux démons. Ces raisonnements purent
être exposés en plein XVIIIᵉ siècle sans être taxés d'hérésie.

Il est bien clair qu'il ne s'agissait là que de divinités
inférieures, telles que les Faunes, les Zéphirs, les Né-
réides, les Oréades, les Satyres, les Cyclopes, etc. Quant
aux dieux et demi-dieux, ils étaient supposés avoir quitté
la terre, comme trop dangereux, après l'établissement
du règne absolu du Christ, et avoir été relégués dans les
astres, qui leur furent de tout temps consacrés, de même
qu'au moyen âge on reléguait un prince rebelle, mais
ayant fait sa soumission, soit dans sa ville, soit dans un
lieu d'exil.

Cette opinion avait régné particulièrement, pendant
tout le moyen âge, chez les cabalistes les plus célèbres,
et particulièrement chez les astrologues, les alchimistes et
les médecins. Elle explique la plupart des conjurations
fondées sur les invocations astrales, les horoscopes, les
talismans et les médications, soit de substances consacrées, soit d'opérations en rapport avec la marche ou la
conjonction des planètes. Il suffit d'ouvrir un livre de
sciences occultes pour en avoir la preuve évidente.

II.

LES PRÉCURSEURS.

Si l'on s'est bien expliqué les doctrines exposées plus haut, on aura pu comprendre par quelles raisons, à côté de l'église orthodoxe, il s'est développé sans interruption une école moitié religieuse et moitié philosophique qui, féconde en hérésies sans doute, mais souvent acceptée ou tolérée par le clergé catholique, a entretenu un certain esprit de mysticisme ou de supernaturalisme nécessaire aux imaginations rêveuses et délicates, comme à quelques populations plus disposées que d'autres aux idées spiritualistes.

Des israélites convertis furent les premiers qui essayèrent, vers le xie siècle, d'infuser dans le catholicisme quelques hypothèses fondées sur l'interprétation de la Bible et remontant aux doctrines des Esséniens et des Gnostiques.

C'est à partir de cette époque que le mot *cabale* résonne souvent dans les discussions théologiques. Il s'y mêle naturellement quelque chose des formules platoniciennes de l'école d'Alexandrie, dont beaucoup s'étaient reproduites déjà dans les doctrines des Pères de l'Église.

Le contact prolongé de la chrétienté avec l'Orient, pendant les croisades, amena encore une grande somme d'idées analogues qui, du reste, trouvèrent à s'appuyer aisément sur les traditions et les superstitions locales des nations de l'Europe.

Les Templiers furent, entre les croisés, ceux qui essayèrent de réaliser l'alliance la plus large entre les idées orientales et celles du Christianisme romain.

Dans le désir d'établir un lien entre leur ordre et les populations syriennes qu'ils étaient chargés de gouverner, ils jetèrent les fondements d'une sorte de dogme nouveau participant de toutes les religions que pratiquent les Levantins, sans abandonner au fond la synthèse catholique, mais en la faisant plier souvent aux nécessités de leur position.

Ce furent là les fondements de la franc-maçonnerie, qui se rattachaient à des institutions analogues établies par les musulmans de diverses sectes et qui survivent encore aux persécutions, surtout dans le Hauran, dans le Liban et dans le Kurdistan.

Le phénomène le plus étrange et le plus exagéré de ces associations orientales fut l'ordre célèbre des *assassins*. La nation des Druses et celle des Ansariés sont aujourd'hui celles qui en ont gardé les derniers vestiges.

Les Templiers furent accusés bientôt d'avoir établi l'une des hérésies les plus redoutables qu'eût encore vues la chrétienté. Persécutés et enfin détruits dans tous les pays européens, par les efforts réunis de la papauté et des monarchies, ils eurent pour eux les classes intelligentes et un grand nombre d'esprits distingués qui constituaient alors, contre les abus féodaux, ce qu'on appellerait aujourd'hui l'*opposition*.

De leurs cendres jetées au vent naquit une institution mystique et philosophique qui influa beaucoup sur cette première révolution morale et religieuse qui s'appela pour les peuples du Nord la *réforme*, et pour ceux du Midi la *philosophie*.

La réforme était encore, à tout prendre, le salut du christianisme en tant que religion; la philosophie, au contraire, devint peu à peu son ennemie, et, agissant surtout chez les peuples restés catholiques, y établit bientôt deux divisions tranchées d'incrédules et de croyants.

Il est cependant un grand nombre d'esprits que ne satisfait pas le matérialisme pur, mais qui, sans repousser la tradition religieuse, aiment à maintenir à son égard une certaine liberté de discussion et d'interprétation. Ceux-là fondèrent les premières associations maçonniques qui, bientôt, donnèrent leur forme aux corporations populaires et à ce qu'on appelle encore aujourd'hui le *compagnonnage.*

La maçonnerie établit ses institutions les plus élevées en Écosse, et ce fut par suite des relations de la France avec ce pays, depuis Marie Stuart jusqu'à Louis XIV, que l'on vit s'implanter chez nous fortement les institutions mystiques qui procédèrent des *Rosecroix.*

Pendant ce temps, l'Italie avait vu s'établir, à dater du XIVᵉ siècle, une longue série de penseurs hardis, parmi lesquels il faut ranger Marsile Ficin, Pic de la Mirandole, Meursius, Nicolas de Cusa, Jordano Bruno et autres grands esprits, favorisés par la tolérance des Médicis, et que l'on appelle quelquefois les *néoplatoniciens de Florence.*

La prise de Constantinople, en exilant tant de savants illustres qu'accueillit l'Italie, exerça aussi une grande influence sur ce mouvement philosophique qui ramena les idées des Alexandrins, et fit étudier de nouveau les Plotin, les Proclus, les Porphyre, les Ptolémée, premiers adversaires du catholicisme naissant.

Il faut observer ici que la plupart des savants médecins et naturalistes du moyen âge, tels que Paracelse, Albert-le-Grand, Jérôme Cardan, Roger Bacon et autres, s'étaient rattachés plus ou moins à ces doctrines, qui donnaient une formule nouvelle à ce qu'on appelait alors les scien-

ces occultes, c'est-à-dire l'astrologie, la cabale, la chiro-
mancie, l'alchimie, la physiognomonie, etc.

C'est de ces éléments divers et en partie aussi de la
science hébraïque, qui se répandit plus librement à dater
de la Renaissance, que se formèrent les diverses écoles
mystiques qu'on vit se développer à la fin du xviie siècle.
Les Rosecroix d'abord, dont l'abbé de Villars fut le disciple
indiscret, et plus tard, à ce qu'on prétend, la victime.

Ensuite les *convulsionnaires* et certaines sectes du jan-
sénisme ; vers 1770, les *martinistes,* les *swedembor-
giens,* et enfin les illuminés, dont la doctrine, fondée
d'abord en Allemagne par Weisshaupt, se répandit bientôt
en France, où elle se fondit dans l'institution maçonnique.

III.

SAINT-GERMAIN. — CAGLIOSTRO.

Ces deux personnages ont été les plus célèbres cabalistes
de la fin du xviiie siècle. Le premier, qui parut à la
cour de Louis XV et y jouit d'un certain crédit, grâce à
la protection de Mme de Pompadour, n'avait, disent les
mémoires du temps, ni l'impudence qui convient à un
charlatan, ni l'éloquence nécessaire à un fanatique, ni la
séduction qui entraîne les demi-savants. Il s'occupait surtout d'alchimie, mais ne négligeait pas les diverses parties de la science. Il montra à Louis XV le sort de ses
enfants dans un miroir magique, et ce roi recula de terreur en voyant l'image du dauphin lui apparaître dé-
capitée.

Saint-Germain et Cagliostro s'étaient rencontrés en

Allemagne dans le Holstein, et ce fut, dit-on, le premier qui initia l'autre et lui donna les grades mystiques. A l'époque où il fut initié, il remaiqua lui-même le célèbre miroir qui servait pour l'évocation des âmes.

Le comte de Saint-Germain prétendait avoir gardé le souvenir d'une foule d'existences antérieures, et racontait ses diverses aventures depuis le commencement du monde. On questionnait un jour son domestique sur un fait que le comte venait de raconter à table, et qui se rapportait à l'époque de César. Ce dernier répondit aux curieux : « Vous m'excuserez, messieurs, je ne suis au service de M. le comte que depuis 500 ans. »

C'est rue Plâtrière, à Paris, et aussi à Ermenonville, que se tenaient les séances où ce personnage développait ses théories.

Cagliostro, après avoir été initié par le comte de Saint-Germain, se rendit à Saint-Pétersbourg, où il obtint de grands succès. Plus tard il vint à Strasbourg, où il acquit, dit-on, une grande influence sur l'archevêque prince de Rohan.

Tout le monde connaît l'affaire du collier, où le célèbre cabaliste se trouva impliqué, mais dont il sortit à son avantage, ramené en triomphe à son hôtel par le peuple de Paris.

Sa femme, qui était fort belle et d'une intelligence élevée, l'avait suivi dans tous ses voyages. Elle présida à ce fameux souper où assistèrent la plupart des philosophes du temps, et dans lequel on fit apparaître plusieurs personnages morts depuis peu de temps : selon le système de Cagliostro, *il n'y a pas de morts.* Aussi avait-on mis douze couverts, quoiqu'il n'y eut que six invités : d'Alembert, Diderot, Voltaire, le duc de Choiseul, l'abbé de Voisenon et on ne sait quel autre, vinrent s'asseoir, quoique morts, aux places-qui leur avaient été destinées, et causèrent avec les conviés, *de omni re scibili et quibusdam aliis.*

Vers cette époque, Cagliostro fonda la célèbre *loge égyptienne,* laissant à sa femme le soin d'en établir une autre en faveur de son sexe, laquelle fut mise sous l'invocation d'Isis.

IV.

MADAME CAGLIOSTRO.

Les femmes, curieuses à l'excès, ne pouvant être admises aux secrets des hommes, sollicitaient Mme de Cagliostro de les initier. Elle répondit avec beaucoup de sang-froid à la duchesse de T***, chargée de faire les premières ouvertures, que dès qu'on aurait trouvé trente-six adeptes, elle commencerait son cour de magie ; le même jour la liste fut remplie.

Les conditions préliminaires furent telles : 1° Il fallait mettre dans une caisse chacune 100 louis. Comme les femmes de Paris n'ont jamais le sou, cette clause fut difficile à remplir ; mais le Mont-de-Piété et quelques complaisances mirent à même d'y satisfaire ; 2° qu'à dater de ce jour jusqu'au neuvième, elle s'abstiendraient de tout commerce humain ; 3° qu'on ferait un serment de se soumettre à tout ce qui serait ordonné, quoique l'ordre eût contre lui toutes les apparences.

Le 7 du mois d'août fut le grand jour. La scène se passa dans une vaste maison, rue Verte Saint-Honoré. On s'y rendit à onze heures. En entrant dans la première salle, chaque femme était obligée de quitter sa bouffante,

.ses soutiens, son corps, son faux chignon, et de vêtir une lévite blanche avec une ceinture de couleur. Il y en avait six en noir, six en bleu, six en coquelicot, six en violet, six en couleur de rose, six en impossible. On leur remit à chacune un grand voile qu'elles placèrent en sautoir de gauche à droite.

Lorsqu'elles furent toutes préparées, on les fit entrer deux à deux dans un temple éclairé, garni de trente-six bergères couvertes de satin noir. Mme de Cagliostro, vêtue de blanc, était sur une espèce de trône, escortée de deux grandes figures habillées de façon qu'on ignorait si c'étaient des spectres, des hommes ou des femmes. La lumière qui éclairait cette salle s'affaiblissait insensiblement, et lorsqu'à peine on distinguait les objets, la grande prêtresse ordonna de découvrir la jambe gauche jusqu'à la naissance du genou. Après cet exercice, elle ordonna de nouveau d'élever le bras droit et de l'appuyer sur la colonne voisine. Alors, deux femmes tenant un glaive à la main entrèrent, et, ayant reçu des mains de Mme Cagliostro des liens de soie, elles attachèrent les trente-six dames par les jambes et par les bras.

Cette cérémonie finie, celle ci commença un discours en ces termes :

« L'état dans lequel vous vous trouvez est le symbole de celui où vous êtes dans la société. Si les hommes vous éloignent de leurs mystères, de leurs projets, c'est qu'ils veulent vous tenir à jamais dans la dépendance. Dans toutes les parties du monde la femme est leur première esclave, depús le sérail où un despote enferme cinq cents d'entre nous, jusque dans ces climats sauvages où nous n'osons nous asseoir à côté d'un époux chasseur!... nous sommes des victimes sacrifiées dès l'enfance à des dieux cruels. Si, brisant ce joug honteux, nous concertions

aussi nos projets, bientôt vous verriez ce sexe orgueilleux
ramper et mendier vos faveurs. Laissons-les faire leurs
guerres meurtrières ou débrouiller le chaos de leurs lois;
mais chargeons-nous de gouverner l'opinion, d'épurer
les mœurs, de cultiver l'esprit, d'entretenir la délicatesse, de diminuer le nombre des infortunes. Ces soins
valent bien ceux de dresser des automates, ou de prononcer sur de ridicules querelles. Si l'une d'entre vous
a quelque chose à opposer, qu'elle s'explique librement. »

Une acclamation générale suivit ce discours. Alors la
Grande Maîtresse fit détacher les liens et continua en ces
termes :

« Sans doute, votre âme pleine de feu saisit avec ardeur le projet de recouvrer une liberté, le premier bien
de toute créature; mais plus d'une épreuve doit vous
apprendre à quel point vous pouvez compter sur vous-
mêmes, et ce sont ces épreuves qui m'enhardiront à vous
confier des secrets dont dépend à jamais le bonheur de
votre vie.

» Vous allez vous diviser en six groupes; chaque couleur doit se mettre ensemble et se rendre à l'un des six
appartements qui correspondent à ce temple. Celles qui
auront succombé ne doivent y entrer jamais, la palme de
la victoire attend celles qui triompheront. »

Chaque groupe passa dans une salle proprement meu-
blée où bientôt arriva une foule de cavaliers. Les uns
commencèrent par des persifflages et demandèrent comment des femmes raisonnables pouvaient prendre confiance aux propos d'une aventurière, et ils appuyaient
fortement sur le danger d'un ridicule public... Les autres
se plaignaient de voir qu'on sacrifiât l'amour et l'amitié
à d'antiques extravagances, sans utilité comme sans agrément.

À peine daignaient-elles écouter ces froides plaisanteries. Dans une chambre voisine on voyait, dans des tableaux peints par les plus grands maîtres, Hercule filant aux pieds d'Omphale, Renaud étendu près d'Armide, Marc-Antoine servant Cléopâtre, la belle Agnès commandant à la cour de Charles VII; Catherine II que des hommes portaient sur des trophées. Un de ceux qui les accompagnaient dit : Voilà donc ce sexe qui traite le vôtre en esclave! Pour qui sont les douceurs et les attentions de la société? Est-ce vous nuire que de vous éviter des ennuis, des embarras? Si nous bâtissons des palais, n'est-ce pas pour vous en consacrer la plus belle partie? N'aimons-nous pas à parer nos idoles? Adoptons-nous les mœurs des Asiatiques? Un voile jaloux dérobe-t-il vos charmes? et loin de fermer les avenues de vos appartements par des eunuques repoussants, combien de fois avons-nous la complaisante adresse de nous éclipser pour laisser à la coquetterie le champ libre?

C'était un homme aimable et modeste qui tenait ce discours.

— Toute votre éloquence, répondit l'une d'entre elles, ne détruira pas les grilles humiliantes des couvents, les compagnes que vous nous donnez, l'impuissance attachée à nos propres écrits, vos airs protecteurs et vos ordres sous l'apparence de conseils.

Non loin de cet appartement se passait une autre scène plus intéressante. Les dames aux rubans lilas s'y trouvèrent avec leurs soupirants ordinaires. Leur début fut de leur signifier le congé le plus absolu. Cette chambre avait trois portes qui donnaient dans des jardins qu'éclairait alors la douce lumière de la lune. Ils les invitèrent à y descendre. Elles accordèrent cette dernière faveur à des hommes désolés. Une d'entre elles, que nous nommerons

Léonore, cachait mal le trouble de son âme et suivait le
comte Gédéon qu'elle avait aimé jusque-là. — De grâce,
daignez m'apprendre mes crimes? disait-il. Est-ce un
perfide que vous abandonnez? Qu'ai-je fait depuis deux
jours? Mes sentiments, mes pensées, mon existence,
mon sang, tout n'est-il pas à vous? Vous ne pouvez être
inconstante! Quelle espèce de fanatisme vient donc m'enlever un cœur qui m'a coûté tant de tourments?

— Ce n'est pas vous que je hais, répondit-elle, c'est
votre sexe; ce sont vos lois tyranniques, cruelles!

— Hélas! de ce sexe proscrit aujourd'hui, vous n'avez
encore connu que moi. Où donc est mon despotisme;
quand ai-je eu le malheur d'affliger ce que j'aime?

Léonore soupirait et ne savait pas accuser celui qu'elle
adorait. Il veut prendre une de ses mains.

— Si vous m'aimez, lui dit-elle, gardez-vous de souil-
ler ma main par un baiser profane. Je crois bien que je
ne pourrai jamais vous quitter. Mais, pour preuve de
cette obéissance à laquelle vous voulez que croie, restez
neuf jours sans me voir, et croyez que ce sacrifice ne
sera pas perdu pour mon cœur. Gédéon s'éloigna; et ne
pouvant la soupçonner, ni n'osant se plaindre, il s'en alla
réfléchir sur les causes de son malheur.

Il serait trop long de raconter tout ce qui se passa dans
ces deux heures d'épreuves. Il est certain que ni les raisonnements, ni les sarcasmes, ni les prières, ni les larmes, ni le désespoir, ni les promesses, enfin tout ce que
la séduction emploie, ne purent rien, tant la curiosité et
l'espoir secret de dominer sont des ressorts puissants chez
les femmes. Toutes rentrèrent dans le temple telles que
la grande prêtresse l'avait ordonné.

Il était trois heures de la nuit. Chacun reprit sa place.
On présenta différentes liqueurs pour soutenir les forces.

Ensuite on ordonna de détacher les voiles et de s'en couvrir le visage. Après un quart d'heure de silence, une sorte de dôme s'ouvrit, et, sur une grosse boule d'or, descendit un homme drapé en génie, tenant dans sa main un serpent et portant sur sa tête une flamme brillante.

— C'est du génie même de la vérité, dit la grande maîtresse, que je veux que vous appreniez les secrets dérobés si longtemps à votre sexe. Celui que vous allez entendre est le célèbre, l'immortel, le divin Cagliostro, sorti du sein d'Abraham sans avoir été conçu, et dépositaire de tout ce qui a été, de tout ce qui est et de tout ce qui sera connu sur la terre.

« Filles de la terre, s'écria-t-il, si les hommes ne vous
» tenaient pas dans l'erreur, vous finiriez par vous lier
» ensemble d'une union invincible. Votre douceur, votre
» indulgence vous feraient adorer de ce peuple, auquel
» il faut commander pour avoir son respect. Vous ne
» connaissez ni ces vices qui troublent la raison, ni cette
» frénésie qui met tout un royaume en feu. La nature a
» tout fait pour vous. Jaloux, ils avilissent son ouvrage,
» dans l'espoir qu'il ne sera jamais connu. Si, repous-
» sant un sexe trompeur, vous cherchiez dans le vôtre la
» vraie sympathie, vous n'auriez jamais à rougir de ces
» honteuses rivalités, de ces jalousies au-dessous de vous.
» Jetez vos regards sur vous-mêmes, sachez vous appré-
» cier, ouvrez vos âmes à la tendresse pure, que le baiser
» de l'amitié annonce ce qui se passe dans vos cœurs. »

Ici l'orateur s'arrêta. Toutes les femmes s'embrassèrent au même instant. Les ténèbres remplacent la lumière, et le génie de la vérité remonte par son dôme. La grande maîtresse parcourt rapidement toutes les places ; ici elle instruit, là elle commente ; partout elle enflamme l'imagination. La seule Léonore laissait couler des larmes. Je

18

vous devine, lui dit-elle à l'oreille; n'est-ce donc pas assez que le souvenir de ce qu'on aime?

Ensuite, elle ordonna de reprendre la musique profane. Peu à peu la lumière revint, et, après quelques
moments de calme, on entendit un bruit comme si le
parquet s'abimait. Il s'abaissa presqu'en entier et fut
bientôt remplacé par une table somptueusement servie.
Les dames s'y placèrent. Alors entrèrent trente-six génies
de la vérité habillés en satin blanc : un masque dérobait
leurs traits. Mais à l'air leste et empressé avec lequel ils
servaient, on pouvait imaginer que les êtres spirituels
sont bien au-dessus des grossiers humains. Vers le milieu
du repas, la grande maîtresse leur fit signe de se démas-
quer, alors les dames reconnurent leurs amants. Quelques-unes, fidèles à leurs serments, allaient se lever. Elle
leur conseille de modérer ce zèle en observant que le
temps des repas était consacré à la joie et au plaisir. On
leur demande par quel hasard ils se trouvaient réunis.
Alors on leur expliqua que, de leur côté, on les initiait à
certains mystères; que, s'ils avaient des habits de génie,
c'était pour montrer que l'égalité est la base de tout;
qu'il n'était pas extraordinaire de voir trente-six cavaliers
avec trente-six dames; que le but essentiel du grand Cagliostro était de réparer les maux qu'avait causés la société, et que l'état de nature rendait tout égal.

Les génies se mirent à souper. Vingt fois la mousse pé-
tillante du vin de Sillery jaillit au plafond. La gaîté re-
double, les épigrammes arrivent; les bons mots se succèdent, la folie se mêle aux propos, l'ivresse du bonheur
est peinte dans tous les yeux, les chansons ingénues en
sont l'interprète, d'innocentes caresses sont permises; il
se glisse un peu de désordre dans les toilettes; on propose la danse, on valse plus qu'on ne saute; le punch

délasse des contredanses répétées; l'Amour, exilé depuis quelque temps, secoue son flambeau; on oublie les serments, le Génie de la vérité, les torts des hommes, l'on abjure l'erreur de l'imagination.

Cependant l'on évitait les regards de la grande prêtresse, elle rentra et sourit de se voir si mal obéie. — L'Amour triomphe de tout, dit-elle, mais songez à nos conventions, et peu à peu vos âmes s'épureront. Ceci n'est qu'une séance encore, il dépend de vous de la renouveler.

Les jours suivants, on ne se permit point de parler des détails mais l'enthousiasme pour le comte Cagliostro était porté à une ivresse qui étonnait même à Paris. Il saisit ce moment pour développer tous les principes de la Franc-Maçonnerie égyptienne. Il annonça aux lumières du grand Orient que l'on ne pouvait travailler que sous une triple voûte, qu'il ne pouvait y avoir ni plus ni moins de treize adeptes; qu'ils devaient être purs comme les rayons du soleil, et même respectés par la calomnie, n'avoir ni femmes, ni maîtresses, ni habitudes de dissipation, posséder une fortune au-dessus de cinquante-trois mille livres de rente; et surtout, cette espèce de connaissances qui se trouvent si rarement avec les nombreux revenus.

V.

LES PAIENS DE LA RÉPUBLIQUE.

L'épisode que nous venons de recueillir nous donne une idée du mouvement qui s'opérait alors dans les esprits et qui se dégageait peu à peu des dogmes catholi-

ques. Déja les illuminés d'Allemagne s'étaient montrés à peu près païens; ceux de France, comme nous l'avons dit, s'étaient appelés *Martinistes*, d'après le nom de Martinès, qui avait fondé plusieurs associations à Bordeaux et à Lyon; ils se séparèrent en deux sectes, dont l'une continua à suivre les théories de Jacob Bœhme, admirablement développées par le célèbre Saint-Martin, dit le *Philosophe inconnu*, et dont l'autre vint s'établir à Paris et y fonda la loge des *Philalèthes*, qui entra bientôt résolument dans le mouvement révolutionnaire.

Nous avons cité déjà les divers auteurs qui unirent leurs efforts pour fonder en France une doctrine philosophique et religieuse empreinte de ces idées. On peut compter principalement parmi eux le marquis d'Argens, l'auteur des *Lettres cabalistiques*; dom Pernetty, l'auteur du *Dictionnaire mytho-hermétique*; d'Esprémenil, Lavater, Delille de Salle, l'abbé Terrasson, auteur de *Sethos*, Bergasse, Clootz, Court de Gebelin, Fabre d'Olivet, etc.

Il faut lire l'*Histoire du Jacobinisme* de l'abbé Barruel, les *Preuves de la conspiration des illuminés* de Robison, et aussi les observations de Mounier sur ces deux ouvrages, pour se former une idée du nombre de personnages célèbres de cette époque qui furent soupçonnés d'avoir fait partie des associations mystiques dont l'influence prépara la révolution. La plupart des historiens de notre temps ont négligé d'approfondir ces détails, soit par ignorance, soit par crainte de mêler à la haute politique un élément qu'ils supposaient moins grave (1).

Le père de Robespierre avait, comme on sait, fondé une loge maçonnique à Arras d'après le rite écossais. On peut supposer que les premières impressions que reçut

(1) M. Louis Blanc et M. Michelet s'en sont cependant occupés.

Robespierre lui-même eurent quelque influence sur plusieurs actions de sa vie. On le taxa souvent de mysticisme, surtout en raison de ses relations avec la célèbre Catherine Théot. Les matérialistes n'entendirent pas avec plaisir les opinions qu'il exprima à la Convention sur la nécessité d'un culte public.

« Vous vous garderez-bien, disait-il, de briser le lien
» sacré qui unit les hommes à l'auteur de leur être : il
» suffit même que cette opinion ait régné chez un peuple
» pour qu'il soit dangereux de la détruire; car les motifs
» des devoirs et les bases de la moralité s'étant nécessai-
» rement liés à cette idée, l'effacer c'est démoraliser le
» peuple. Il résulte du même principe qu'on ne doit ja-
» mais attaquer un culte établi qu'avec prudence et avec
» une certaine délicatesse, de peur qu'un changement
» subit et violent ne paraisse une atteinte portée à la mo-
» rale et une dispense de la probité même. Au reste, ce-
» lui qui peut remplacer la divinité dans le système de
» la vie sociale est à mes yeux un prodige de génie, ce-
» lui qui sans l'avoir remplacée ne songe qu'à la bannir
» de l'esprit des hommes me paraît un prodige de stupi-
» dité ou de perversité. »

Il faut reconnaître aussi parmi les détails de la cérémonie qu'il institua en l'honneur de l'Etre suprême, un ressouvenir des pratiques de l'illuminisme dans cette statue couverte d'un voile auquel il mit le feu, et qui représentait soit la Nature, soit Isis.

Robespierre une fois renversé, bien des philosophes cherchaient toujours à établir une formule religieuse en dehors des idées catholiques. Ce fut alors que Dupont de Nemours, le célèbre économiste, l'ami de Lavoisier, publia sa *Philosophie de l'Univers,* où l'on trouve un système complet sur la hiérarchie des *esprits célestes,*

lequel remonte évidemment à l'illuminisme et aux doctrines de Swedemborg. Aucler, dont nous allons parler,
alla plus loin encore en proposant de rétablir le paganisme et l'adoration des astres.

Restif de la Bretone a publié aussi, comme nous l'a-
vons vu, un système de panthéisme qui supprimait l'immortalité de l'âme, mais qui la remplaçait par une sorte
de métempsycose. — Le père devait renaître dans sa race
au bout d'un certain nombre d'années. La morale de l'auteur était fondée sur la *réversibilité*, c'est-à-dire sur une
fatalité qui amenait forcément dans cette vie même la
récompense des vertus ou la punition des fautes. Il y a
dans ce système quelque chose de la doctrine primitive
des Hébreux.

QUINTUS AUCLER.

RÉPUBLIQUE FRANÇAISE.

———o———

LA THRÉICIE.

> — Je croyais, dit Candide, qu'il n'y
> avait plus de Manichéens. — Il y a moi,
> dit Martin.
>
> VOLTAIRE.

I.

SAINT-DENIS.

Une visite à Saint-Denis par une brumeuse journée d'automne rentre dans le cercle oublié de ces promenades austères que faisaient jadis les rêveurs de l'école de J.-J. Rousseau.

Rousseau est le seul entre les maîtres de la philosophie du xviiie siècle qui se soit préoccupé sérieusement des grands mystères de l'âme humaine, et qui ait manifesté un sentiment religieux positif, — qu'il entendait à sa manière, mais qui tranchait fortement avec l'athéisme résolu de Lamettrie, de d'Holbach, d'Helvétius, de d'Alembert, comme avec le déisme mitigé de Boulanger, de Diderot et de Voltaire. — Écrasons l'infâme, — était le mot commun de cette coalition philosophique, mais tous ne portèrent pas les mêmes rudes coups au sentiment religieux considéré d'une manière générale. On ne s'étonne pas de cette hésitation chez certains esprits plus disposés que d'autres à l'exaltation et à la rêverie.

Il y a, certes, quelque chose de plus effrayant dans l'histoire que la chute des empires, c'est la mort des religions. Volney, lui-même, éprouvait ce sentiment en visitant les ruines des édifices autrefois sacrés. Le croyant véritable peut échapper à cette impression, mais avec le scepticisme de notre époque, on frémit parfois de rencontrer tant de portes sombres ouvertes sur le néant.

La dernière qui semble encore conduire à quelque chose, — cette porte ogivale, dont on restaure avec piété les nervures et les figurines frustes ou brisées, laisse entrevoir toujours sa nef gracieuse, éclairée par les rosaces magiques des vitraux, — les fidèles se pressent sur les dalles de marbres et le long des piliers blanchis où vient se peindre le reflet colorié des saints et des anges. L'encens fume, les voix résonnent, l'hymne latine s'élance aux voûtes au bruit ronflant des instruments, — seulement prenons garde au souffle malsain qui sort des tombes féodales où tant de rois sont entassés! Un siècle mécréant les a dérangés de l'éternel repos, — que le nôtre leur a pieusement rendu.

Qu'importent les tombes brisées et les ossements ou-
tragés de Saint-Denis! La haine leur rendait hommage;
— l'homme indifférent d'aujourd'hui les a replacées par
amour de l'art et de la symétrie, comme il eût rangé les
momies d'un musée égyptien.

Mais est-il un culte qui, triomphant des efforts de l'impiété, n'ait plutôt encore à redouter l'indifférence?

Quel est le catholique qui ne supporterait la folle baccha-
nale de Newstead-Abbey, et les compagnons d'orgie de Noël
Byron parodiant le plain-chant sur des vers de chansons
à boire, — affublés de robes monastiques et buvant le
claret dans des crânes, — plus volontiers que de voir
l'antique abbaye devenir fabrique ou théâtre? — Le ri-
canement de Byron appartient encore au sentiment reli-
ligieux, comme l'impiété matérialiste de Shelley. Mais
qui donc aujourd'hui daignerait être impie? On n'y songe
point!

Encore un regard dans cette basilique fraîchement res-
taurée, dont l'aspect a provoqué ces réflexions. Sous les
arceaux gothiques des bas-côtés, l'on ne peut se lasser
d'admirer les monuments des Médicis. — Anges et saints!
ne frémissiez-vous pas dans les plis roides de vos robes et
de vos dalmatiques en voyant croître et fleurir, sous vos
tutélaires ogives, ces pompes d'art païen qu'on décore du
nom de Renaissance? Quoi! le cintre romain, la colonne
de marbre aux acanthes de bronze, le bas-relief étalant
ses nudités voluptueuses et son dessin correct, — au pied
de vos longues figures iératiques que l'ironie accueille
désormais! Rien n'est donc plus vrai que ce que disait un
moine prophète de l'époque : « Je te vois entrer nue dans
la demeure sainte et poser un pied triomphant sur l'autel,
impudique Vénus! »

Ces trois Vertus sont assurément les trois Grâces, ces

anges sont les deux amours Eros et Antéros, — cette
femme si belle, qui repose à demi nue sur un lit exhaussé
dont elle a rejeté les voiles, n'est-ce pas Cythérée elle-
même? et ce jeune homme, qui près d'elle semble dormir
d'un sommeil plus profond, n'est-il pas l'Adonis des mystères de Syrie?

    Elle repose affaissée dans sa douleur, sa taille se cam-
bre avec cette volupté dont elle ne peut oublier l'attitude,
ses seins se dressent avec orgueil, sa figure sourit encore,
et cependant près d'elle le chasseur meurtri dort d'un
sommeil de marbre où ses membres se sont roidis.

    Écoutons la légende que répète à tous l'homme de l'É-
glise : « Voici la tombe de Catherine de Médicis. Elle a
voulu de son vivant se faire représenter endormie dans le
même lit que son époux Henri deuxième, mort d'un coup
de lance de Montgommery. »

    Quelle est noble et séduisante cette reine aux cheveux
épars, — belle comme Vénus, et fidèle comme Arthémise,
— et qu'elle eût bien fait de ne pas se réveiller de ce gracieux sommeil! elle était encore si jeune, si aimante et si
pure. Mais elle frappait déjà la religion sans le vouloir,
— comme plus tard, au jour de saint Barthélemy.

    Oui, l'art de la renaissance avait porté un coup mortel
à l'ancien dogme et à la sainte austérité de l'Église avant
que la révolution française en balayât les débris. L'allégorie
succédant au mythe primitif en a fait de même jadis des
anciennes religions... Il finit toujours par se trouver un
Lucien qui écrit les dialogues des dieux, — et plus tard,
un Voltaire, qui raille les dieux et Dieu lui-même.

    S'il était vrai, selon l'expression d'un philosophe mo-
derne, que la religion chrétienne n'eût guère plus d'un
siècle à vivre encore, — ne faudrait-il pas s'attacher avec
larmes et avec prières aux pieds sanglants de ce Christ

détaché de l'arbre mystique, à la robe immaculée de cette Vierge mère, — expression suprême de l'alliance antique du ciel et de la terre, — dernier baiser de l'esprit divin qui pleure et qui s'envole!

Il y a plus d'un demi-siècle déjà que cette situation fut faite aux hommes de haute intelligence et se trouva diversement résolue. Ceux de nos pères qui s'étaient dévoués avec sincérité et courage à l'émancipation de la pensée humaine se virent contraints peut-être à confondre la religion elle-même avec les institutions dont elle parait les ruines. On mit la hache au tronc de l'arbre, et le cœur pourri comme l'écorce vivace, comme les branchages touffus, refuge des oiseaux et des abeilles, comme la lambruche obstinée, qui le couvrait de ses lianes, furent tranchés en même temps, — et le tout fut jeté aux ténèbres comme le figuier inutile; mais l'objet détruit, il reste la place, encore sacrée pour beaucoup d'hommes. C'est ce qu'avait compris jadis l'Église victorieuse, quand elle bâtissait ses basiliques et ses chapelles sur l'emplacement même des temples abolis.

II.

LA FÊTE DE L'ÊTRE SUPRÊME.

Ces questions préoccupaient beaucoup, au moment le plus ardent de la révolution française, le citoyen Quintus Aucler. — Ce n'était pas une âme à se contenter du mysticisme allégorique inventé par Chaumette, Hérault de Séchelles et Larevellière-Lépeaux. La montagne élevée dans la nef de Notre-Dame, où était venue trôner la belle

Mᵐᵉ Momoro en déesse de la Raison, n'imposait pas plus
à son imagination que ne le fit plus tard l'autel des théo-
philanthropes; chargé de fruits et de verdure. Il n'eût
certes aucun respect pour l'extatique Catherine Théot,
ni pour dom Gerle son compère, dont Robespierre favorisait les pratiques. — Et quand ce dernier lui-même,
soigneusement poudré, avec son profil en fer de hache,
portant le frac bleu de Werther, sur le dos duquel ondu-
lait sa catacoua fraîchement enrubanée; avec son gilet
de piqué à pointes, sa culotte de basin et ses bas chinés,
se mit en tête d'offrir un gros bouquet à l'Être-Suprême,
comme un enfant timide qui célèbre la fête de son père,
les vieux Jacobins secouèrent la tête, la foule rit beaucoup de l'incendie manqué qui, en brûlant le voile de la
statue de la déesse, l'avait rendue noire comme une Éthio-
pienne; — mais Quintus Aucler se sentit plein d'indignation; il maudissait ce tribun ignorant qui ne l'avait pas
consulté; il lui aurait dit : « Quel égarement te porte à
t'adresser au ciel sous ces habits et sans avoir préalable-
ment accompli aucun des rites sacrés? Il serait simple
encore de cacher ton costume risible sous la robe des
flamines; mais as-tu seulement consulté les augures, les
victimes sont-elles préparées, les poulets sacrés ont-ils
mangé l'orge; a-t-on du moins orienté avec le *lituus* la
place où tu devais accomplir le sacrifice ? C'est ainsi qu'on
s'adresse aux Dieux, qui ne dédaignent pas alors de répondre avec leur tonnerre; tandis que toi, tu menaces
en invoquant, et tu sembles dire : « Être-Suprême, la
nation veut bien t'offrir quelques fleurs pour ta fête. Nous
avons tiré le canon : réponds par un coup de tonnerre,
ou sinon prends garde! »

Mais assurément l'Être-Suprême, salué par Robespierre,
et en faveur duquel Delille de Salle avait composé un mé-

moire, n'était encore qu'une vaine allégorie comme les autres aux yeux de Quintus Aucler. Il soupçonnait même Robespierre d'avoir gardé au fond du cœur un vieux levain de ce christianisme dans lequel il ne voyait, lui, qu'une mauvaise queue de la Bible. Dans sa pensée intime, les chrétiens n'étaient que les successeurs dégradés d'une secte juive expulsée, formée d'esclaves et de bandits.

Combien de fois il maudissait la tolérance de Julien qui les avait trop méprisés pour les craindre. De là, disait-il, la chute de la grande civilisation grecque et romaine, qui avait couvert le monde de merveilles. — De là, le triomphe des barbares et les ténèbres de l'ignorance répandues sur la terre pendant quinze cents ans! Pouvait-on douter en effet qu'une doctrine issue de la *négation divine* formulée par un petit peuple d'usuriers et de voleurs ne fût accueillie avec transport par ces hordes de barbares lointains dont elle favorisait les brigandages? Longtemps maintenus par la gloire romaine aux confins du monde civilisé, il fallut qu'un empereur, coupable de crimes sans nom, rompît pour eux cette digue morale qui maintenait au monde romain la faveur des dieux tout puissants! La réponse des Hiérophantes à Constantin : *Sacrum commissum quod neque expiare poterit, impie commissum est!* fut l'arrêt fatal du paganisme. La loi des dieux ne connaissait pas d'expiation pour les crimes de l'empereur, et il fut exclu de la célébration des Mystères comme l'avait été Néron. — L'Eglise nouvelle fut moins sévère et dès lors son triomphe fut assuré. Il devenait clair d'après cela que tous les déprédateurs et tous les barbares embrasseraient à leur tour une religion qui tenait des pardons tout prêts à qui saurait les payer en richesses et en puissance.

19

- Voici quelques-unes des pages de la *Threicie* publiée
par Aucler :

« ... Et ces religions dont les chefs étaient des hommes
de mauvaises mœurs; ces religions atroces qui ont employé de si horribles moyens pour se maintenir, prétendent avoir apporté aux hommes de nouvelles vertus in-
connues jusqu'à elles, la charité universelle et le pardon
des injures. Nous ne sommes pas nés pour nous seuls,
disait Platon, nous sommes nés pour la patrie, pour nos
parents, pour nos amis et pour tout le reste des hommes.
La nature elle-même a prescrit, disait Cicéron, qu'un
homme s'intéresse à un autre homme, quel qu'il soit, et
par cela seul qu'il est homme. Nous sommes tous les
membres d'un même corps, disait Sénèque; la nature ne
nous a-t-elle pas fait tous alliés? c'est elle qui nous donne
cet amour mutuel que nous avons les uns pour les autres; et cette maxime était même sur les théâtres : Je suis
homme, disait ce vieillard dans Térence, et rien de ce
qui peut regarder un homme ne me doit être étranger.
Les Perses n'avaient-ils pas leur fameuse loi d'ingratitude,
selon laquelle ils punissaient tous les manques d'amour
envers les dieux, les parents, la patrie; les amis; les Egyp-
tiens ne s'étaient pas non plus bornés à de simples préceptes, ils en avaient aussi fait une loi.

» Mais ne sait-on point, ou ce serait qu'on ne le voudrait pas savoir, que cette charité universelle était le premier point de la morale des mystères? Quel est l'homme
bon, dit Juvénal, digne du flambeau mystérieux, et tel
que l'hiérophante de Cérès veut que l'on soit, qui pense
que les maux d'autrui lui sont étrangers ?

« C'est sur nous seuls, dit un chœur dans Aristophane,
» que luit l'astre du jour, nous qui sommes initiés, et qui

» exerçons envers le citoyen et envers l'étranger toutes
» sortes d'actes de justice et de piété. »

» Ont-ils enseigné aux hommes le pardon des injures?
mais les livres mêmes des Juifs, malgré leur horrible zélo-
tipie, en ont des préceptes : vous ne chercherez point la
vengeance, dit le lévitique; vous ne verrez point le bœuf
ou l'âne de votre ennemi tomber dans un fossé sans le
relever. Quand bien même vous auriez souffert l'injure,
disait Platon, il ne faut point se venger, parce que se
venger, ce serait faire injure, et qu'il n'en faut point
faire. Ce mot de vengeance, disait Sénèque, n'est pas le
mot d'un homme, c'est celui d'une bête féroce. C'est
d'une bête et non d'un homme, disait Musonius, de chercher comment on rendra morsure pour morsure. J'aime
mieux recevoir de vous injure que de vous en faire, disait Phocion aux Athéniens. Tout ce que je demande aux
dieux, disait Aristide en sortant d'Athènes pour s'en aller
en exil, c'est que les Athéniens n'aient jamais besoin
d'Aristide.

» D'autres ont beaucoup estimé la morale de ces religions particulières, et n'ont pas su que tout ce qu'il y a
de bon dans cette morale, le renoncement à soi-même, à
la corruption de la chair, la rentrée de l'homme en son
essence, le mépris des choses terrestres, la victoire de ses
passions, la charité universelle se trouvent dans toutes les
nations; mais cette morale, surtout dans la religion chrétienne, portée au point où les disciples de Jésus l'ont
mise, a produit toutes les horreurs, tous les crimes, les
mensonges et les calomnies que je viens de décrire.

» Vous n'avez pas plus la morale que la doctrine de Jésus. Jésus, semblable à ceux qui l'avaient instruit, ne
voulait avoir qu'un petit nombre de disciples : il savait
bien que les choses sublimes et hors du sens commun des

hommes ne peuvent être goûtées que d'un petit nombre; il en avait même donné le précepte-à ses disciples : ne semez pas vos perles devant les pourceaux; leur disait-il, de peur que n'en connaissant pas le prix, ils ne les foulent aux pieds, et que se tournant contre vous, il ne vous déchirent; mais ses disciples brûlant d'être chefs de secte, voulaient avoir des disciples qui propageassent leur doctrine : ainsi ils les voulaient outrés et furieux, et ils les ont faits tels. Il y a tant de différence entre de certaines choses et d'autres portées dans les discours de Jésus, qu'il est impossible que la même personne les ait prononcées toutes. Par exemple, Jésus commence son premier discours suivi, en disant : heureux les pauvres d'esprit : il n'entend pas ici ceux qui en manquent, ni les imbécilles; mais ceux qui embrassent la pauvreté volontaire et le mépris des choses terrestres, parce que, dit-il, le règne des cieux est à eux, et cela dans la prédiction qu'il leur faisait du renouvellement du monde. Heureux ceux qui sont doux, parce qu'ils posséderont la terre (c'est-à-dire la terre qui allait être renouvelée). Heureux ceux qui pleurent, parce qu'ils seront consolés (dans le renouvellement de toutes choses). Heureux ceux qui ont faim et soif de la justice, parce qu'ils seront consolés (dans le jugement qui allait avoir lieu).

» Ils y ont ajouté : heureux ceux qui souffrent la persécution pour la justice, parce que le règne des cieux est à eux. Remarquez que la conséquence, ici, est la même que celle de la première béatitude proposée, et par conséquent doit avoir été ajoutée; mais cette maxime est outrée. L'homme de bien doit souffrir courageusement la persécution pour la justice, ne se relâcher en rien; mais pourquoi se réjouirait-il de cette persécution? quelque cause qu'elle ait, elle est toujours un mal. Il vaudrait

bien mieux pouvoir pratiquer la vertu sans souffrir la
persécution.

» Ils ont ajouté encore : vous serez heureux, lorsqu'on
vous persécutera, lorsqu'on vous maudira, lorsqu'on in-
ventera des calomnies contre vous : il n'y a qu'un fou
qui puisse se réjouir et se trouver heureux qu'on le per-
sécute, qu'on le maudisse, qu'on invente contre lui des
calomnies; mais les chefs du christianisme avaient besoin
de pareils hommes.

» Jésus avait dit, que l'homme de bien essuierait des
contradictions, mais que celui qui persévérerait jusqu'à
la fin serait sauvé ; cela est vrai; avec la persévérance on
vient à bout de tout, même de monter jusqu'au sommet
du roc escarpé où est le temple de la vertu. Ils lui ont
fait dire qu'il était venu mettre le feu sur la terre, diviser le père d'avec le fils, la fille d'avec la mère, la bru
d'avec la belle-mère, les frères d'avec les frères ; qu'il
était venu apporter le glaive et la guerre sur la terre et
non la paix; qu'où cinq personnes seraient dans une maison, trois seraient divisées contre deux, deux contre trois :
que les pères livreraient à la mort leurs enfants, que les
enfants y livreraient leurs pères ; mais il leur fallait de
pareils hommes. O fourberie! ô imposture! ô fanatisme
abominable qui a fait le malheur du monde!

» Quant au précepte de ne point résister au mal, de tendre la joue gauche pour recevoir un soufflet, quand on
en a reçu un sur la droite, c'est un précepte fou, furieux,
insensé, injuste, qui met le faible à la merci du violent
et de l'injuste, qui soumet les bons à une servitude basse
et indigne devant un brigand audacieux. C'est pervertir
toutes les idées de morale et de justice. »

Ici arrive la partie dogmatique succédant à cette démolition passionnée du catholicisme :

« Je vais maintenant vous parler de la religion qui ne peut être autre ; j'entreprends une grande tâche. Comment me ferai-je entendre?. Cette religion est toute sublime, bien différente de la religion des Juifs ; elle est toute aux cieux, et vous n'avez que des idées terrestres. Elevez donc vos esprits et vos cœurs ; prenez des idées spirituelles, et défaites-vous des préjugés de l'éducation et de l'enfance, dans lesquels, qui que vous soyez, vous êtes enveloppés, je dis même les plus grands philosophes de nos jours.

» La première leçon qui doit vous être donnée en ce genre, est de vous demander qui vous êtes ; et quand vous voyez que tout a un but, si vous pensez que c'est sans but que vous êtes venus sur la terre? Le soleil est fait pour la lune, il darde sur elle ses rayons, stimule par eux ce qu'il y a en elle de lumineux, et ainsi elle nous éclaire : la lune est faite pour le soleil, elle ouvre son sein pour recevoir ses rayons et ses influences qu'elle nous verse : tous les astres sont faits les uns pour les autres, tous reçoivent les uns des autres, et dans une contrariété de mouvements, formant une harmonie universelle, ils entretiennent partout le mouvement et la vie. Quand tout a un but dans la nature, n'est-il pas insensé de penser que le séjour de l'homme sur la terre est sans but?

»Puisque le mal n'est pas l'ouvrage du principe, qu'ainsi il n'est inhérent à aucun être, et puisque nous sentons l'ardeur du bien, toute notre tâche sur la terre doit être notre régénération, et si le mal nous a éloigné du principe qui ne peut l'admettre en lui, tout notre but doit être, par cette régénération, notre réunion à notre principe : telle est toute la tâche religieuse que nous avons à remplir sur la terre. J'ai dit plus haut comment les bêtes,

n'ayant pas admis le mal, ressentent les effets du mal. Il
y a d'autres êtres qui ressentent les effets du mal; mais,
pour que je pusse vous en parler, il faudrait que je pusse
parler la langue des dieux que je ne sais point parler, et
que vous sauriez moins entendre.

» Cherchons donc les moyens de cette régénération; ils
sont universels et les mêmes dans toutes les nations. Le
consentement unanime de toutes les nations a été pour
les plus grands philosophes de l'antiquité une preuve
certaine de vérité; en effet, une idée générale de tous les
hommes ne peut être une erreur, ou leur principe les aurait faits pour l'erreur, ce qui ne peut se supposer; d'où
il suit que les moyens de cette régénération étant universels et les mêmes dans toutes les nations, ou ont été en-
seignés à toutes les nations par la divinité, ou sont une
production naturelle de l'esprit humain, et dans l'un ou
l'autre cas astreignent tous les hommes à les employer,
et qu'un particulier qui décline de cette instruction universelle, ou de cette conception naturelle, se crée une
solitude et se creuse un précipice et un gouffre de per-
dition.

» Ce n'est point par l'esprit que nous avons admis le
mal; l'esprit ne se trompe point sur la nature du mal
même dans ses plus grands écarts, et quand il tâche à se
prouver que le mal n'est point mal, afin de pouvoir s'y
livrer; mais c'est par le cœur : ainsi le premier moyen
de cette régénération doit être une vertu de cœur, qui est
la piété. Mon opinion est que les Dieux ont enseigné aux
hommes ces moyens de régénération : mon malheureux
siècle, qui ne peut choisir qu'entre cette opinion et celle
que ces moyens de régénération sont une conception naturelle, choisira cette dernière opinion : il ne m'importe,
pour ce que j'ai à lui prouver et à lui proposer. La piété

est donc la première vertu qui puisse nous régénérer; mais il faut savoir à qui l'adresser; il faut connaître les êtres à qui il faut l'adresser.

»De quelle langue pourrai-je me servir maintenant; comment pourrai-je me faire entendre; quels arguments assez convaincants pourrai-je employèr pour détruire l'effet des idées terrestres et des préjugés dans lesquels vous ont enveloppés vos religions-particulières qui sont sorties de ces documents universels des Dieux ou de cette conception naturelle? Et, encore de ces ineffables mystères, je ne dois vous produire qu'une partie de ce que je sais et de ce que je conçois. Ouvrez les yeux de vos cœurs; aplanissez votre entendement; qu'il soit comme une surface unie, qui reçoive et qui conserve les formes de ce que je vais vous dire. Imposez silence un moment à la voix des préjugés de votre enfance et de vos religions, et songéz qu'il n'y a rien de vrai que ce qui est général, et qu'il n'y a point de vérité dans le particulier : que la divinité qui a voulu, sans doute, que les hommes se régénérassent, se réunissent à elle, n'a pu donner à tous les hommes que les mêmes moyens de cette régénération.

» Puisque tous les êtres que nous connaissons ne font pas leur sort eux-mêmes, il faut bien qu'il y ait un être unique, universel, qui tienne les sorts de tous les êtres en ses mains, et qui en soit le principe. Cet être je ne dirai pas a produit d'abord, mais produit éternellement des êtres dans lesquels il puisse verser toutes ses productions ou plutôt les idées de ses productions. Cet être est la Prothirée des hymnes d'Orphée : ô Vénérable Mère et réceptacle de toutes les idées des choses, qui tiens sous ta protection tous les êtres qui enfantent, parce que tu as la première enfanté; grande Déesse; mère ineffable; épouse du grand dieu, qui, par analogie, s'il peut y en avoir; soulages les

travaux de toutes les femmes qui enfantent, entends-moi ;
sois favorable à mon ouvrage ; conduis ma plume ; que je
dise des choses dignes de toi : mais comment ? du moins
des choses qui ne contrarient pas la nature, c'est assez ;
que je demeure victorieux dans cet ouvrage, et que le
flambeau que je porte aux hommes dissipe l'erreur dans
laquelle ils sont plongés : flambeau que la grande Pallas
m'a montré ; et que le palladium dont elle a revêtu devant moi les couleurs et les accoutrements, me défende
contre l'envie et contre l'ignorance, et fasse produire à
mon ouvrage des fruits qui te soient agréables ! Mais cet
être n'a pu recevoir dans son sein les productions du
principe qu'avec un certain ordre et un certain arrangement, et il a fallu une force pour les produire : c'est le
logos, le verbe ineffable ; c'est la déesse Pallas ; c'est sous
un autre rapport, Iacchus démembré par les géants ; c'est
le *νες* ; c'est le *mens*, le Primigène des hymnes d'Orphée ;
c'est la force de la nature et la production de tous les
êtres ; et cet ordre et cet arrangement sont la lumière qui
illumine tout homme venant en ce monde.

Qui crederam extersti cœcis cáligitnem ocellis.

» Voilà le premier anneau de la chaîne, tous les autres
doivent lui être semblables hors la position ; plus un anneau est prochain de ce premier anneau, de cet anneau
principe, plus il lui est semblable ; et la nature de ce
premier anneau se continue dans toute la série de la
chaîne, et un anneau admet d'autant plus de la nature
de ce premier anneau, qu'il lui est plus près ou qu'il lui
est plus semblable. De là tous les dieux et les différents
ordres de génies, d'intelligences que toutes les nations,
le monde universel a honorés avant qu'un particulier s'a-
visât de couper la chaîne et de n'en proposer que le pre-

mier anneau réduit dans son expansion ineffable. Eh!
qui êtes-vous pour vous refuser à cette instruction universelle? vous qui avez été instruit par des hommes dans
l'erreur, dont l'un vous a dit même que sa religion n'é-
tait point céleste, qu'elle était terrestre, qu'elle était à
vos pieds, qu'elle avait sa cause dans la grossièreté de
son peuple.

» Peut-on joindre des êtres divers de nature sans un
moyen; c'est ainsi que la terre se joint à l'eau par sa fri-
gidité, l'eau à l'air par son humidité, l'air au feu par sa
chaleur, le feu à l'éther par sa subtilité et sa ténuité;
l'ordre sur-élémentaire ne doit pas être autre. Le second
anneau est semblable au premier; le troisième au second :
ainsi jusqu'à l'infini, partout la production ressemble au
producteur. Tout ce que le producteur produit est déjà
en lui en puissance et en idée. O la belle analogie qu'il y
a entre nous misérables mortels et le producteur de tout,
ce premier anneau de la chaîne! pour que nous puis-
sions nous joindre à lui sans intermédiaire! O la belle
physique, qui, quand tout est plein, quand tout est rempli d'habitants, fait un désert immense depuis ce premier
anneau de la chaîne jusqu'à nous! Tout pourrait-il subsister avec une pareille lacune dans l'univers? O malheureux que vous êtes! resserrés et contraints dans vos idées!
élargissez-vous enfin ; sortez des langes de vos religions
qui ne sont point au ciel ; montez-y, voyez-y une troupe
innombrable, infinie, ineffable d'êtres, de dieux, de génies intermédiaires entre vous et le premier anneau de la
chaîne, qui ont tous leurs vies, leurs occupations, leurs
emplois, leurs affections, leurs natures, leurs manières
d'exister selon leurs genres, et qu'ils sont plus ou moins
éloignés du centre universel de tous les êtres.

» Comme j'ai dit que nous trouvions dans ce centre des

êtres, trois hypostases, l'Etre, le Verbe et la Grande déesse, la grande Prothirée qui reçoit, par les idées que lui transmet le verbe, les semences de tous les autres, ces personnes se trouvent différentes du premier anneau de la chaîne : ainsi on ne leur attribue pas l'être qui est l'apanage incommunicable de l'Etre qui existe par lui-même. Ainsi dans les hymnes attribuées à Orphée, qui contiennent toute cette doctrine, après Prothirée et Primigène on trouve Saturne et Rhéa, ensuite Jupiter et Junon, Janus et la Terre, ainsi de suite jusqu'au dernier anneau de la chaîne des êtres spirituels, qui est l'Homme dont la femme est tirée de sa substance.

»Ces hymnes, dit Pausanias, sont les plus religieuses et les plus saintes de toutes ; on s'en servait dans les mystères, elles sont encore plus que cela, et vous y trouverez toute la doctrine que je veux ici vous montrer. Jupiter est aussi pris quelquefois, comme vous l'avez vu, pour le père des dieux et des hommes, parce qu'alors il est le sacré quaternaire par qui tout existe et qui meut toute la nature. Ainsi soit dit des dieux intellectuels et invisibles.

»Vous avez des idées bien grossières : vous pensez que ces globes lumineux qui gardent toujours leurs places dans un fluide qui ne peut les soutenir, qui, dans des oppositions et divers aspects, ont des marches toujours régulières, ont été placés sur vos têtes pour amuser vos yeux et les calculs de vos astronomes ! Il n'y a dans la nature que des corps morts ou vivants ; tout ce qui est mort n'est pas vivant, tout ce qui est vivant n'est pas mort. Il y a un ferment universel qui est l'esprit qui joint l'âme au monde : son action est continuelle, il change tout ; c'est le grand Protée ; il dissout tous les êtres morts, et il les prépare en les dissolvant à être le lieu où de nouveaux êtres, d'une manière que vous ne pouvez pas même

maintenant soupçonner, viennent du grand abîme de la
nuit se corporifier. Si vous savez interpréter l'hymne à la
Nuit d'Orphée, vous aurez un des premiers points de la
doctrine, vous saurez comment tout se forme, vous pour-
rez voir vos yeux sans miroir, et ébranler les cornes du
taureau. Ce ferment n'agit pas sur les corps vivants, parce
que l'*animus* qui les informe, les maintient, est plus fort
que le ferment qui tend à les dissoudre, étant d'une nature supérieure. Si le ferment pouvait quelque chose sur
les êtres, il les disposerait à recevoir de nouveaux *animus*,
qui, de l'abîme de la nuit, viendraient s'y corporifier;
ainsi il les dissoudrait. Il faut donc qu'ils aient quelque
chose en eux qui repousse les atteintes du ferment, et qui
soit supérieur à cet esprit; il faut donc qu'ils aient en eux
chacun un *animus* qui les informe, qui maintient leur
forme et qui repousse l'action du ferment; ainsi ils vivent donc. Si la terre n'était pas animée le ferment aussi
la dissoudrait, et la disposerait à recevoir de nouveaux
êtres qui rongeraient les récoltes, tourmenteraient les espèces primitives, leur nuiraient, les détruiraient, et elles
ne seraient plus alors une simple altération; mais ne res-
sembleraient plus aux idées archetypes.

» Le propre du cadavre est de tomber : c'est là l'éti-
mologie primitive de ce mot; le propre de l'être vivant
est de se dresser et de se soutenir parce qu'il a le principe de son mouvement et sa vie en lui. C'est ainsi que je
soutiens mon bras, que je dresse ma tête : si les astres
n'étaient que des cadavres, ils tomberaient, c'est-à-dire
qu'ils se rassembleraient dans un même lieu selon les
lois de la pesanteur.

» Voyons maintenant s'ils sont intelligents. Il n'y a dans
l'univers que deux sortes d'êtres; ceux qui sont abandonnés à eux-mêmes, et ceux qui sont inhérents à un autre

être : de cette dernière espèce sont les plantes, les arbres, les minéraux, qui suivent le sort du sol auquel ils sont attachés; ceux qui sont abandonnés à eux-mêmes, sont les animaux, les hommes, les dieux; ils ont un moi particulier qu'ils doivent conserver : pour en mettre en œuvre les moyens, les choisir, les conserver, il leur faut une ratiocination; ainsi, les astres ont donc cette ratiocination. Les bêtes sont à elles-mêmes leur propre règle, parce qu'elles ne sont dirigées que par l'instinct; l'homme peut négliger sa règle, parce qu'il a sa conduite et qu'il peut choisir ses actions; les astres suivent toujours leur règle par l'excellence de leur intelligence, parce que les êtres purs ne peuvent en dévier : il n'y a rien en eux d'hétérogène qui puisse faire varier leurs actions; ils sont toujours tout ce qu'ils sont, hors qu'ayant leurs pensées à eux, ils peuvent en concevoir de mauvaises; ce qui n'arrive pas, parce qu'ils sont dans l'unité; parce qu'ils lisent dans l'universalité des êtres; parce qu'ils voient dans le Verbe tout ce qui est beau et tout ce qui est bon; que, si quelques-uns d'entr'eux ont pu se détériorer dans un temps que nous ne pouvons guère concevoir, ils ne le peuvent plus maintenant par l'habitude où ils sont du beau et du bon, par l'identité qu'ils ont en quelque sorte avec lui : ainsi, la régularité des marches des astres parmi leurs oppositions, les différents aspects attestent l'excellence de leur intelligence; qu'ils sont dans l'unité; qu'ils voient le beau et le bon; qu'ils sont initiés aux causes du destin qu'ils font; enfin, qu'ils sont des dieux.

» C'est ce qu'exprime en deux mots Orphée dans l'indigitation à Ouranos : *calice terrestris*, ô ciel céleste et terrestre; et, dans son indigitation aux astres : *cœlica terrestris gens*; et c'est ainsi que l'hymne à tous les Dieux commence ainsi : *maje Jovi, tellus...*, grand Jupiter, et toi, terre. En effet, que voyez-vous ? vous voyez au ciel les plus grands objets de la nature, et, comme dit encore fort bien Proclus, nous avons aussi un soleil et une lune terrestres, mais selon la qualité terrestre; nous avons au ciel toutes les plantes, toutes les pierres, tous les animaux, mais selon la nature céleste, et ayant une vie intellectuelle.

» Sans doute que les Dieux ont appris ce dogme aux hommes; mais je dis que, quand ils ne le leur auraient pas appris, ces derniers auraient pu le concevoir d'eux-mêmes. Voyant que la lune recevait sa lumière du soleil, ils purent concevoir comment tous les êtres avaient été produits, et voyant que ces deux principaux moyens de production n'étaient pas seuls au ciel, qu'il y avait une multitude d'autres êtres qui leur étaient semblables, ils purent concevoir qu'ils étaient aussi des moyens de production; que tous entre eux se répartissaient ces moyens selon la conscience qu'ils avaient; *numina conscia veri;* de l'unité de l'œuvre qu'ils avaient à remplir. Si Mars versait sur la terre tout ce qu'il y a de torride et d'igné, il brûlerait tout; si Saturne y versait tout ce qu'il y a de froid, il glacerait tout. Ce n'est pas l'éloignement du soleil qui donne aux astres leurs différentes qualités. Mars est plus torride et plus igné que Mercure et Vénus, qui sont moins éloignés de ce centre de feu Saturne est bien plus près de ce foyer, de ce cœur du monde, que l'astre embrasé de la canicule. Mais, de la température de ces différentes influences, émises avec intelligence, se forme une influence générale, que le ciel verse sur la terre. Ainsi, dans le monde sensible, le ciel est le premier agent des Dieux; mais si la terre émettait des influences contraires à celles qu'elle reçoit, rien ne se ferait dans la nature;

ainsi le monde supérieur crée continuellement le monde inférieur; ainsi le monde inférieur est l'emblème du monde supérieur, et cela ne peut être autrement. Toute production doit présenter l'idée de son producteur; tout être donne ce qu'il a; et plus reçoivent des influences de chaque astre les êtres qui sont plus propres à les recevoir. Ainsi l'or, par sa couleur, par sa splendeur, par sa solidité, appartient au soleil; l'argent, par sa couleur douce, par sa splendeur moins éclatante, par sa mollesse et sa ductilité appartient à la lune; ainsi les deux premiers métaux en beauté appartiennent aux deux luminaires de ce monde. Car, comme dit fort bien Ptolémée, quand il y aurait d'autres astres plus lumineux, ces deux astres n'en seraient pas moins, par leur influence et par leur beauté, les deux luminaires de la terre. C'est ainsi que la plante nommée héliotrope par sa figure, par son disque composé de corps à quatre pans, dont émanent des globules, d'où s'échappent des fleurs à cinq pointes, qui tous expriment les différentes générations du feu et émanations de la lumière; qui, par les diverses teintes de sa couleur d'or, par les pointes de sa corolle, qui s'échappent de son disque en flammes, ou en pyramides torses, formes que l'on sait être celles du feu, par ses feuilles en cœur, et par la faculté qu'a cette plante de se tourner vers son astre, de manière que sa tige en est souvent torse, par ses nombres quatre et cinq, qui sont les nombres de toutes générations dans les divers mondes, se fait connaître être solaire; et cette plante est le soleil terrestre sur la terre; il en est de même de plusieurs autres arbres et plantes. »

On a besoin sans doute aujourd'hui, pour supporter de tels raisonnements, de songer toujours à l'époque où ils furent posés. Au temps où Quintus Aucler écrivait, il y avait table rase en fait de religion, et attaquer le christianisme

était devenu un lieu-commun ; aussi n'est-ce là qu'une
introduction historique à la thèse qu'il veut soutenir.
Pour Aucler, il y a deux sortes de religions ; celles qui
organisent la civilisation et le progrès et celles qui, nées
de la haine, de la barbarie ou de l'égoïsme d'une race,
désorganisent pour un temps plus ou moins long l'effort
constant et bienfaisant des autres. —C'est Typhon, c'est
Arimane, c'est Siva, ce sont tous les esprits maudits et
titaniques qui inspirent ces religions du néant : Qu'ado-
rez-vous ? dit-il aux croyants des cultes unitaires ? —
vous adorez la Mort ! Où sont les civilisations régulières?...
Chez tous les peuples polythéistes : l'Inde, la Chine,
l'Égypte, la Grèce et Rome. Les peuples monothéistes
sont tous barbares et destructeurs ; puissants pour anéan-
tir, ils ne peuvent rien constituer de durable pour eux-
mêmes... Que sont les Hébreux ? Dispersés. Qu'est devenu
l'empire de Constantin une fois converti?... Qu'ont su
fonder les Turcs, vainqueurs de la moitié du monde ?
Et qu'est-il advenu du grand édifice féodal ? Des ruines
partout. — Et si la civilisation commence à rayonner en
Europe depuis le xve siècle, c'est que la foi au mono-
théisme s'y est à peu près perdue. En voulez-vous la
preuve? Comparez l'Espagne et l'Italie croyantes à l'Allemagne, à l'Angleterre hérétiques et à la France indifférente.

III.

LES MOIS.

Le paradoxe de Quintus Aucler finit ainsi : Français
et Belges, races gauloises et celtiques, vous vous êtes

. débarrassées enfin du culte où s'étaient rattachés les barbares; cependant tout peuple a besoin d'une religion positive. Qu'étiez-vous donc avant l'apostasie de Clovis? Vous apparteniez à ce grand Empire Romain dont vous êtes les démembrements et qui était venu répandre parmi vous la civilisation et les lumières de la pensée et des arts, qui vous avait donné l'organisation communale et vous avait faits citoyens de la grande unité romaine. Votre langue, votre éducation et vos mœurs l'attestent encore aujourd'hui : par conséquent, délivrés désormais de l'obstacle, vous devez songer à vous régénérer pour être dignes de rappeler sur vos provinces la faveur des douze grands Dieux. Cette chaîne éternelle qui lie notre monde au pied de Jupiter n'est point rompue, mais obscurcie à vos regards par les nuées de l'ignorance. Les Dieux trônent toujours dans leurs astres étincelants, ils président à vos destinées et les ayant rendues fatales, ils les rendront bienheureuses lorsque vos prières auront rétabli l'accord des cieux et de la terre. Adressez-vous aux Dieux d'abord, comme ont fait les Codrus et les Décius, par la formule du dévouement. Les poètes en ont écrit l'hymne sacré :

> Cui dabit partes scelus expiandi
> Jupiter? Tandem venias precamur
> Nube candentes humeros amictus
> Augur Apollo (1).

. Apollon vous pardonnera d'avoir méconnu sa lumière spirituelle, car elle n'a cessé de verser sur votre sol ses rayons bienfaisants... Mais que ferez-vous pour désarmer les Astres-Dieux que vous ne voyez que la nuit, et dont

___

(1) A qui Jupiter donnera-t-il l'emploi d'expier le crime? Venez, divin augure Apollon, les épaules revêtues d'une nuée brillante.

les influences président à vos destinées ainsi qu'à la formation et à la santé des animaux et des plantes qui vous sont utiles? Comment apaiser Mars, dieu violent et terrible, « marqué du sceau de la raison double, *insensé, furieux,* comme l'exprime l'indigitation d'Orphée, — par qui toutes les espèces se dévorent les unes les autres? » C'est Mars qui domine le premier mois de l'année sacrée. Comme Janus, il a la clef du temple de la paix et de la guerre, que l'un ouvre et que l'autre ferme... et vous voyez assez que c'est lui qui règne en ce moment.

Heureusement déjà votre calendrier lui a rendu sa place; — mais que ferez-vous ensuite pour la grande Vesta, divinité non moins terrible, meilleure pourtant; commencement et principe des choses, qui produit et vivifie tout, toujours pure, toujours chaste, se mêlant aux choses terrestres sans en contracter la souillure, présidant aux portes et aux vestibules des maisons, protégeant les pénates et les génies tutélaires des familles?

C'est dans ce mois, consacré à Mars et à Vesta, qu'il faut renouveler les lauriers des flamines et adresser à Mars une dernière invocation, pour qu'il ne nuise pas à la fécondité des femmes. Puis on pense à Saturne, dont le règne heureux succéda jadis à ceux de Mars et de Janus, et qui vous bénira mieux qu'aux *saturnales,* en voyant revenir la véritable et sincère égalité.

Ensuite, et seulement à la veille des Nones, vous ferez le sacrifice à Vesta. Puis viendra la fête de Liber, qui enseigna aux hommes le culte et les lois : à lui les libations et les prémices des fruits. C'est sous ses auspices que vos enfants prendront la robe virile. Deux jours après le onze des calendes, arrive la fête de Minerve, à qui tous les arts doivent leurs hommages. Puis les *Hilaries,* fêtes de joie dédiées à la grande Mère des dieux. Alors les jours deviennent plus longs que les nuits, et le ciel donne à la terre le signal de cette fête.

Avril est consacré à Vénus, mais c'est encore la Mère des dieux qui préside aux fêtes célébrées la veille des Nones. On promène la pompe de son cortége au milieu des danses formées par les curètes et les corybantes, accompagnés des flûtes, des cymbales et des tambours. — C'est le jour des calendes que l'on sacrifie à Vénus, que l'on invoque sous le nom de *Verticordia*, afin qu'elle détourne nos esprits des amours illégitimes : « Belle Uranie, écartez de nos cœurs les désirs terrestres qui brûlent et consument sans vivifier ! » Le mois se termine par les fêtes à Cérès et par les *Floralies* qui couronneront ce doux mois de floréal.

Les calendes en mai sont dédiées aux Lares. C'est alors que les femmes célèbreront dans les maisons les fêtes de la bonne déesse, dont tous les mâles sont exclus, même les animaux; on en couvre même les portraits. Tout homme doit sortir alors de sa maison, même le grand pontife. Le lendemain, les Lares sont honorés dans les carrefours; on leur offre des têtes de pavots, ainsi qu'à leur mère Amanie. À leurs fêtes succèdent les Lemurales, qui durent trois nuits. On invoque les ombres heureuses, et l'on jette aux autres des fèves, — dont la fleur exprime les portes de l'enfer, — en répétant neuf fois : « Par ces fèves, je rachète mon âme » Les âmes aiment le nombre neuf, qui est celui de la génération, parce qu'elles espèrent toujours rentrer dans le monde (1).

---

(1) Le nombre 9 est particulièrement générateur et mystique; multipliez-le par lui-même, vous trouvez toujours 9 : 18, par exemple : (1 et 8 : 9), — 3 fois 9 : 27 (2 et 7 : 9); 4 fois 9 : 36 ; (3 et 6 : 9), 5 fois 9 : 45; ainsi de suite. Le nombre 9 est le nombre de la matière.

Ensuite viennent les argées et les agonales. Ce mois est consacré au *Corybante*, génie de la terre.

Puis vient le mois dédié à Mercure. On fait des sacrifices à Mars et à la déesse Carnéa, qui préside aux parties vitales du corps. On mange des fèves et du lard. Le trois des ides, arrivent les matralies, ou fêtes de Leucothoé, déesse de la mer, — mystères spéciaux aux femmes, qui les célèbrent en secret. Le cinq, les vestalies, jour de purification. On dîne en famille et l'on envoie une partie des mets au temple de Vesta.

Le mois de Jupiter vient ensuite. Le jour des Nones, les femmes sacrifient à Junon sous des figuiers sauvages, dans une intention de fécondité.

Le mois de Cérès amène des sacrifices à Hercule et à Diane. Pour ces derniers, les dames sortent en habits blancs avec des flambeaux allumés, et font des processions dans les bois.

Le septième mois est dédié à Vulcain. C'est aux ides de ce mois que le premier consul doit planter un clou sacré dans le temple de Minerve.

Les autres mois présentent moins de fêtes obligées. On fait des sacrifices à Mars furieux ; on lui sacrifie un cheval, puis on couronne de fleurs les puits et les fontaines. Ensuite vient le mois de Diane victorieuse des géants. Aux ides, on célèbre le *lectisterne*, jour où Jupiter invite à sa table les dieux et les héros... (Qui de nous, s'écrie ici Quintus Aucler, sera digne de s'y asseoir ?)

Le dixième mois appartient à Vesta ; il contient les fêtes de Faunes, les agonales, puis les saturnales, qui durent sept jours. Le jour des sigillaires, les amis s'envoient des cierges allumés.

Le onzième mois, dédié à Janus, voit se fêter les

carmentales, fêtes où l'on prie pour la santé des enfants, et qui ne peuvent être célébrées que par les femmes chastes. (De quel front, s'écrie Quintus Aucler, les adultères et les débauchées oseraient-elles, ce jour-là, se présenter aux temples des dieux et prier pour des enfants illégitimes!)

Le dernier mois, qui correspond en partie à février, est dédié à Neptune. Le quinze des calendes, on fête les *lupercales,* dédiées à Pan. C'est alors que des jeunes gens se répandent dans la ville et frappent les femmes avec des lanières tirées de la peau des victimes, afin de leur donner de la fécondité. Les *terminales* finissent l'année. On visite les bornes des champs, et les voisins prennent Hermès à témoin de leur bonne intelligence.

On voit que dans l'année païenne, dont Quintus Aucler proposait le rétablissement, les jours de fête ne manquaient pas. A ces *féries* obligées, il venait encore s'en joindre d'autres, dites *conceptives*, et dont les *points* devaient varier selon que les saisons étaient plus ou moins hâtives. Telles étaient les ambarvales, les amburbiales, le *grand Lustre,* qui ne revient que tous les cinq ans, fête de purification générale, où l'on se prépare à la célébration des dionysiaques, — les féries sémentives, les paganales, la naissance d'Iacchus, la délivrance des couches de Minerve, ainsi que les fêtes du solstice et de l'équinoxe.

Les familles devaient aussi avoir leurs fêtes. Chacun, à l'anniversaire de sa naissance, devait sacrifier un porc à son génie. Les pauvres pouvaient se contenter de lui offrir du vin et des fleurs. Il y avait aussi des sacrifices de bout de l'an pour les âmes des parents morts et pour les dieux Mânes, puis des novembdiales, quand on se croyait menacé de quelque malheur, et des lectisternes pendant lesquelles on se réconciliait avec ses ennemis. Les jours de jeûne devaient avoir lieu la veille des grandes solennités et pendant tout le mois qui correspond à février. Aux ides de novembre se trouvait la fête des morts. C'est le jour où les mânes se répandent sur la terre. — Ce jour-là le *monde est ouvert* ; les ombres viennent juger les actions des vivants et s'inquiètent de la mémoire qu'on leur a gardée.

En examinant tout ce système de restauration païenne, on ne serait pas étonné de le voir s'accorder avec les principales fêtes de l'Église, qui, dans le principe, s'accommoda sur bien des points au calendrier romain.

L'observation du jeûne et l'abstinence de certains aliments préoccupent beaucoup l'hiérophante nouveau. Il lance l'anathème contre les impies qui se nourrissent de la viande des solipèdes, des oiseaux de proie et des animaux carnassiers. — Manger de la viande de cheval lui paraît une abomination que ne peuvent excuser les plus grandes extrémités. « Des libertins, par vaillantise, dit-il, ont mis leur gloire dans le vice jusqu'à manger de la *chair* de chat, et le peuple s'est relâché parfois à mettre un corbeau dans son potage... De ces excès résultent un déplorable abrutissement et les crimes les plus atroces. Ainsi, le peuple doit éviter de se nourrir de solipèdes, d'unguicules et de polysulques... » Mais les hiérophantes et les véritables initiés doivent faire plus encore, afin de se rendre propres à la contemplation. Ils n'useront donc ni du pourceau qui, quoique bisulque, est entièrement privé de défense, ni, entre les poissons, de ceux qui n'ont ni nageoires ni écailles. « Certes, il n'y a pas au monde de spectacle plus hideux que celui d'une âme bestiale vieillie dans le corps d'un pourceau ; — quant aux poissons cités plus haut, ils se trouvent privés du *bouclier de Mars*, et

ont ce rapport avec l'homme de n'avoir ni arme ni vête-
ment naturels. » — Entre les plantes, il est bon de s'abstenir des fèves, qui sont consacrées aux morts.

« C'est ainsi. ajoute Quintus Aucler, que nous en avons
toujours usé dans notre famille, dont l'origine remonte
aux races *hiérophantiques*. » Il ne doute pas de la pureté
de sa généalogie romaine, dont les rejetons ont traversé
les siècles sans se mêler aux familles profanes, parce que
les dieux, dans leurs desseins, le gardaient lui-même pour
renouveler un culte opprimé si longtemps. Il profite de
cette digression pour louer sa femme de sa fidélité aux
observances du culte, et même son fils, qui doit un jour
transmettre au monde le dépôt confié à ses ancêtres depuis l'époque où la civilisation gallo-romaine céda aux
armes de Clovis.

A dater de ce moment, nous commençons à comprendre
l'existence de cette famille hiérophantique, conservée à
travers les siècles. « Les secrets de l'astrologie, dit Quintus Aucler, sont les mêmes que ceux de la religion;
ainsi, les dieux qui président aux mois de l'année correspondent également aux signes du zodiaque. Les dieux
celtiques, traduits de la langue de nos aïeux gaulois, se
trouvent être, en réalité, les mêmes que ceux du calendrier romain. La semaine en est composée : *Moontag*
(lundi) est le jour de la lune ; *Tues-Tag* (mardi) est le
jour de Mars ; *Wednes-Tag*, le jour de Mercure ; *Theuus-
Tag*, le jour de Jupiter ; *Frey-Tag*, le jour de Vénus ;
Saders-Tag, celui de Saturne, et *Sun-Tag* est le jour du
Soleil. — Ceci en langage indien, particulier aux primitives tribus celtiques émigrées des hauts de plateaux de
l'Asie, se rend par : *Tinguel, Ghervai, Boudda, Via-
gam, Velli, Sani, Nair*, qui expriment les divinités
correspondantes. »

C'est donc un culte vieux comme le monde que l'apostasie de Clovis est venue renverser pendant une misérable quinzaine de siècles. — « Et encore, s'écrie-t-il, si
les barbares avaient compris que le dieu nouveau qu'ils
imposaient par l'épée n'était autre que *Chris-na*, le Bacchus indien, — c'est-à-dire le troisième Bacchus des
Mystères d'Éleusis, qu'on appelait Iacchus, pour le distinguer de Dionisius et de Zagréus, ses frères ! — Mais
ils n'ont pas su reconnaître dans leur dieu le favori de
Cérès, le Ἴακχος couronné de pampres, — et sans se
préoccuper du symbole, ils en ont seulement gardé le
rite consécratif du pain et du vin ; ignorants tous, — les
barbares comme les pères de l'Église, — autres barbares,
dont les œuvres naïves ont été refaites par des sophistes
gagés ! »

C'est à ce point de vue que Quintus Aucler recom-
mande aux néo-païens une certaine tolérance pour les
croyants spéciaux d'Iacchus-Iésus, plus connu en France
sous le nom du Christ. Imbu des principes de Rome, il
ne fermait son panthéon à aucun dieu. En effet, selon
lui, ce n'est pas comme chrétienne que l'ancienne Église
avait été persécutée, mais comme intolérante et profa-
natrice des autres cultes.

IV.

LES RITES.

On peut s'étonner aujourd'hui de la nouveauté rétros-
pective de ces idées, — mais il fallait certainement qu'un

tel livre parût pendant le cours de l'ancienne révolution.
Du reste, on doit peut-être savoir gré à Quintus Aucler
d'avoir, dans une époque où le matérialisme dominait les
idées, ramené les esprits au sentiment religieux ; et aussi
à ces pratiques spéciales du culte qu'il croyait nécessaires
à combattre les mauvais instincts ou à assouplir l'ignorante grossièreté de certaines natures.

Les jeûnes, les vigiles, l'abstinence de certains aliments, les mœurs de la famille et les actes générateurs
soumis à des prescriptions pour lesquelles le paganisme
n'a pas été moins prévoyant que la Bible, ce n'était certes
pas de quoi plaire aux sceptiques et aux athées de l'époque, et il y avait quelque courage à proposer la restauration de ces pratiques.

Quant au choix même de la religion païenne, il était
donné par la situation ; les fêtes civiques, les cérémonies
privées, le culte des déesses, allégorique, il est vrai ;
comme dans les derniers temps de Rome, ne se refusaient
nullement à l'assimilation d'un dogme mystique, qui n'était
après tout qu'une renaissance de la doctrine épurée des
néo-platoniciens. Il s'agissait simplement de ressouder
le xviiie siècle au ve et de rappeler aux bons Parisiens le
fanatisme de leurs pères pour cet empereur Julien, qu'ils
accompagnèrent jusqu'au centre de l'Asie. « Tu m'as
vaincu, Nazaréen ! » s'était écrié Julien frappé de la flèche
du Parthe. Et Paris aurait proclamé de nouveau, dans le
Palais restauré de Julien et dans le Panthéon qui l'avoi-
sine, le retour cyclique des destinées qui rendaient la
victoire au divin empereur. — Les vers sybillins avaient
prédit mille fois ces évolutions rénovatrices, depuis le
redeunt Saturnia regna jusqu'au dernier oracle de Delphes, qui, constatant le règne millénaire de Iacchus-Iésus,

annonçait aux siècles postérieurs le retour vainqueur
d'Apollon.

La réforme toute romaine du calendrier, de la numéra-
tion, des idées politiques, des costumes, tout cela vou-
lait-il dire autre chose ? et l'aspiration nouvelle aux dieux,
après les mille ans d'interruption de leur culte, n'avait-
elle pas commencé à se montrer au xve siècle, avant
même que, sous le nom de Renaissance, l'art, la science
et la philosophie se fussent renouvelés au souffle inspira-
teur des exilés de Bysance? Le *palladium mystique*, qui
avait jusque là protégé la ville de Constantin, allait se
rompre, et déjà la semence nouvelle faisait sortir de terre
les génies emprisonnés du vieux monde. Les Médicis, ac-
cueillant les philosophes accusés de platonisme par l'in-
quisition de Rome, ne firent-ils pas de Florence une nouvelle Alexandrie ?

Le mouvement s'étendait déjà à l'Europe, semait en
Allemagne les germes du panthéisme à travers les transi-
tions de la réforme, l'Angleterre, à son tour, se détachait
du pape, et dans la France, où l'hérésie triomphe moins
que l'indifférence et l'impiété, voilà toute une école de
savants, d'artistes et de poètes, qui, aux yeux, comme à
l'esprit, ravivent sous toutes les formes la splendeur des
Olympiens. — C'est par un caprice joyeux, peut-être,
que les poètes de la *Pléiade* sacrifient un bouc à Bacchus,
mais ne vont-ils pas transmettre leur âme et leur pensée
intime aux épicuriens du grand siècle, aux spinosistes et
aux gassendistes, qui auront aussi leurs poètes, jusqu'à ce
qu'on voie apparaître au-dessus de ces couches fécondées
par l'esprit ancien, l'Encyclopédie toute armée, achevant
en moins d'un siècle la démolition du moyen âge politique et religieux ?

Et même dans l'éducation comme dans les livres offerts à ces générations nouvelles, la mythologie ne tenait-elle pas plus de place que l'Évangile ? Quintus Aucler ne fait donc, dans sa pensée, que compléter et régulariser un mouvement irrésistible. Voilà seulement comment on peut s'expliquer une pensée qui semble aujourd'hui toucher à la folie, et qu'on ne peut saisir tout entière que dans les minutieuses déductions d'un livre qui impose le respect par l'honnêteté des intentions et par la sincérité des croyances; c'est comme un dernier traité des apologies platoniciennes de Porphire ou de Plotin égaré à travers les siècles, — et qui, à l'époque où il a reparu, ne put rencontrer un dernier père de l'Église pour lui répondre, du sein des ruines abandonnées de l'édifice chrétien.

Il ne faut pas croire, du reste, que la doctrine de Quintus Aucler fût la manifestation isolée d'un esprit exalté qui cherchait sa foi à travers les ténèbres Ceux qu'on appelait alors les théosophes n'étaient pas éloignés d'une semblable formule. — Les Martinistes, les Philalètes, les Illuminés et beaucoup d'affiliés aux sociétés maçonniques professaient une philosophie analogue, dont les définitions et les pratiques ne variaient que par les noms. On peut donc considérer le néo-paganisme d'Aucler comme une des expressions de l'idée panthéiste, qui se développait d'autre part, grâce aux progrès des sciences naturelles. — Les vieux croyants de l'alchimie, de l'astrologie et des autres sciences occultes du moyen âge avaient laissé dans les sociétés d'alors de nombreux adeptes raffermis dans leurs croyances par les étonnantes nouveautés que Mesmer, Lavater, Saint-Germain, Cagliostro venaient d'annoncer au monde avec plus ou moins de sincérité. — Paracelse, Cardan, Bacon, Agrippa, ces 'vieux maîtres des sciences cabalistiques et spagyriques, étaient encore étudiés avec ferveur.

Si l'on avait cru aux influences des planètes, — signalées encore par les noms et par les attributs des dieux antiques, même pendant le règne du christianisme, — il était naturel qu'à défaut de religion positive, on retournât à leur culte. Aussi Aucler consacre-t-il bien des pages à la description du pouvoir matériel des astres. Il ne craint pas moins le furieux Mars que le froid Saturne. Mercure l'inquiète parfois, Vénus n'a pas une très bonne influence sur le globe, depuis que ses autels sont négligés... Quant à Jupiter, il est trop grand pour se souvenir des outrages. Il suffit de lui consacrer les plantes et les pierres qui lui appartiennent : le chêne et le peuplier, le lys et la jusquiame, l'hyacinthe et le béril. Saturne aime le plomb et l'aimant, et, parmi les herbes, l'asphodèle. Vénus a la violette, la verveine et le polithricon ; son métal est le cuivre ; ses animaux sont le lièvre, le pigeon et le passereau. — Quant à Apollon, il a toujours eu, comme on sait, une influence particulière sur le coq, sur l'héliotrope et sur l'or. — Tout se suit ainsi ; il n'est rien dans les trois règnes de la nature qui échappe à l'influence des dieux ; — les libations, les consécrations et sacrifices se composent donc d'éléments analogues à l'influence de chaque divinité.

Les divinités placées dans les astres n'agissent pas seulement sur les diverses séries de la création, mais elles président aux destinées par les conjonctions de leurs astres, qui influent sur le sort des hommes et des peuples. — Il serait trop long de suivre l'auteur dans l'explication des triplicités et des cycles millénaires qui minent les grandes révolutions d'empires. Toute cette doctrine platonicienne est connue, d'ailleurs, depuis longtemps.

-Plusieurs philosophes de cette époque suivirent Quintus Aucler dans cette rénovation des idées de l'école d'Alexandrie. C'est vers la même époque que Dupont de Nemours publia sa *Philosophie de l'Univers*, fondée sur les mêmes éléments d'adoration envers les intelligences planétaires.

Il établit de la même manière, entre l'homme et Dieu, une chaîne d'esprits immortels qu'il appelle *Optimates* et avec lesquels tout *illuminé* peut avoir des communications. C'est toujours la doctrine des *Dieux ammonéens*, des *éons* ou des *éloims* de l'antiquité. L'homme, les bêtes et les plantes ont une *monade* immortelle, animant tour à tour des corps plus ou moins perfectionnés, d'après une échelle ascendante et descendante, qui matérialise ou déifie les êtres selon leurs mérites. Haller, Bonnet, Leibnitz, Lavater, avaient précédé l'auteur dans ces vagues suppositions. Elles semblaient, du reste, si naturelles alors, que Dupont de Nemours, président du conseil des Anciens, en entretenait parfois l'assemblée, ou en faisait l'objet des séances de l'Institut.

Le premier livre de Senancourt, qui depuis se réfugia dans le scepticisme de Lucrèce, contenait un système tout pareil, qu'il fit disparaître avec soin des éditions suivantes.

Nous n'avons plus à citer que Devisme parmi ceux qui méritent quelque attention. Ses idées se rapprochent beaucoup plus du christianisme et reproduisent presque entièrement la doctrine de Swedemborg, qui a conservé en France des adeptes fidèles; ces derniers forment une petite église à la tête de laquelle on a vu quelque temps Casimir Broussais.

L'école particulière de Quintus Aucler survivait encore en l'an 1821, si l'on s'en rapporte à un ouvrage intitulé *Doctrine céleste*, d'un nommé Lenain, qui paraît avoir

obscurément continué le culte des dieux dans la ville
d'Amiens.

Quant à l'hiérophante lui-même, il n'a publié que ce
seul livre intitulé : *La Thréicie*; titre qu'il avait emprunté au surnom donné par Virgile à Orphée : *Threicius
vates*. C'est, en effet, la doctrine des mystères de Thrace
que Quintus Aucler propose aux initiés. Ce théosophe
était né à Argenton (Indre); il est mort à Bourges, en 1814,
repentant de ses erreurs, si l'on en croit les vers très
faibles d'une brochure intitulée : l'*Ascendant de la religion*, ou récit des crimes et fureurs d'un grand coupable,
qu'il publia en 1815.

Ainsi se termina la vie du dernier païen. Il abjura ces
dieux qui, sans doute, ne lui avaient pas apporté au lit de
mort les consolations attendues. — Le Nazaréen triompha encore de ses ennemis ressuscités après treize siècles. La *Thréicie* n'en est pas moins un appendice curieux au *Misopogon* de l'empereur Julien.

FIN.

TABLE.

—

FIN DE LA TABLE.

ANGERS, IMP. DE COSNIER ET LACHÈSE.